De la plantation coloniale aux banlieues

Joseph Diémé

De la plantation coloniale

aux banlieues

La Négritude
dans le discours postcolonial francophone

L'HARMATTAN

© L'Harmattan, 2012
5-7, rue de l'École-Polytechnique ; 75005 Paris

http://www.librairieharmattan.com
diffusion.harmattan@wanadoo.fr
harmattan1@wanadoo.fr

ISBN : 978-2-296-96327-6
EAN : 9782296963276

Sommaire

Remerciements

A Michel Laronde qui, après avoir dirigé ma thèse de doctorat, m'a donné des conseils-clés dans la rédaction de ce manuscrit. Je le remercie infiniment pour le temps qu'il a pris pour lire le manuscrit en entier ainsi que ses critiques constructives.

Je ne saurai oublier mes collègues du département des Langues et Cultures du monde de Humboldt State University, en particulier ma collègue Valérie Budig-Markin pour ses encouragements constants dans ma recherche.

Je remercie ma famille au Sénégal pour son soutien inconditionnel tout au long de mon parcours, en particulier mon père qui a quitté ce monde et ma mère pour tous leurs sacrifices dans l'optique de la réussite de leurs enfants.

Introduction

En 2007, l'élection de Nicolas Sarkozy comme chef de l'Etat français constitue le couronnement d'une campagne électorale axée sur la lutte contre l'immigration sur deux flancs. D'une part, la complexification de l'accès à la nationalité des descendants d'immigrés. Ceci se manifeste par un verrouillage progressif du code de la nationalité qui commence en fait dans les années 1970 dont le paroxysme est atteint en 1993 avec les lois Pasqua. D'autre part, en verrouillant les frontières pour faire face à l'immigration clandestine, l'ancien ministre de l'Intérieur entend changer la politique d'immigration française qui se serait faite jusqu'ici sur la base d'une immigration "subie". Cette politique sera remplacée par une "immigration choisie". C'est cette nouvelle donne qui motive les quelques déplacements controversés de Nicolas Sarkozy en Afrique de l'ouest pour expliquer aux dirigeants des pays africains les nouveaux termes de la politique française en matière d'immigration. La même démarche, jugée paternaliste par beaucoup de critiques, est empruntée par le gouvernement d'Edouard Balladur qui impose la dévaluation du franc CFA le 11 janvier 1994.

Dans un climat postcolonial où les passions pour ou contre les réformes initiées par Sarkozy se donnent libre cours, ce livre a pour ambition de sonder le passé pour mieux cerner le présent. Les raisons qui ont motivé ce projet sont diverses.

En juin 2006, j'ai soutenu une thèse de doctorat à l'Université américaine de l'Iowa. Elle s'intitulait : « L'inscription du *Code noir* dans la littérature coloniale et ses ramifications dans les littératures postcoloniales de la diaspora ». L'idée de ce projet de livre est née du constat de l'insuffisance du débat sur la colonisation en France. On sait qu'en France, la décolonisation de l'Empire français dans les années 1960, évènement traumatique pour la France et pour ses colonies, est suivie d'une amnésie volontaire sur l'expérience coloniale de la part de la France et de ses anciennes colonies. De fait, les jeunes Français fréquentent l'école républicaine où ils sont exposés à une version romancée de la colonisation. Rarement sont-ils exposés à la version totale de l'histoire de l'Empire français[1].

La deuxième raison qui motive ce projet est le tournant que représente la fin des années 1990 quant aux débats et études sur la colonisation et leurs retombées dans la France postcoloniale. En effet, les recherches que j'ai menées pour ma thèse s'inspirent en partie de travaux récents dont certains auteurs des plus connus dans le domaine des études sur la colonisation et la période postcoloniale sont Louis Sala-Molins, Pascal Blanchard, Nicolas Bancel, Sandrine Lemaire, pour ne citer que ceux-ci. Leurs travaux abordent la question de la colonisation sous un angle interdisciplinaire intégrant l'histoire, la sociologie, le droit, l'économie et la politique. Ils rompent avec une tradition littéraire, juridique, scientifique ou politique qui, depuis le 17e siècle, justifie la colonisation. Leurs travaux lèvent le voile sur les silences de l'esclavage, de la colonisation et leurs retombées dans l'ère postcoloniale. L'accès à leurs travaux m'a permis d'articuler l'hypothèse selon laquelle il existerait des liens entre *Le code noir*, le code de l'indigénat et l'esprit des lois de l'immigration dans la France postcoloniale.

Le réveil intellectuel récent sur la question de l'esclavage, de la colonisation et de l'immigration en France, voix hérétique excommuniée d'office par la classe politique prise en otage par la bourgeoisie, permet de forcer une discussion qui a un objet précis : lever le voile sur une version cachée de la colonisation française. Le public visé est la génération postcoloniale qui vit en France et dans le monde francophone sur laquelle l'élite, en Afrique ou en France, a projeté son amnésie calculée. Il en résulte une divulgation de l'histoire basée sur le point de vue de l'ancien colonisateur[2]. A terme, les débats

---

[1] Loi No 2001-434 du 21 mai 2001. L'article 1er reconnaît la traite négrière transatlantique ainsi que la traite négrière dans l'océan indien et l'esclavage comme crimes contre l'humanité. L'article 2 stipule que les programmes scolaires et les programmes de recherches en histoire et en sciences humaines accorderont à la traite négrière et à l'esclavage la place conséquente qu'ils méritent. Ce même article prévoit la coopération pour la mise en place d'archives écrites, les sources orales et les connaissances archéologiques accumulées dans les Amériques, les Caraïbes et dans tous les autres territoires ayant connu l'esclavage.

[2] Ceci est aussi vrai dans les anciennes colonies. C'est pour compenser cette carence que le Sénat du Sénégal a entériné la loi consacrant l'esclavage et la traite négrière comme crimes contre l'humanité, à l'occasion du 162e anniversaire de l'abolition de la traite négrière dans les colonies françaises (le 27 avril). D'après le journal de l'APS du 27 avril 2010, cet évènement fait du Sénégal le premier pays anciennement

et études sur le passé colonial de la France peuvent contribuer à une réflexion soutenue et plurielle sur le concept d'Etat-nation qui ne se fasse pas sur l'idée d'une France à *racine unique* comme dirait Edouard Glissant, sur la représentation de l'histoire par ceux qui contrôlent le pouvoir, mais aussi sur l'histoire des victimes dont les descendants font partie du tissu démographique hexagonal.

Il convient de signaler d'entrée que ce projet s'inscrit dans le cadre des études culturelles, à cheval sur plusieurs disciplines dont le droit et la littérature. Je ne prétends pas être juriste, mais plutôt observateur du droit et de son évolution sur une longue durée dans l'espace de la fiction. Plusieurs disciplines ont contribué à l'articulation de mes arguments : la littérature, le cinéma, le droit et la politique tant dans la période précoloniale, coloniale que postcoloniale. Il s'agit d'explorer l'inscription de plusieurs disciplines dans la littérature et la musique coloniale et postcoloniale. Mon hypothèse est que la littérature, le cinéma et la musique peuvent être considérés comme dépositaires de l'évolution ou de la non-évolution des rapports entre le colonisateur, le colonisé et ses descendants.

Dans le domaine du droit, trois documents fondamentaux servent de base à l'hypothèse d'une réinscription du panoptique foucaldien dans l'espace colonial et postcolonial : *Le code noir*, le code de l'indigénat et les lois Pasqua. L'architecture des prisons du 18ᵉ siècle analysée par Foucault dans *Surveiller et punir* serait transférable de la plantation à la banlieue en passant par la colonie. Des recherches considérables ont été effectuées sur ces trois domaines par des chercheurs comme Pascal Blanchard, Nicolas Bancel, Sandrine Lemaire et Louis Sala-Molins. Consacrée individuellement à chaque document juridique, la recherche laisse entendre une linéarité entre *Le code noir*, le code de l'indigénat et les lois de l'immigration françaises. Toutefois, très peu de recherches ont été consacrées à la démonstration d'un lien soutenu entre ces trois types de supports légaux qui ont marqué différentes périodes de l'histoire coloniale française : l'esclavage, la colonisation et la période postcoloniale à partir d'une perspective littéraire. C'est Louis Sala-Molins qui, dans *Le code noir ou le calvaire de Canaan*, émet la spéculation selon laquelle la fin du *Code noir* dans les anciennes colonies françaises des

---

colonisé à passer cette loi. Une des recommandations charnières de cette loi est une plus grande dissémination de cette page de l'histoire de l'Afrique dans les manuels scolaires. Ce vote sera de même commémoré tous les 27 avril.

Antilles, par le fait de l'abolition de l'esclavage en 1848, a ouvert la voie à un code de type colonial. Mon projet va plus loin en ce sens qu'il se sert d'autres ouvrages pour explorer l'idée d'une reprise du *Code noir* dans l'espace colonial puis postcolonial français, plus particulièrement dans certaines banlieues habitées par les descendants d'esclaves, de colonisés et d'immigrés de l'ex-empire français. L'inscription du *Code noir* dans l'espace colonial via le code de l'indigénat et ses ramifications dans la France postcoloniale seront étudiées dans l'espace de la littérature, du cinéma et de la musique. C'est à ce niveau que ce livre apporte une contribution considérable. L'aspect interdisciplinaire du sujet appelle, dans le sillon de plusieurs critiques, à une réévaluation urgente du concept d'Etat-nation.

Mon livre est divisé en trois parties. La première partie, qui contient deux chapitres, a une base plus théorique. Après une revisite laconique du *Code noir*, du code de l'indigénat et des lois Pasqua, je remonte au 16e siècle pour suivre la manifestation du *Code noir* des îles françaises jusqu'en métropole. Il est crucial de souligner cette filiation dans la mesure où elle déconstruit la perception populaire selon laquelle l'esclavage n'existait pas en France métropolitaine. Officiellement la loi l'interdisait formellement. Après la 2e abolition de l'esclavage en 1848 et la *promotion* des esclaves au statut de citoyens, je retracerai comment *Le code noir* est délocalisé dans les nouvelles colonies françaises d'Afrique après la Conférence de Berlin, 1884-1885, marqueur temporel qui donne un caractère officiel à la mission civilisatrice européenne en Afrique. En effet, en Afrique Occidentale et Equatoriale françaises, les gouverneurs français chargés de l'administration des colonies réinscrivent l'esprit du *Code noir* par le fait de leurs propres latitudes dans l'interprétation des lois françaises. Cette liberté d'interprétation de la loi, qui traduit le degré d'autonomie des administrateurs loin de l'œil de Paris, se fait sous le couvert du code de l'indigénat dont l'expérimentation commence en Algérie avant de concerner toutes les autres colonies.

L'indépendance des colonies françaises dans les années 1960 est suivie par une émigration significative d'Africains du nord et de l'ouest vers la France. A partir de 1974, l'installation des familles immigrées dans un contexte de récession économique ouvre la voie à une série de lois anti-immigration, cautionnées par la Gauche et la Droite, dont le paroxysme est atteint avec les lois Pasqua qui redéfinissent le code de la nationalité. L'année 1974 est aussi paradoxalement celle qui cristallise dans le temps le droit des immigrés au regroupement familial. En 2007, dans un climat de lutte contre l'immigration clandestine, d'immigration légale venant d'Afrique de l'ouest et du nord et de lutte contre le terrorisme, les lois passées par les gouvernements de gauche et de droite depuis les années 1970 font écho de la condition de l'esclave dans la plantation, du colonisé sous le code de l'indigénat ou d'une colonisation interne d'une catégorie de la population française, celle des banlieues *de couleur*.

La deuxième partie du livre, contenant trois chapitres, consiste à explorer comment *Le code noir* est inscrit dans l'espace du roman et du cinéma coloniaux et postcoloniaux, via le code de l'indigénat. Pour donner du poids à mes arguments, je mets l'accent sur des romans et films dont les auteurs et directeurs sont français ou d'origine africaine. Quelle que soit leur origine, ces derniers enregistrent l'évolution des rapports entre colonisateurs et colonisés. Leurs textes peuvent être considérés comme vestiges ressuscités des tensions qui existent dans les colonies. Il en va de même pour les textes et films de l'ère postcoloniale. Leurs auteurs et directeurs sont des Français *de souche*, des descendants d'esclaves ou d'immigrés, mettant en fiction le vécu des Français *de couleur* en métropole. Ces romans et films réitèrent la transplantation d'un esprit colonial entre la France et ses anciennes colonies d'une part, mais aussi vis-à-vis de certaines de ses banlieues après la décolonisation. Dans certains romans, un esprit néocolonialiste se note à travers le langage que la France tient par rapport à ses anciennes colonies ; d'autre part la relation entre la France et ses banlieues *de couleur* semble corroborer la notion selon laquelle les Français *de couleur* seraient les nouveaux « indigènes » de la République. Les romans et films que j'analyse ont comme cadre l'histoire et le droit coloniaux et postcoloniaux. D'un côté, j'explore le vécu des immigrés, comment ils perçoivent les lois de l'immigration, leur sentiment d'être des citoyens de seconde zone ; d'un autre côté, les romans et films tiennent un discours optimiste quant à la possibilité de faire partie intégrante de la nation française, mais dans la différence. Le modèle français d'intégration contemporain est celui qui était de mise pendant la colonisation : l'assimilation. Ce processus préconise l'effacement de toute différence de la part du candidat à la citoyenneté. C'est donc dire qu'il n'y a pas divorce d'avec l'idéologie que cache l'assimilation[3] dont l'ouvrage d'Abdellali Hajjat, *Immigration postcoloniale et mémoire*, souligne les implications avec force détails. Les romans dont je me sers font appel à une nouvelle approche de l'idée d'appartenance à la nation, qui ne soit pas basée sur l'exclusion des Français *de couleur*, mais qui, dans la perspective de *Poétique de la Relation* d'Edouard Glissant, célèbre le droit à l'« opacité », c'est-à-dire la différence.

Depuis les années 1980, comment peut-on lire les émeutes dans les banlieues dont la plus visible fut celle de novembre 2005 ? Comment interpréter le fait que les « jeunes » de la banlieue soutiennent l'Algérie et huent les Français lors d'un match de football opposant la France à l'Algérie ? Pourquoi les « Noirs » et les « Arabes » sont-ils sortis célébrer la victoire du Sénégal sur la France en match d'ouverture de la Coupe du monde de football en 2002 ? Ces faits de révolte peuvent se traduire comme un phénomène de désidentification vis-à-vis de la nation, qui est la résultante d'une quête de paternité longtemps restée sans réponse.

Dans la troisième partie du livre, divisée en deux chapitres, j'explore comment l'avortement d'un long désir d'intégration conduit à la néonégritude. Elle traduit une quête de paternité de la part des descendants d'esclaves, de colonisés et d'immigrés en France, en Afrique et aux Etats-Unis. Cette néonégritude est un engagement politique sérieux pour l'Afrique et la diaspora africaine. Les vecteurs de l'expression de la néonégritude sont des genres de musique aux antipodes des goûts bourgeois : le rap, le hip hop et le reggae. De concert avec les artistes africains, les artistes de la diaspora fustigent le racisme systémique dont ils font l'objet en France et aux Etats-Unis. En France, l'intégration des minorités demeure lettre morte ; aux Etats-Unis, la minorité noire ne touche pas aux fruits que l'obtention des droits civils et des droits de vote devait garantir. Au contraire, les minorités *de couleur* sont parquées dans les banlieues dans des conditions de vie qui, pour certains observateurs, rappellent la ville coloniale. En Afrique, la génération née à partir des années 1970 perçoit les leaders politiques comme des sous-traitants du néocolonialisme. L'élite qui chantait la négritude a aujourd'hui déçu les masses. Les artistes de rap, de hip hop et de reggae forcent le lecteur à un travail de réévaluation de la négritude. Aujourd'hui que

---

[3] L'administration *directe* était le système français d'administration. L'assimilation est la politique qui consiste à faire des Africains des Blancs à la peau noire.

l'Afrique francophone fête le cinquantenaire de son indépendance, les chansons des artistes traduisent la désillusion des masses quant à cet évènement. A la place, les artistes de la diaspora africaine et ceux du continent soulignent les maux du continent dont la malgouvernance, la corruption, le népotisme et la mainmise visible et invisible de l'ancien colonisateur dans les affaires intérieures de l'Afrique. Cette ingérance est perçue comme une pesanteur pour le développement du continent. A la différence de la négritude du style Senghor et Césaire qui est modérée et conciliatrice, la néonégritude articule un discours radical à la Fanon et Malcolm X, voire révolutionnaire vis-à-vis de l'ancien colonisateur et de l'élite africaine qui serait son acolyte. Pour les artistes, le salut de l'Afrique passe par le panafricanisme que l'ancien colonisateur a toujours combattu. Pour ce faire, les artistes épousent sans complexe une idéologie révolutionnaire promue par d'anciens leaders radicaux comme Nasser, Malcolm X, Modibo Keïta, Sékou Touré, Frantz Fanon. La diaspora noire en France et aux Etats-Unis s'identifie et s'investit de plus en plus pour la cause africaine. Son retour aux sources n'est pas simplement d'ordre émotionnel. Il est un engagement politique pour l'Afrique et ses descendants disséminés à travers le globe. Par la musique populaire, les ghettos français, américains et africains exercent leur droit à la liberté d'expression garantie dans les constitutions démocratiques. Par ce canal, ils créent un espace de souveraineté culturelle narrant l'histoire de leurs ancêtres esclaves, de leurs grands-parents tirailleurs, de leurs parents immigrés et la leur qui, à bien des égards, se rapproche de celles de leurs grands-parents. Comme dans la plantation où l'esclave vole la parole au maître pour narrer son vécu ou résister, le ghetto arrache la parole au politicien pour valider la contribution positive de son ethnie dans la construction des nations française et américaine. Dans le sillage de la négritude, la musique exprime la fierté d'appartenir à la nation et au continent africain. Pour les chanteurs de rap, de hip hop et de reggae, ce retour aux sources se matérialise par un déplacement physique des Etats-Unis ou de la France vers l'Afrique, mais aussi par une solidarité sans ambiguïté avec l'Afrique sous l'impérialisme déguisé du Fonds monétaire international et de la Banque mondiale. Des artistes comme MC Solaar, Passi, le groupe Nèg'Marrons, par exemple, se posent en porte-paroles non seulement de la banlieue *de couleur*, mais aussi du tiers-monde à partir de l'Hexagone. Des artistes américains comme Dead Prez et Nasir Jones permettent de faire des parallèles entre les conditions de vie des Noirs dans les ghettos et celles des masses qui vivent dans les banlieues des grandes métropoles africaines. Des alliances se créent entre ces artistes français et américains avec ceux du tiers-monde. Suivant la voix subversive du chanteur ivoirien Alpha Blondy, des artistes comme Didier Awadi du Sénégal ou Tiken Jah Fakoly de Côte d'Ivoire prennent le même engagement que les artistes français comme Passi et Solaar, en dénonçant les multiples facettes du néocolonialisme. A partir de là, la critique de la néonégritude mute du concept de race au concept de classe. En effet, les artistes tendent la main à tous les opprimés du capitalisme et de la mondialisation. Ils sont porteurs d'un discours qui amplifie la cause du mouvement altermondialiste et mettent en garde contre la tiers-mondialisation de l'Humanité. En effet, la récession économique actuelle dévoile comment les corporations, qui contrôlent le monde aujourd'hui, sont en train d'exporter le tiers-monde en Occident ; d'où la nécessité d'un mouvement global radical pour refuser un modèle social axé sur le matériel. Donc non à une mondialisation qui se fait sans l'humain au centre. Pourquoi avoir choisi le rap, le hip hop et le reggae ? Parce qu'ils ont pris génèse dans les banlieues qui sont les corollaires du capitalisme et du racisme. La voix des banlieues n'a jamais compté. Ce sont donc des subalternes. Par la musique, les subalternes défont les nœuds de leur condition et promeuvent un discours iconoclaste, nommant l'innommable, l'interdit. Le rap, le hip hop et le reggae sont en cela des actes de libération dont la filiation remonte aux Etats-Unis et aux Caraïbes.

La paternité américaine du rap et du hip hop n'est plus à conter. Ayant été pendant longtemps discrédité car n'ayant pas eu leur génèse dans les milieux bourgeois, le rap et le hip hop ont atteint aujourd'hui leurs lettres de noblesse sur le plan domestique aux Etats-Unis et sur le plan international. En effet, ils sont des instruments d'observation et d'enregistrement des injustices systémique et institutionnelle qui font aujourd'hui l'objet d'études sérieuses dans l'espace universitaire américain. Dans les universités les plus prestigieuses de la côte est, on enseigne des cours de hip hop, de même que sur la côte ouest comme à l'université de Stanford, à l'université de Californie-Riverside ou encore à l'université de San Francisco. A la suite d'un atelier que j'ai co-dirigé un weekend à mon université sur les parallèles entre le rap et le hip hop américain, français et ouest africain, s'est manifestée une forte demande pour la création d'un cours qui durerait un semestre. Cet intérêt corrobore l'observation de Michael Dyson qui avance que le rap et le hip hop ont atteint aujourd'hui une notoriété internationale telle que l'on devrait s'efforcer d'appliquer un regard universitaire sur ce phénomène. Dans plusieurs pays qui furent esclavagistes ou colonisateurs, la diaspora noire s'empare du micro pour narrer sa propre histoire. En Grande-Bretagne et en France, par exemple, comme l'affirme Dyson, « la diaspora noire commence à colorer même des monuments culturels européens. Elle commence à coloniser ce qui appartient d'habitude au colonisateur. Elle commence à se réapproprier et à recoloniser des voix, des sources et des identités qui sont loin de leur sphère d'influence »[4].

Plusieurs disciplines contribuent à l'étude du rap et du hip hop aux Etats-Unis. Elles sont aussi variées que la sociologie, l'économie, le journalisme, les théories de la communication, l'histoire, l'anglais, la linguistique, la littérature comparée, la musicologie, les études transatlantiques. Si l'on accepte le prédicat qu'il existe un dénominateur commun au sein de la diaspora noire qui vit en Grande-Bretagne, en France et aux Etats-Unis vis-à-vis de leurs conditions de vie, il est donc plausible d'appliquer au rap et hip hop français des méthodes d'analyse qui ne sont pas popularisées en métropole. Dans le sillage d'autres intellectuels noirs respectés, je suis d'avis que le hip hop et le rap français peuvent aider à mener une démarche structuraliste pour comprendre les conditions de vie de la diaspora noire en France, aux Etats-Unis et celle de l'Afrique postcoloniale. La musique permet aussi d'explorer le degré d'imagination des artistes en matière d'Etat-nation là où les politiques semblent en manquer. Par le rap, le hip hop et le reggae, les artistes démarginalisent le monopole du discours politique, surveillent les faits et gestes de l'élite et fonctionnent en vigiles des droits humains.

---

[4] Michael Eric Dyson, *Know What I Mean ? Reflections on Hip Hop*. New York : Basic Civitas Books, 2007, p. 48 (Ma traduction).

PARTIE I

ENTRE PARIS, LA MARTINIQUE ET ALGER

Chapitre I :
DANS LES COULISSES DU *CODE NOIR*

Entre la théorie et la pratique de la loi

Pour aborder le premier chapitre, il convient d'éclairer le lecteur sur mon premier texte fondamental de référence : *Le code noir ou le calvaire de Canaan*. C'est un document légal qui codifie l'esclavage au 17ᵉ siècle, préparé par Colbert et approuvé par le Roi Louis XIV en 1685. C'est un recueil de soixante articles qui légifèrent sur les droits et devoirs des maîtres et esclaves dans les îles françaises de la Guadeloupe, de la Martinique, de la Guyane et de la Réunion. La réédition du texte en 1724 répond à une extension du code à la colonie française de la Louisiane.

Par *Le code noir*, l'Etat français signe son entrée officielle dans la traite des Noirs et la pratique de l'esclavage. Parmi les 60 articles qui donnent vie au code, j'en sélectionnerai quelques uns pour la pertinence de mon analyse, notamment ceux ayant trait à la religion de l'esclave, au port d'arme, à l'initiative privée, au droit à la propriété, à l'entrée dans l'humanité sanctionnée par la citoyenneté, à la responsabilité publique, à la représentation de l'esclave en matière de justice, à sa liberté de mobilité et d'accueil d'autrui. Des lois spécifiques dans *Le code noir* ou de l'indigénat posent des conditions ou nient à l'esclave ces droits considérés comme fondamentaux de nos jours. Regardons ces articles de plus près.

En matière de religion, une analepse permet de réaliser que le baptême forcé des esclaves dès l'arrivée dans les plantations répond à un objectif double. D'une part, de convaincre l'autorité royale, le roi Louis XIV, que le but ultime de l'esclavage est de sauver l'âme des esclaves. D'autre part, le baptême des esclaves cache une croisade que l'Eglise catholique mène contre les Protestants en France. Condorcet en fait montre quand lors des débats houleux à l'Assemblée nationale, spéculant sur comment développer les îles après l'esclavage, il propose d'y envoyer les Juifs et Protestants qui résident en France. Avec du recul, l'on comprend mieux aujourd'hui que l'Eglise ne se soit pas opposée à cette entreprise. Parce qu'elle va de pair avec sa politique de diffusion de la Bonne Nouvelle, fermant l'œil sur les moyens par lesquels cette nouvelle se diffuse[5]. L'article 2 du *Code noir* est très clair à ce sujet : « Tous les esclaves qui seront dans nos îles seront baptisés et instruits dans la religion catholique, apostolique et romaine. Enjoignons aux habitants qui achèteront des nègres nouvellement arrivés d'en avertir les gouverneurs et intendants desdites îles dans huitaine au plus tard à peine d'amende arbitraire ; lesquels donneront les ordres nécessaires pour les faire instruire et les baptiser dans le temps convenable »[6].

De quel genre d'instruction s'agit-il ? Celle qui est susceptible d'amener l'esclave à maîtriser la langue de son maître et d'avoir accès à un niveau d'instruction capable de subvertir l'ordre de la plantation ? Le genre d'instruction que l'esclave reçoit dans la plantation a pour optique de rationaliser sa position dans la plantation, la punition que son maître lui inflige et de naturaliser son devoir de travail afin de mériter le paradis à l'heure de la mort. Là par exemple, l'on perçoit le rôle instrumental du prêtre dans l'économie de la plantation.

Quel sort réserve *Le code noir* aux personnes nées de couples non catholiques ? L'article 8 donne la réponse en refusant l'entrée dans l'humanité à toute personne née d'un mariage non catholique. Cette mesure aurait pu ne pas concerner les esclaves étant donné qu'ils sont baptisés dès qu'ils foulent le sol des îles, n'eut été l'article 44 du code qui leur nie l'entrée dans l'humanité. L'article 8 cible plutôt les Français d'autres religions, par exemple juive ou protestante, qui auraient l'intention de se lancer dans le commerce fructueux de la traite. L'alternative que l'article 8 leur propose est la conversion. L'article l'articule ainsi : « Déclarons nos sujets, qui ne sont pas de la religion catholique, apostolique et romaine incapables de contracter à l'avenir aucuns mariages valables. Déclarons bâtards les enfants qui naîtront de telles conjonctions, que nous voulons être tenues et réputés, tenons et réputons pour vrais concubinages »[7].

L'article 15 relatif au port d'arme par l'esclave sur la plantation est en contradiction avec le discours religieux officiel selon lequel

---

[5] Lors de sa visite au Sénégal il y a presque 20 ans, le Pape Jean-Paul II fait son mea culpa. A partir de l'île de Gorée, il demande pardon au peuple noir pour la collaboration de l'Eglise catholique pendant la traite.

[6] Louis Sala-Molins, *Le code noir ou le calvaire de Canaan*. Paris : PUF, 1987, p. 94.

[7] Ibid., p. 106.

l'esclavage correspond à une bonne œuvre. L'interdiction de porter une arme, qui se manifestera en Afrique dans la période post-abolition, peut être lue comme une manifestation de la mauvaise conscience du maître, plus tard du colonisateur, conscient des conséquences potentielles qui peuvent découler de son action. Dans l'espace de la plantation où la population des esclaves est de loin supérieure à celle des maîtres, l'article 15 a pour objectif d'une part de fossiliser l'impression de *supériorité* du maître dans l'imaginaire collectif des esclaves ; d'autre part, tout en voulant dissuader l'esclave de se rebeller contre le maître, l'article laisse perdurer en filigrane un système de représailles calibré en fonction du degré de dangerosité de l'arme. *Le code noir* restreint le cadre dans lequel l'esclave peut porter une arme : « Défendons aux esclaves de porter aucune arme offensive, ni de gros bâtons, à peine de fouet et de confiscation des armes au profit de celui qui les en trouvera saisis ; à l'exception seulement de ceux qui seront envoyés à la chasse par leurs maîtres, et qui seront porteurs de leurs billets ou marques connues »[8].

Inutile de spéculer sur le fait que l'accès au capital est nié à l'esclave dans la plantation. Son rôle y est de faire fonctionner l'économie de la monarchie et plus tard des bourgeois. *Le code noir* ne laisse aucune ambiguïté sur les formes de punition encourues non seulement par l'esclave, mais aussi par le maître. L'article 18 ferme la voie de l'initiative privée à l'esclave, si l'on mesure bien les risques qui s'ensuivent. N'oublions par que l'argent est un moyen par lequel l'esclave peut acheter son affranchissement. Cela veut dire que l'esclave ayant la somme requise peut non seulement se libérer, mais aussi acheter la liberté de sa famille, si ce dernier n'en a pas été séparé depuis le marché des esclaves. A terme, cet accès de l'esclave au capital peut porter un coup dur à l'économie en réduisant sensiblement la main-d'œuvre servile gratuite dans la plantation. Le risque souligné est la raison pour laquelle le code souligne : « Défendons aux esclaves de vendre des cannes de sucre pour quelques cause et occasion que ce soit, même avec la permission de leurs maîtres, à peine de fouet contre les esclaves, et de dix livres tournois contre leurs maîtres qui l'auront permis et de pareille amende contre l'acheteur »[9].

Excluant d'abord l'esclave de tout exercice à fonction publique, l'article 30 met l'accent sur le fait que la voix de l'esclave est nulle en

---

[8] Ibid., p. 120.
[9] Ibid., p. 126.

matière de justice. Ce phénomène, que je mettrai en exergue, se manifestera dans la littérature et la musique coloniale et postcoloniale francophones. Le code le souligne ainsi : « Ne pourront les esclaves être pourvus d'offices ni de commissions ayant quelques fonctions publiques, ni être constitués agents par autres que leurs maîtres pour gérer ni administrer aucun négoce, ni être arbitres, experts ou témoins tant en matière civile que criminelle »[10].

Certes le code exclut l'esclave des sphères administrative et judiciaire, mais mon intention est de voir comment, par la fiction et la musique, l'esclave, le colonisé et le banlieusard nord africain, ouest africain ou antillais parviennent à subvertir l'ordre établi pour se libérer du joug colonial ou pour mettre fin à la situation de colonisation interne dans la France postcoloniale.

L'article 35 est une attaque de front contre le marronnage qui était monnaie courante dans la plantation. Le cas d'Haïti, première République noire devenue indépendante en 1804, en est une parfaite illustration. L'hémorragie démographique qui a marqué les plantations haïtiennes suite à la fuite des esclaves vers les mornes a permis à ces derniers d'organiser une armée redoutable dont la lutte a mené à l'indépendance de l'île. Dans le même ordre d'idées, dans les Antilles françaises et britanniques, la multiplication des formes de révolte contre le système esclavagiste force l'autorité royale en métropole à prendre des mesures dans le sens d'assouplir les conditions de vie des esclaves dans les plantations. A en juger les mesures venant de Paris pour punir les maîtres qui ne faisaient pas preuve de *douceur* vis-à-vis de leurs esclaves. Le marronnage devient tellement une réalité que la Guyane, par exemple, est perçue comme une « terre d'élection du marronnage »[11]. Les colonies font parler d'elles par le nombre de révoltes d'esclaves qu'elles voient naître : la Jamaïque par le nom de Cudjoc, Moses Bom Sam qui lui a succédé et dont le nom est lié au soulèvement de 1734-1735 ; Macandal, l'âme de la révolte de Saint-Domingue en 1758, Bonnie le fondateur de la communauté des marrons en Guyane. Ces soulèvements sont la preuve que les craintes des philosophes comme Montesquieu se vérifient sur le plan historique. Vers la fin de la première moitié du 18e siècle en effet, une tradition de marronnage s'établit et le public français de la métropole en entend parler de plus en plus. Les soulèvements se remarquent non

---

[10] Ibid., p.150.
[11] Ibid., p.147.

seulement parce qu'ils sont fréquents, mais aussi parce que le pouvoir éprouve des difficultés sur deux plans. D'une part il a du mal à les étouffer, conséquence du déséquilibre démographique entre les Blancs et les Noirs. D'autre part, il ne peut censurer la presse qui en fait écho en métropole. C'est, à mon sens, une telle situation d'instabilité, à une échelle exponentielle, qui force le pouvoir non seulement à s'intéresser de plus près aux colonies, mais à aller même plus loin dans l'optique de trouver une solution. Une bonne partie de l'économie bourgeoise étant basée sur la traite, il est compréhensible que le pouvoir, qui ne veut pas renoncer à l'esclavage, essaie toutefois de trouver une porte de sortie. Sanadon Duval, colon de Saint-Domingue, donne une idée de l'enjeu économique et des conséquences désastreuses qu'une abolition peut avoir sur les colons :

« Que d'individus appauvris ! Que de familles ruinées ! Que si, pour apaiser ces nombreuses et justes réclamations, il fallait se livrer au calcul des remboursements à faire ; cinq à six cents mille Nègres répandus dans les colonies, offriraient un capital d'environ un milliard, indépendamment de la valeur des habitations, qui se trouverait presqu'anéantie par la privation des bras employés à leur culture »[12].

La période qui suit les années 1735 inaugure une nouvelle phase juridique, qui consiste à entrer presque en négociation avec les colonies, tant pour apaiser les marrons, que pour calmer la frustration des maîtres qui ont l'impression que la Métropole leur tourne le dos. Le lecteur peut juger des tensions entre la métropole et les colons par les ordonnances de 1767 qui demandent « le baptême obligatoire des esclaves, l'interdiction de les faire travailler le dimanche et fêtes sans autorisation du curé, l'obligation alimentaire [deux livres de maïs par jour], des châtiments mesurés »[13]. Visiblement, cette ordonnance ne fait que rappeler les maîtres à l'ordre dans la mesure où elle existait déjà dans *Le code noir*. Elle démontre une intention de la part du pouvoir d'assurer un équilibre qui satisfasse à la fois les maîtres qui veulent conserver le statu quo et les esclaves qui aspirent fervemment à la liberté. La *douceur* envers l'esclave serait un des moyens de dissuader l'esclave de se retourner contre son maître. En 1760, les rapports du sieur de Clugny, nommé intendant des îles sous le Vent,

---

[12] Sanadon Duval, *Discours sur l'esclavage des nègres*. Amsterdam, 1786, p. 19
[13] Michèle Duchet, Anthropologie et histoire au Siècle des Lumières : Buffon, Voltaire, Rousseau, Helvétius, Diderot. Paris : F. Maspero, 1971, p. 150.

font état de ce fait. En effet, ordre est donné aux maîtres de « traiter les esclaves avec humanité et de leur donner la nourriture et le vêtement conformément aux ordonnances »[14].

L'article 39 du code permet aussi de remarquer la porosité du statut de l'affranchi. En cas de démêlés avec la loi, la menace qui pèse sur lui est différente de celle qui pèse sur une personne née libre, ce qui permet de noter l'institution d'une hiérarchie raciale dans la plantation. La loi est plus indulgente envers la personne née libre qu'envers l'affranchi, ce dernier représentant le maillon intermédiaire entre l'esclave et le maître : « Les affranchis qui auront donné retraite dans leurs maisons aux esclaves fugitifs seront condamnés par corps envers leurs maîtres en l'amende de trois cents livres de sucre par chacun jour de rétention ; et les personnes libres qui leur auront donné pareille retraite, en dix tournois d'amende pour chaque jour de rétention »[15].

Pendant la colonisation française, cette disposition légale est réinscrite sous la forme du code de l'indigénat. En Algérie par exemple, les habitants des quartiers contrôlés par la France font face à la justice s'ils sont jugés coupables d'avoir donné refuge à un Algérien défini comme *ennemi* de la France. Le sens du substantif *ennemi* est à considérer dans son acception la plus large, tel qu'il est perçu dans le contexte de la guerre déclarée par les Etats-Unis contre le terrorisme. La catégorie *terroriste* n'inclut pas seulement le militant d'Al Kaeda ou le taliban luttant ouvertement ou camouflé contre l'armée américaine au Moyen Orient. Le citoyen américain peut entrer aussi dans cette catégorie s'il est perçu comme sympathisant, s'il apporte de l'aide aux terroristes ou planifie des attentats terroristes contre les Etats-Unis. Il en va de même pour la guerre d'Algérie où l'ennemi peut être algérien d'origine ou français d'Algérie. Aussi, dans une France postcoloniale qui, dans sa lutte contre l'immigration fait l'amalgame entre touriste, immigrant légal, illégal, étudiant étranger et Français d'origine africaine, l'ennemi de l'Etat est l'Autre transformé en suspect permanent dans l'espace hexagonal.

Enfin l'article 44 du code réduit la valeur de l'esclave à une commodité, au même titre que les biens meubles : « Déclarons les esclaves être meubles, et comme tels entrer en la communauté,

---

[14] Ibid., p. 151.
[15] Louis Sala-Molins, *Le code noir ou le calvaire de Canaan*. Paris : PUF, 1987, p. 168.

n'ayant point de suite par hypothèque, se partager également entre les cohéritiers sans préciput ni droit d'aînesse, ni être sujets au douaire coutumier, … »[16].

Par ces quelques articles du *Code noir*, mon intention est de donner une idée sur son esprit et sa perception de l'esclave à l'intérieur des îles. L'esclavage est interdit en France métropolitaine. Logiquement, les Noirs qui se trouvent en métropole reçoivent un traitement différent de celui qui prévaut dans les îles. Seule une analyse synoptique de la législation française concernant la présence ou l'arrivée des Noirs en métropole pendant l'esclavage permettra de le confirmer.

La sous-traitance du *Code noir* en métropole

L'esclavage étant déclaré illégal en métropole, il est important de signaler que la juridiction du *Code noir* se limite en principe aux îles. Une analyse plus poussée montre toutefois que le fonctionnement du code dépasse les limites géographiques des îles en prenant deux directions : la France métropolitaine pendant l'esclavage et plus tard l'Afrique du nord, de l'ouest et l'Afrique équatoriale après l'abolition de l'esclavage, plus précisément au lendemain de la conférence de Berlin. Pour l'instant, on peut observer par quel vecteur le code quadrille l'espace métropolitain français.

Pour retracer la présence de Noirs en France, il faut remonter jusqu'au 16e siècle. Entre autres moyens par lesquels les Noirs arrivent en métropole, l'un s'effectue dans le sillage de leur maître. Il faut rappeler que d'après l'article 44 du code, les esclaves ont le statut de biens-meubles. Le maître peut donc légalement, en voyage en France métropolitaine, venir avec son esclave. Par son entrée sur le territoire français, l'esclave perd sa qualité d'esclave dans la mesure où l'esclavage est interdit. Une situation que les esclaves subvertissent très tôt. C'est ainsi que l'on peut comprendre la démarche prise par le Parlement de Bordeaux dans le sens de l'affranchissement d'esclaves africains en 1571. Pourquoi et comment ? Les esclaves avertis louent des avocats pour se faire affranchir. Le contre-pied de cette mesure vient plus tard au 18e siècle, quand l'arrivée accrue d'esclaves en France justifie des mesures à l'encontre du séjour des Noirs en métropole. Ces mesures prennent l'allure d'une croisade anti Noirs.

---

[16] Ibid., p. 178.

Genèse d'une législation anti-Noirs en métropole

Percevant un danger que représenterait l'installation à long terme des maîtres avec leurs esclaves, des mesures répressives sont prises à l'endroit des maîtres, des esclaves et des métis. Très tôt en 1703, le rappelle-t-on dans *Le livre noir du colonialisme*, " l'ordre de la noblesse ne voulut pas recevoir des colons mariés à des femmes de couleur »[17]. Cette mesure est un prolongement de celle qui ne reconnaît aucune valeur aux mariages entre colons et personnes de couleur dans les plantations. De même, le fruit d'une telle conjonction relègue à un statut de citoyen de seconde zone en métropole. Cette punition suit les métis qui, par le biais d'ordonnances, sont exclus de la fonction publique. Marc Ferro nous apprend que « entre 1724 et 1772, les libres métissés furent progressivement exclus des charges de judicature et offices royaux, puis des fonctions de médecin, chirurgien et sage-femme »[18]. Les fonctions d'officier supérieur, entre 1760 et 1770, sont réservées aux Blancs. Cela ne sera toutefois pas le cas dans les colonies antillaises où le métis prend le relais du blanc après l'esclavage. Cette promotion du métis dans l'échelle sociale cache un autre type de violence qui s'exerce sur les Noirs dont l'accès au grade d'officier supérieur sera presque impossible dans les îles. Dans les *nouvelles* colonies africaines, la minorité d'Africains qui a la citoyenneté française se verra refuser l'accès aux grades supérieurs dans l'armée.

En somme, le 18e siècle français qui se réclame des Lumières voit paradoxalement le développement d'un climat anti-noir. Ce climat se matérialise par un contrôle draconien de la mobilité des Noirs vivant en métropole. Ce contrôle se fait par des techniques qui rappellent l'univers de la plantation.

Contrôle de la mobilité des esclaves

Dans *Le code noir*, la restriction de la mobilité de l'esclave dans les plantations est manifeste. Une fois en métropole toutefois, le contrôle de l'esclave est transféré du maître à l'Etat. C'est de plein droit que le maître peut venir en métropole avec son ou ses esclaves. Ce droit est

---

[17] Marc Ferro, *Le livre noir du colonialisme. XVIe- XXe siècle : de l'extermination à la repentance*. Paris : Laffont, 2003, p. 655.
[18] Ibid., p. 655.

en effet conféré aux planteurs et militaires par l'édit de 1726. Ce droit fait toutefois face à un obstacle en ce sens que le maître doit justifier le séjour de ses esclaves en métropole. L'autorité compétente en matière de délivrance de visa est donc libre de juger de la légitimité de la demande de visa au nom de l'esclave. L'apprentissage d'un métier et l'approfondissement de la religion chrétienne, entre autres justifications, sont les plus populaires.

Un tournant est atteint en 1738 quand une réglementation est mise en vigueur dans le sens de la restriction de la mobilité des esclaves en métropole. Cette réglementation permet de retracer la genèse du système des cartes de séjour. Elle limite à trois ans le séjour de l'esclave qui suit son maître en métropole. Le séjour est remis en question dès lors que l'esclave enfreint la loi. En effet, commettre un crime sépare désormais le maître de l'esclave. Ce dernier court le risque d'un refoulement vers les îles où il retrouve son ancienne condition d'esclave. L'étau se resserre un peu plus quand l'année 1777 voit la création d'une police des Noirs mise en place dans l'optique de s'occuper de la question de leur immigration. Une année plus tard, le port d'une carte d'autorisation est obligatoire pour tous les Noirs.

Ce qui caractérise la série des mesures prises à l'encontre de l'immigration des Noirs est l'ambiguïté. Ce flou, volontairement créé, se manifeste par la latitude que se donne l'État au niveau de l'octroi des cartes de séjour et des décisions de rapatriement des esclaves vers les îles. Comme l'occasion viendra de le voir pour les lois de l'immigration de la deuxième moitié du 20e siècle, l'État reste le plus ambigu possible pour créer une flexibilité dans l'interprétation du droit. D'une part, l'officiel français chargé d'accepter la demande de visa d'un maître pour son esclave peut baser son choix sur l'arbitraire. Sa décision peut simplement être basée sur sa couleur politique et non pas le droit ; d'autre part, le lecteur mérite une définition plus satisfaisante sur le "crime" qui peut conduire au refoulement de l'esclave.

L'ensemble de ces mesures n'est qu'une première étape dans la tentative de maîtrise des flux migratoires des Noirs vers la métropole. Une seconde étape vise à séparer la race noire de la race blanche sur le sol français, et à purger la métropole de sa population noire. *Le livre noir du colonialisme* révèle qu'en 1778, les mariages mixtes sont interdits, mesure à laquelle la Constituante met fin en 1791. Deux ans après la Révolution, la Constituante reconnaît le droit de vote aux

Noirs nés de parents libres et rétablit l'ancien usage selon lequel l'esclavage est interdit sur le sol français. Cette démarche laisse implicitement entendre que, de façon officieuse, certains aspects de la législation du *Code noir* ont été transplantés par la Monarchie de l'espace de la plantation à l'espace de la métropole. Toutefois, comment se matérialise l'arrivée de Napoléon en 1802 ?

Le retour à l'*ordre* préconisé par Napoléon Bonaparte se traduit par le rétablissement de l'esclavage dans les colonies. En France, la loi revient sur les mesures prises par la Constituante. L'objectif du régime napoléonien est clairement de se débarrasser de la population noire vivant en métropole. L'armée s'avère un moyen légal à cet effet. Entre 1806 et 1808, le ministre de la police charge les préfectures de mener une enquête pour recenser les Noirs et gens de couleur présents sur le sol français. Le but de cette enquête est de « les engager dans l'armée et de s'en débarrasser en les expédiant au royaume de Naples »[19].

Quand la deuxième République abolit l'esclavage en 1848, il est logique de s'attendre à ce que cette mesure s'étende à tout l'empire français. Toutefois, une abolition à deux vitesses s'opère entre les Antilles et l'Afrique. Après 1848, l'on remarque un transfert progressif du code vers l'Afrique. Pour des raisons expansionnistes, les représentants de l'Etat français dans les colonies, les gouverneurs, n'hésitent pas à fermer l'œil sur la traite ou à mettre en place un système de hiérarchisation des colonisés. Sous prétexte d'un respect d'une certaine tradition locale, l'administration française, dans bien des cas, tolère l'esclavage et la traite qui vont bon train sur le continent africain. Il faut attendre le 20e siècle pour voir l'Etat français commencer à prendre une position différente vis-à-vis de l'esclavage. Marc Ferro, dans son article intitulé « Autour de la traite et de l'esclavage », porte l'accusation qu' « en Occident, quand la traite fut interdite, les Européens se sont greffés sur celle que pratiquaient les Arabes »[20]. La réalité sur le terrain de l'Afrique semble lui donner raison. L'observation de cette réalité permet de noter les ambiguïtés contenues dans le discours de l'exportation des Lumières.

---

[19] Ibid., p. 658.
[20] Ibid., p. 105.

Une abolition à deux vitesses

L'esclavage fut aboli en 1848 par Victor Schœlcher. C'est en général l'enseignement que divulguent les manuels d'histoire français et francophones. Théoriquement, l'abolition se matérialise par l'octroi de la citoyenneté aux esclaves habitant les îles. Que se passe-t-il dans les *nouvelles* colonies françaises en Afrique Equatoriale Française, en Afrique Occidentale Française et en Afrique du nord, plus particulièrement en Algérie ? Dans ces territoires, pour déceler comment le *Code noir* caduque dans les Antilles ressuscite en Afrique, il est crucial de s'intéresser à l'interprétation que les gouverneurs, représentants de l'Etat français, font de la loi. Les gouverneurs français qui se sont succédé en Afrique de l'ouest se voient partagés entre servir les droits de l'homme et assurer l'expansion coloniale. Cette expansion en Afrique, dans certains cas, se matérialise par la politique de l'autruche sur la question de la traite. Martin Klein voit que, une fois la conquête de l'Afrique acquise, l'ordre et la stabilité sont vitaux pour la notion de civilisation qui fait l'objet de la Conférence de Berlin de 1884-1885. Les rhétoriques juridiques des gouverneurs français en AOF, Faidherbe en 1854, Jauréguiberry en 1880, Servatius en 1883 et Roume en 1905, montrent un *progrès* lent vers une application fidèle à l'esprit de 1848. Cela commence déjà avec une loi en 1838 qui prévoit des sanctions criminelles à l'endroit des Français qui sont coupables de traite. Pour l'instant, on ne dit mot sur l'esclavage pratiqué par les autres colons non français, donc hors de la juridiction française.

En 1848, si aux Antilles les esclaves sont considérés comme des citoyens, les habitants des territoires conquis en Afrique sont en majorité considérés comme des sujets français. D'entrée, on remarque une hiérarchisation que Marc Ferro ne manque pas de souligner. Pour lui, le fait de nommer les populations de l'Afrique de l'ouest *sujets* est un moyen de continuer à les exploiter légalement, puisque la notion de sujet implique une hiérarchisation, une différence de statut et une allégeance à une souveraineté. Il le formule en ces termes : « On les dénomme des "sujets" et non des "citoyens français", demeurant ainsi hors des dispositions du décret de 1848 et conservant le droit de posséder des esclaves »[21]. La différence fondamentale entre un *sujet* et un *citoyen* est leur inégalité vis-à-vis des lois françaises. A priori, le

---

[21] Ibid., p. 114.

citoyen dans les colonies a les mêmes avantages que le citoyen de France, c'est-à-dire droit de vote, droit de représentation légale,... Avant la Révolution française, à l'exception de la noblesse et du clergé, les Français étaient des sujets d'un roi à qui ils donnaient tout. Avec la Révolution, cette marque d'assujettissement disparaît, remplacée par celle de citoyen. Partant de ce qui se passe sur le terrain, je théorise que les inégalités qui découlent de la ségrégation entre citoyens et sujets sont transférées dans les nouvelles colonies. La citation de Marc Ferro met à nu la transplantation du statut de *sujet* de la Métropole vers les *nouvelles* colonies d'Afrique. Voyons comment les différents gouverneurs qu'a connus l'Afrique Occidentale Française vont manipuler la loi au nom d'un intérêt national. Le droit instaurant une hiérarchisation entre Français et Africains, entre Français des îles et Français de la métropole et entre Antillais et Africains, il convient de mettre l'accent sur les formes qu'a prises cette différence : le statut des esclaves et le niveau socio-économique des Antilles.

Après l'abolition, la volonté de tirer un trait vis-à-vis du passé, l'esclavage, demeure officiellement une priorité pour la France. Cette volonté se matérialise au moins sur deux flancs : sur le statut des esclaves et sur le niveau socio-économique des Antilles.

Pour rétablir le déséquilibre qui jadis est symbolisé par le dualisme maître et esclave, ces deux substantifs disparaissent pour laisser place à celui de citoyen français. Le statut de citoyen, par conséquent, annule théoriquement toute la valeur de l'article 44 du *Code noir* qui considère les esclaves comme des *biens meubles*. Désormais, aux yeux de l'Etat, Français d'outre-mer et Français de métropole sont sur le même pied. Autrement dit, ils jouissent des mêmes droits et ont les mêmes devoirs. Rappelons que l'octroi de la citoyenneté aux hommes *de couleur* en 1848 n'est pas le premier en date. Un autre l'avait précédé en 1794.

Sur le plan socio-économique, il s'agit pour la troisième République de faire fonctionner les Antilles au rythme de la métropole. Développer les Antilles selon les normes de la République. L'école joue un rôle central dans cette mise à niveau. Le système scolaire républicain est initié dans l'optique d'instituer une égalité des chances entre Antillais et Français de la métropole. L'école est perçue comme un moyen d'ascension dans l'échelle sociale.

Lumières ou intérêt national ?

Pour Faidherbe, gouverneur de l'Afrique occidentale française, l'esprit de l'abolition de 1848 a une résonnance différente. En 1855, il passe un décret qui garantit le droit des sujets africains de garder leurs esclaves. C'est le cas pour des chefs de village qui n'habitaient pas dans des territoires sous contrôle direct de la France ou qui n'étaient pas citoyens français. Un rapprochement est possible entre ce décret et la menace du rapatriement qui pesait sur l'esclave en France dans la première moitié du 18ᵉ siècle. En effet, l'esclave qui enfreint la loi en France et le sujet réfugié sur un territoire ami de la France, sont perçus de la même façon par la loi : tous deux sont considérés comme des vagabonds, menaces pour l'ordre public. Les dirigeants des territoires amis avec la France sont les chefs coutumiers, chefs de village qui ont une autorité morale sur le reste des autres sujets. La seule restriction vaut à l'endroit des Français. En 1857, Faidherbe se rapproche de l'esprit de 1848 quand il déclare : « Quand la France est en guerre contre un Etat africain, les esclaves fugitifs peuvent être sauvés et libérés. Toutefois, les esclaves qui s'enfuient d'Etats qui ont des relations pacifiques avec la France et se réfugient dans des territoires français peuvent en être expulsés comme vagabonds dangereux pour l'ordre et la paix »[22]. Cette diplomatie rappelle fort bien celle qui caractérise les rapports entre la France et la Grande-Bretagne dans les Antilles. L'amitié franco-britannique est l'un des traits les plus saillants dans le roman *Dominique Nègre esclave* de Léonard Saintville. Personnage principal du roman, cet esclave qui passe d'un maître à un autre dans une colonie française organise une fuite d'esclaves. Cette fuite en pirogue se termine à Sanderson, à Antigues qui est colonisée par les Anglais. Comme dans toutes les autres îles anglaises à cette époque, l'esclavage y est aboli. Ce contraste avec les îles françaises donne une bonne presse aux îles anglaises, de telle sorte qu'elles deviennent prisées par les esclaves en fuite. Dans le roman, c'est l'ambassadeur français qui met fin à l'espoir de liberté sur les îles françaises en venant à Antigues pour signer un accord avec la Grande Bretagne. Cet accord stipule que les Britanniques doivent rendre tous les esclaves qui proviennent des Antilles françaises. En revanche, les esclaves anglais capturés aux Antilles françaises sont

---

[22] Martin A. Klein, *Slavery and Colonial Rule in French West Africa*. Cambridge : Cambridge University Press, 1998, p. 29. (Ma traduction).

immédiatement remis à l'Angleterre et vice-versa. Cet accord qui se matérialise au moment où l'Angleterre est sur le point d'abolir l'esclavage constitue une menace pour le personnage Dominique. Car dans le contexte du roman, la France n'a pas encore aboli l'esclavage. Sa capture se solde par un rapatriement vers la colonie contrôlée par la France. Quelques décennies plus tard, il me semble que cette diplomatie se réinscrit en Afrique de l'ouest sous l'administration coloniale française qui, soucieuse de l'intérêt national, fait preuve de compromis ou de collaboration avec certains chefs locaux.

En 1871, l'application de l'esprit de 1848 en est à ses balbutiements en Afrique Occidentale Française quand la République étend la législation anti-esclavagiste à quatre communes du Sénégal, notamment Dakar, Rufisque, Saint-Louis et Gorée. Ces communes peuvent dès lors envoyer des représentants à la Chambre des Députés en France. Par conséquent, les habitants noirs et métis se voient attribuer des droits politiques.

Avec Jauréguiberry, nommé gouverneur en 1880, un pas en avant est franchi sur le plan juridique. Prenant le contre-pied du gouverneur Faidherbe, il met en place un langage nouveau concernant le problème des esclaves qui se réfugient sur les territoires français. Son discours va à l'encontre de celui de Faidherbe : « Les esclaves qui se trouvaient sur le sol français étaient libres et les maîtres ne pouvaient ni utiliser la force pour les en faire sortir ni faire appel à l'assistance française pour ce faire »[23]. Ce discours est fort différent de celui de Faidherbe, mais force est de constater que jusqu'alors, il ne s'agit que de la préservation des intérêts français plutôt que de défendre les droits de l'Homme en libérant les sujets français.

René Servatius suit la même ligne que son prédécesseur en étant plus ferme sur la pratique de l'esclavage dans les territoires français : « Il ne peut et ne devrait y avoir que des hommes libres, et personne n'a le droit de réclamer ou de capturer quiconque. Telle est la loi »[24]. Cette rhétorique a une consonance dix-huitièmiste car elle rappelle le ton de la Déclaration des Droits de l'Homme et du Citoyen.

Enfin, sous le gouverneur Roume, l'esclavage n'est permis en aucune façon, en application directe du décret du Président de la République française en 1905 : « abolition de l'esclavage et de la

---

[23] Ibid., p. 63.
[24] Ibid., p. 64.

vente, du don ou de l'échange de personnes »[25]. Ce décret, à la différence des précédents laissés à la libre interprétation des anciens gouverneurs, montre la mainmise du pouvoir central, émanant de Paris, sur les affaires coloniales et son *dévouement* à étendre l'esprit de la Révolution française, de la Conférence de Berlin et de l'abolition de 1848. L'implication de la métropole dans les affaires coloniales est marquée par une passation de pouvoirs significative. En effet, jusqu'en 1881, les affaires coloniales sont gérées par la marine, responsabilité désormais placée entre les mains d'un sous-secrétaire d'Etat. Malgré ce transfert de compétence significatif, l'intention du pouvoir français de promouvoir l'esprit de 1848 peut laisser le lecteur perplexe si l'on s'en tient au moyen utilisé par le système colonial pour conquérir et *développer* les colonies. Ce moyen est le travail forcé. Il serait intéressant de retracer la genèse d'une telle méthode populaire chez beaucoup d'administrateurs.

Si, après 1885, la mission de civilisation par le biais du *développement* est à l'ordre du jour en France, l'unanimité manque toutefois quant aux moyens d'y arriver. Deux écoles de pensée font face : Paris et l'administration coloniale. Pour Paris, sous la pression de l'opinion publique, il est important de rester fidèle aux idéaux de la Révolution française. Albert Decrais, alors ministre des colonies, se fait le porte-parole de cet esprit via ses directives aux différents gouverneurs de l'Afrique occidentale française : « Il est important, pour le progrès de la civilisation et pour l'honneur de notre pays, que l'on oblige les indigènes à renoncer complètement à la pratique de l'esclavage dans tous les territoires où notre contrôle est établi »[26]. A remarquer chez Decrais l'articulation d'un discours révisionniste sur la traite des Noirs et l'esclavage. L'implication de cette citation est que la métropole se lave les mains quant à son implication dans la traite des Noirs dans le passé et aussi sa caution tacite de la continuation de la traite sur le continent africain. La traite serait une pratique que seuls les Africains pratiquent, sans implication aucune des Européens. Via ce discours qui circonscrit le crime aux Africains, Decrais veut donc réussir à établir de nouvelles relations entre colonisateurs et colonisés, basées sur des contrats d'employeur à employé. Cela équivaut théoriquement à traiter les colonisés au même titre que les Français. Cette approche, loin d'être nouvelle, est la

---

[25] Ibid., p. 136.
[26] Ibid., p. 126.

même que celle qu'un commis de l'Etat français suggère pour mettre fin au marronnage en Guyane, celle du baron de Bressner, chargé du Projet de 1774. Ce projet a pour objectif d'affranchir progressivement les esclaves et de transformer en vingt ans la masse servile en journaliers libres. Il fait preuve de *réalisme* pour sauver l'économie bourgeoise : « Il faut instaurer une nouvelle relation entre les propriétaires des terres et les hommes destinés à les cultiver »[27]. Il me semble que pour le cas de l'Afrique, le même discours se reproduit. L'instauration d'une *culture de travail* dans les colonies africaines rappelle une pratique qui s'est déjà manifestée en métropole et dans les îles pendant l'esclavage. Sous la pression de la compétition internationale, la métropole tient à maintenir son empire intact. L'implication de Paris dans la gestion des colonies découle du fait que la métropole réalise le danger que représente le travail forcé dans un long terme. Il peut se retourner contre elle. Le terme *travail forcé* est certes familier pour le lecteur, mais il n'est pas sûr que ce dernier puisse le situer dans un contexte plus large. Une contextualisation permet de retracer son évolution sur la longue durée. Si le travail forcé a une connotation négative dans la mémoire collective, il faut voir qu'il lui est donné un sens positif dans la mise en application de la mission civilisatrice. J'analyserai comment il se met en place philosophiquement et en suivrai l'évolution jusqu'à ses dérives.

---

[27] Michèle Duchet, *Anthropologie et histoire au Siècle des Lumières : Buffon, Voltaire, Rousseau, Helvétius, Diderot.* Paris : F. Maspero, 1971, p. 155.

Chapitre II :
VOUS AVEZ DIT LUMIERES ?

Civiliser par la force

A l'opposé de Paris, l'administration coloniale en Afrique a une philosophie du *développement* des colonies différente. Chez les administrateurs, l'idée que l'utilisation de la force est le seul moyen de développer les colonies est assez populaire. Cette mentalité cadre bien avec le discours carcéral où les droits communs sont soumis au travail forcé dans le but de les rééduquer, afin qu'ils puissent un jour réintégrer la société et y exercer un rôle positif. Dans un long terme, il y a un parallèle entre la sortie du détenu et l'indépendance des colonies : leur accès à la majorité, donc l'âge de maturité. De même, le travail forcé a pour objectif de préparer le colonisé à l'indépendance octroyée à un délai laissé à la discrétion du colonisateur. L'usage de la coercition suit un certain raisonnement qui remonte à des siècles. Il s'appuie sur le discours essentialiste de la paresse des Noirs en général. On le voit inscrit par exemple dans la *Relation de Nigritie* au 17e siècle, informant son public occidental de la paresse quasi irrémédiable des Noirs. Certains administrateurs expriment leur pessimisme sur les Africains à se mettre au travail sans l'aide du fouet. Comme le dit Klein, « Nombreux sont ceux qui pensaient que les esclaves étaient si paresseux qu'ils mourraient de faim s'ils n'étaient pas contraints de travailler »[28]. Même si cela n'est pas officiellement attesté, l'école qui défend l'application du travail forcé aura le dessus car ce système est exécuté sur le terrain soit pour conquérir plus de territoire, soit pour mettre en place des infrastructures servant à transporter les matières premières vers la métropole. Cette école n'est pas à dissocier de la philosophie de Montesquieu qui, à travers sa théorie des climats, maintient l'utilisation de la force comme seul moyen de corriger la paresse supposée des Africains. La pratique du travail forcé s'inscrit comme

---

[28] Martin A. Klein, *Slavery and Colonial Rule in French West Africa*. Cambridge : Cambridge University Press, 1998, p. 134. (Ma traduction).

droit positif, c'est-à-dire, discipline non seulement utile pour l'Africain, mais aussi pour l'humanité. Cette position est un des arguments clés dans *La théorie des climats ou l'encodage d'une servitude naturelle*. En effet, le distinguo quant aux conséquences de l'air chaud et froid sur les dispositions physiques, morales et psychologiques des Noirs et Blancs est central dans le raisonnement de Montesquieu pour justifier les travaux forcés comme politique. Pour lui donc, « l'air froid aura pour conséquence de resserrer les extrémités des fibres de notre [celui des Blancs] corps, ce qui augmentera leur ressort et permettra une plus grande fluidité du sang ainsi qu'une plus grande puissance du cœur, tandis que l'air chaud aura pour effet inverse un relâchement de l'extrémité des fibres, et, par là-même, une diminution de leur [les Noirs] force et de leur ressort »[29]. Cette distinction des qualités de l'air aurait des conséquences sur le physique et le moral des Noirs et des Blancs. Montesquieu arrive à la déduction d'une opposition binaire entre Noirs et Blancs selon laquelle l'air froid entraînerait chez les Blancs « une confiance en soi inséparable de certaines vertus tels le courage et la franchise » alors que chez les Noirs, l'air chaud conduirait à « un cortège de vices telles la lâcheté, la faiblesse, la traîtrise... [et que] en Afrique, la chaleur est si excessive que le corps y sera sans force, n'[entraînant] aucune curiosité, aucune noblesse, la paresse »[30]. Ce mode de pensée a une résonnance favorable au sein de l'administration coloniale qui voit l'armée comme un des moyens d'inculquer une culture de travail aux Africains.

Très tôt, l'armée commence à recruter parmi les locaux pour envahir le territoire ouest africain. Cette méthode est similaire à celle appliquée aux Antilles par les colons français pour faire face à l'ennemi anglais. Il y a une parfaite illustration de cette pratique dans *Le roman d'un spahi* de Pierre Loti où l'Armée d'Afrique, troupes composées en majorité d'Africains, est utilisée pour conquérir l'intérieur du continent. L'instrumentalisation de l'esclave ou du sujet est mise en exergue dans *Slavery and Colonial Rule in French West Africa* : « Les soldats africains étaient affectés aux tâches militaires dans les postes en haut de fleuve qui n'étaient pas sains pour les

---

[29] Isabel Castro-Henriques et Louis Sala-Molins, *Déraison, esclavage et droit. Les fondements idéologiques et juridiques de la traite négrière et de l'esclavage*. Paris : Editions UNESCO, 2002, p. 61.
[30] Ibid., p. 61.

Européens »[31]. Ce qu'il faut aussi ajouter, c'est que la plupart des sujets engagés sont d'anciens esclaves achetés par l'armée française. A son tour, elle leur propose la liberté à condition de signer un contrat synallagmatique, selon lequel ils devront servir pour une durée de 12 à 14 ans avant de pouvoir disposer de leur liberté. A titre d'exemple, les rapports avancés par Martin Klein. Il déclare que les ¾ des soldats africains qui ont servi dans la 1ère Guerre mondiale étaient des esclaves. Donc, au nom d'un développement supposé, le travail forcé devient une institution sponsorisée par l'Etat. La corrélation entre l'esclavage et le travail forcé ne fait plus l'ombre d'un doute. C'est l'idée que Marc Ferro formule ainsi : « Aux temps de la colonisation, à l'esclavage et à la traite, a succédé le travail forcé »[32]. Klein le rejoint quand il avance que « presque tous ceux qui étaient envoyés travailler dans les chantiers de chemins de fer étaient esclaves »[33]. Le travail forcé, qui n'est supprimé qu'en 1946, a été appliqué pour la construction des routes, des chemins de fer et pour creuser les canaux vitaux pour le *développement* des colonies. Si à l'origine le travail forcé est au désavantage du colonisé, ce dernier parvient, au fil du temps, à subvertir cette institution contre le colonisateur pour s'en libérer. Le cas des tirailleurs est un exemple sur lequel il est intéressant de s'appuyer.

Percevant le contrat de tirailleur comme un contrat à durée déterminée, beaucoup de sujets français exploitent ce canal pour avancer dans l'échelle sociale. A l'issue du service militaire, certains trouvent des emplois subalternes tels que messagers, interprètes ou gardes. Ceci leur permet de faire des économies, donc d'obtenir un certain pouvoir financier. Ce pouvoir, ils l'utilisent pour retrouver les traces de certains membres de leur famille et acheter leur liberté. Dans un souci de se faire bien représenter, certains hommes libres louent les services d'avocats qui habitent une des quatre communes qui ont la citoyenneté française. Comme je l'ai signalé pour le cas des esclaves libres dans les îles françaises et en métropole, il s'agit pour les sujets africains de subvertir un système qu'ils n'ont pas mis en place en le tournant à leur profit.

---

[31] Martin A. Klein, *Slavery and Colonial Rule in French West Africa*. Cambridge : Cambridge University Press, 1998, p. 74.
[32] Marc Ferro, *Le livre noir du colonialisme. XVIe-XXe siècle : de l'extermination à la repentance*. Paris : Laffont, 2003, p. 128.
[33] Martin A. Klein, *Slavery and Colonial Rule in French West Africa*. Cambridge : Cambridge University Press, 1998, p. 128.

L'interprétation de la loi par les différents gouverneurs en Afrique de l'ouest souligne un manque de constance dans l'application de l'esprit de l'abolition de 1848. Dans l'espace colonial africain, une certaine conception de la notion de civilisation et du développement conduit à une réinscription de pratiques en linéarité avec *Le code noir*. J'ai largement illustré le cas de l'Afrique de l'ouest. Le code se manifeste aussi en Afrique du nord, particulièrement en Algérie via le double langage juridique sur le statut des Algériens et leur enfermement dans le code de l'indigénat.

Algérie :
champ d'expérimentation du code de l'indigénat

Dans l'histoire de la colonisation française, le cas de l'Algérie permet de noter une particularité dans la politique coloniale française en Afrique. D'un point de vue théorique, l'Algérie est juridiquement différente des autres colonies en ce sens qu'elle est partie intégrante de la France, divisée en trois départements. Toutefois, en pratique, la perception de l'Algérien par le droit colonial français ne laisse lire aucune différence pratique entre le sujet algérien et le sujet sénégalais par exemple. C'est cette indifférence dans la pratique qui mérite une attention particulière. L'intégration de l'Algérien dans le droit français révèle maintes zones d'ombre.

L'évolution du droit colonial français est intéressante à suivre, particulièrement sous le Second Empire. Il est caractérisé par une période d'ouvertures et de fermetures quant aux rapports entre la France et ses possessions, spécifiquement l'Algérie. Dans ce sens, la date du 14 Juillet 1865 constitue un tournant car elle statue sur l'état des personnes et la naturalisation en Algérie. Cette date est plus connue sous l'appellation *sénatus-consulte*. Comme le souligne Emmanuel Saada, le sénatus-consulte du 14 juillet, « document fondamental pour l'évolution des statuts coloniaux, dispose que l'indigène, musulman ou israélite, est français et qu'il peut, sur la demande, être admis par les lois civiles et politiques de la France »[34]. Progressiste comme loi, tire-t-on comme conclusion, dans la mesure où elle fait fi de considérations inhérentes à la religion ou à la race.

---

[34] Emmanuel Saada, « Une nationalité par degré. Civilité et citoyenneté en situation coloniale », in Weil Patrick et Stéphane Dufoix. *L'esclavage, la colonisation, et après...* Paris : PUF, 2005, p. 199.

Bien plus peut-être, il s'agit, par ce sénatus-consulte, de la célébration d'un moment d'égalité où l'Algérien n'est plus considéré comme inférieur, mais égal au Français. Quelques années plus tard, la loi sur la nationalité de 1889 rappelle l'appartenance des Africains citoyens et des Antillais à la République française. Cette loi pose le droit du sol comme référence dans l'octroi de la nationalité. Par conséquent, elle « confère, à sa majorité, la nationalité française à tout enfant né en France de parents nés à l'étranger, sous certaines conditions de domicile »[35]. Cette loi inclut l'Algérie, la Guadeloupe, la Martinique, la Guyane et la Réunion. Toutefois, un recul s'opère à la fin du 19e siècle avec le décret de 1897 qui fait table rase des mesures relatives au droit du sol comme il a été défini antérieurement. Voici comment l'interprète Saada : « En effet, disparaissaient complètement du décret de 1897 les paragraphes 3 et 4 du code civil qui confèrent la nationalité à tout individu né en France d'un étranger, à la naissance, si ce parent y est lui-même né, ou à la majorité si l'individu en question est domicilié en France »[36].

De façon évidente, le lecteur remarque l'atrophie des frontières et le recul du droit en matière d'entrée dans la nationalité. Désormais, une grande différence est établie entre le sol colonial et le sol métropolitain. Curieusement, cette mesure rappelle les lois Pasqua des années 1993 sur la nationalité. Une fois de plus, ces lois mettent fin au droit du sol, le *jus soli*, pour les enfants d'émigrés nés en France en remettant leur nationalité à la majorité sur le choix de l'enfant. En 2010, pour mieux comprendre ce pas en arrière, il faut s'arrêter sur les multiples débats qui marquent la fin du 19e siècle quant à la naturalisation des colonisés. Avec le temps, la religion et la race des colonisés sont construites comme des obstacles majeurs à leur inclusion dans la nation française. Cet obstacle est cerné par les propos de Bernard Lavergne quand il avance : « La naturalisation de l'indigène, surtout lorsqu'il demeure dans sa colonie d'origine, constitue très rarement un acte véridique. Pour devenir Français, non seulement au point de vue de la langue, mais comme mentalité intellectuelle, sens moral et jugement, il faut à tout le moins, sauf cas

---

[35] Ibid., p. 200.
[36] Ibid., p. 201.

très exceptionnels, de longues années écoulées au sein de la population française »[37].

Clairement, se voir naturaliser s'avère presque intangible pour le colonisé, fait que les statistiques singularisent : « sur toute la période 1898-1944, il [le taux de rejet des naturalisations] est de 61% »[38]. Ce pourcentage se passe de commentaires. Si pour le reste de l'Afrique seule une minorité est citoyenne, que dire de la vaste majorité qui vit pourtant dans les territoires conquis par la France ? La différenciation entre *nationalité* et *citoyenneté* permet de constater une hiérarchie dressée entre colonisés habitant le même espace.

Pourquoi avoir mis l'accent sur l'Algérie ? Pour deux raisons fondamentales. D'abord parce que par son statut de département français, le droit français la place dans une position privilégiée par rapport aux autres possessions françaises qui ont le statut de protectorats. D'autre part, parce que cette distinction juridique fait défaut dans la pratique. C'est dire que le traitement infligé au colonisé, que ce dernier soit originaire d'Afrique noire ou d'Afrique blanche, se fonde sur un essentialisme qui transcende le statut juridique. Africains du nord, de l'ouest et du centre font l'objet d'un même traitement légitimé par le code de l'indigénat. C'est un document juridique qui régit les rapports entre colonisateurs et colonisés dans l'espace colonial. Après l'avoir défini dans un contexte post-abolition, je procéderai à une étude comparative entre le code de l'indigénat et *Le code noir* à la lumière de romans coloniaux.

Le code de l'indigénat

Pour de nombreux jeunes nés dans la France postcoloniale, le code de l'indigénat n'a aucune résonance. L'enseignement de l'histoire coloniale, à tous les niveaux, se fait sur la base d'une sélection méticuleuse de l'objet à enseigner. C'est souvent dans des espaces non officiels tels l'art, la musique, le cinéma, que ce document juridique se manifeste.

Le code de l'indigénat a émergé dans un contexte post-abolition, c'est-à-dire après l'abolition de l'esclavage en 1848. Il est né trois ans

---

[37] Intervention de Bernard Lavergne, professeur à la Faculté de Droit de Lille à la session du 2 Juin 1928 du Conseil Supérieur des Colonies, ANSOM, Conseil des Colonies, carton numéro 25, 1928.
[38] Patrick Weil et Stéphane Dufoix, *L'esclavage, la colonisation, et après…* Paris : PUF, 2005, p. 220.

avant la Conférence de Berlin, 1884-1885, évènement qui débute officiellement la colonisation européenne. Il faut insister sur cette conférence aux objectifs controversés, par rapport à laquelle un discours officiel et officieux entre en collision.

Dans la deuxième moitié du 19ᵉ siècle, la recherche de débouchés et de matières premières expliquent le besoin impérieux d'une expansion coloniale en Europe. Si l'on situe le début de la colonisation européenne en Afrique en utilisant la Conférence de Berlin comme marqueur temporel, c'est reproduire ici le discours officiel qui veut que cette conférence soit perçue comme la manifestation de la philanthropie des pays européens envers les contrées non européennes, l'Afrique et les Antilles pour ce qui concerne ce livre. L'Europe se définit comme devoir moral de rendre service au reste de l'humanité en lui apportant les Lumières. La citation de Raoul Girardet résume fidèlement cette intention humanitaire : « Les "races supérieures", c'est-à-dire les sociétés occidentales parvenues à un haut degré de développement technique, scientifique et moral, ont à la fois des droits et des devoirs à l'égard des "races inférieures", c'est-à-dire des peuples non engagés sur la voie du Progrès »[39]. Les pays signataires de la Conférence de Berlin sont l'Allemagne, l'Autriche, la Hongrie, la Belgique, le Danemark, les Etats-Unis, la France, le Royaume Uni, l'Italie, les Pays-Bas, le Portugal, la Russie, la Suède, la Norvège et l'empire ottoman.

Si l'esprit de la conférence de Berlin se veut humanitaire, un recul de plusieurs décennies déconstruit aujourd'hui le discours officiel qui a encadré la mission civilisatrice. Loin d'être une œuvre philanthropique, cette conférence est pour moi un moyen *civilisé* pour les pays signataires de résoudre les conflits qui les opposent non seulement en Europe, mais aussi sur le terrain africain. Car, depuis l'esclavage, maints ouvrages témoignent de conflits d'intérêt qui opposent différentes puissances européennes sur le terrain africain. A titre d'exemple l'île de Gorée. Cette île à deux kilomètres de Dakar, capitale du Sénégal, mémoire vivante de la traite de Noirs, fait l'objet de plusieurs occupations : hollandaise, anglaise et française. Chaque pays veut occuper cet espace géostratégique pour le transport des esclaves vers les Caraïbes, l'Amérique du sud et du nord. D'un point de vue géopolitique, toute puissance qui contrôle l'île de Gorée a

---

[39] Raoul Girardet, *L'idée coloniale en France : de 1871 à 1962*. Paris : La Table Ronde, 1972, p. 24.

pignon sur toute la façade atlantique. L'intérêt économique justifie la présence occidentale en Afrique de façon primordiale. Après cette parenthèse juxtaposant discours officiel et officieux sur la Conférence de Berlin, j'observe les articulations du code de l'indigénat.

Olivier Le Cour Grandmaison définit le code de l'indigénat comme « le monument du racisme d'Etat adopté sous la IIIe République, en 1881, pour le territoire algérien et les seuls "Arabes", [et] a servi de modèle à de nombreux autres codes du même type forgés peu après pour l'Indochine, l'Afrique de l'ouest et la Nouvelle-Calédonie »[40]. Cette citation rend ambiguë la différence délibérément construite par la métropole entre l'Algérie, département français, les autres colonies et les protectorats. Le code de l'indigénat peut être perçu comme une forme de punition infligée aux Algériens pour avoir fait montre de résistance à la pénétration française. L'élaboration de ce document en 1881, comme forme de sanction, défie le récit colonial français qui situe l'occupation de l'Algérie et sa pacification à l'année 1830.

Comme pour *Le code noir*, l'élaboration du code de l'indigénat est le résultat d'un consensus, cette fois-ci, républicain. C'est-à-dire qu'il cristallise un des moments où la Gauche et la Droite sont d'un commun accord sur la politique *étrangère* française : « En dépit de ce qui les oppose par ailleurs, partisans et adversaires du pouvoir du sabre s'accordent le plus souvent pour estimer que ces derniers [les Algériens] doivent être soumis à un ordre juridique particulier, destiné à sanctionner leur statut de vaincus et à réprimer de façon exemplaire les actes d'hostilité qu'ils commettent contre les Européens et les autorités françaises »[41]. Dans le même ordre d'idées que *Le code noir*, le but du code de l'indigénat est de forcer, de conditionner le colonisé à un certain mode de vie défini par le colonisateur. Reposant sur une variété d'obligations imposées au colonisé, il a pour fonction d'inculquer à ce dernier un comportement subalterne. La technique de surveillance du colonisé est superposable à l'architecture des prisons du 18e siècle que Foucault nomme le *panoptisme*. L'impression chez le prisonnier d'être visible en permanence, d'être surveillé comme le veut ici le code de l'indigénat, est le stade suprême du panoptisme car il conduit le sujet surveillé, l'esclave, le prisonnier ou le colonisé, à se surveiller. L'objectif est en effet d' « induire chez le détenu un état

---

[40] Olivier Le Cour Grandmaison, *Coloniser. Exterminer. Sur la Guerre et l'Etat colonial*. Paris : Fayard, 2005, p. 22.
[41] Ibid., p. 204.

conscient de visibilité qui assure le fonctionnement automatique du pouvoir. Faire que la surveillance soit permanente dans ses effets, même si elle est discontinue dans son action »[42]. Dans quelles mesures le code de l'indigénat se rapproche-t-il du *Code noir* ? Cette analogie se fonde sur un consensus républicain quant à l'expropriation légalisée des terres des Africains, l'institution du travail forcé dans les colonies françaises, ses conséquences démographiques et finalement des parallèles spécifiques entre le code de l'indigénat et *Le code noir*.

Consensus républicain sur l'expropriation et le travail forcé

La réaction des régimes politiques sous lesquels *Le code noir* et le code de l'indigénat évoluent est sans équivoque. Depuis le début de l'esclavage sous la Monarchie, il y a une initiative politique nationale bipartisane sur la légitimité de la traite. Cette vision commune se matérialise d'ailleurs par la mainmise de l'Etat français sur la traite. La création de la Compagnie des Indes est un exemple pertinent de cette implication étatique. L'Etat entre de plain-pied dans la traite en protégeant les compagnies françaises qui sont impliquées dans l'opération. Dans un contexte où l'Angleterre et le Portugal visent les intérêts français en Afrique, l'Etat français, en protégeant les compagnies françaises, applique une politique protectionniste. La même remarque peut se faire concernant le code de l'indigénat.

La Conférence de Berlin offre donc un cadre *civilisé* dans lequel les différents pays européens peuvent opérer sans conflit entre eux. Sous le couvert de la mission civilisatrice, il se met en place une politique d'expropriation dont les conséquences démographiques peuvent être rapprochées de celles créées par *Le code noir*. La Conférence de Berlin sanctionne l'implication sans ambiguïté de l'Etat français dans un ensemble de pratiques peu flatteuses de l'esprit de 1789. L'expropriation des terres des natifs, dont les effets sont mesurables en Amérique du nord, du sud, aux Antilles françaises et anglaises, se répète sur le territoire africain de façon méthodique. L'Etat fonctionne en complice en ce sens qu'il cautionne toutes les saisies des terres au nom du *développement* des colonies. La logique qui mène à l'implication de l'Etat en Afrique est à suivre pas à pas.

---

[42] Michel Foucault. *Surveiller et punir*. Paris : Gallimard, 1975, p. 234.

Vers 1900, capitalistes et parlementaires voient la nécessité de créer des compagnies privilégiées pour une meilleure exploitation des ressources minières de l'Afrique. Le promoteur de cette idéologie capitaliste est Eugène Etienne, sous-secrétaire d'Etat aux colonies. D'abord, l'implication de l'Etat se fait officieusement par une concession de 11 millions d'hectares (soit 1/5e de la France) à une compagnie concessionnaire au Congo français. C'est peu à peu que la République sort de l'ombre pour marquer officiellement son implication dans la politique d'expropriation en Afrique. Elle se fait par le biais du ministre des colonies Guillain, dont Félicien Challaye souligne la logique politique : « De mars à juillet 1899, le ministre des colonies Guillain accorde, par décret, quarante concessions au Congo français. Les concessionnaires reçoivent pour trente ans d'immenses domaines variant entre 200.000 et 14 millions d'hectares. Pendant cette période, toutes les richesses de ces domaines appartiennent aux concessionnaires : ivoire, bois précieux, caoutchouc »[43].

La loi est donc l'instrument par lequel l'expropriation est légitimée. Les romans coloniaux accordent un espace considérable à ce thème. J'inclurai deux romans, *France nouvelle, roman des mœurs algériennes* et *Le vieux nègre et la médaille*, pour illustrer deux discours selon lesquels l'expropriation se met en place : l'un par la coercition et l'autre sous le couvert de la religion.

Comme le titre le suggère, *France nouvelle, roman des mœurs algériennes* se passe dans un contexte de conquête coloniale où l'Algérie est perçue comme une extension de la métropole. Cette vision se traduit par l'émigration de Français vers une ville nommée Colonsville dans le roman. Cette arrivée de *nouveaux Chrétiens* nécessite l'aménagement d'un espace habitable. Cela ne peut se faire qu'à la condition de saisir des terres déjà habitées par des Algériens. Le roman met en exergue deux formes d'expropriation en fonction du caractère privé ou public du terrain à saisir. Par exemple, l'Etat saisit les terrains communaux qu'il réserve pour l'agrandissement de la ville des colons, Sainte Lucie, dans le roman. Une autre forme d'expropriation est celle qui consiste à saisir des terrains privés pour cause d'utilité publique. C'est selon cet argument que l'administration coloniale publie un décret pour rendre l'expropriation légale. Dans le roman, c'est « l'ordonnance de 1844, art. 26- loi du 16 juin 1851, art.

---

[43] Félicien Challaye, *Un livre noir du colonialisme. « Souvenirs sur la colonisation »*. Paris : Les nuits rouges, 2003, p. 72.

19 »[44] qui rend possible l'expropriation et la légitimité de l'usage de la force pour ce faire. Cette décision juridique ne se matérialise pas sans résistance de la part des locaux dont le refus de céder leur terre est incarné par le personnage nommé le vieux Lounès. Celui-ci refuse de déménager et menace les forces de l'ordre. La réponse de l'administration est de faire recours au code pénal qui prévoit l'emprisonnement de toute personne s'opposant aux lois françaises. L'emprisonnement d'un mois du vieux Lounès, pour en faire un exemple, est la fin de cet épisode de résistance locale à l'expropriation. Dans *Le vieux nègre et la médaille*, c'est la religion qui sert d'argument pour légitimer l'expropriation.

C'est avec fierté que le vieux Méka évoque tous les sacrifices qu'il a concédés pour la France. Ses sacrifices sont d'ordre financier et humain. Car dans son village, sa famille jouit d'une certaine notoriété pour avoir fait l'armée française et s'être battue à deux occasions pour sauver la France, lors des 1ère et 2e Guerres mondiales. Outre ce sacrifice humain, le vieux Méka évoque comment, très tôt, le missionnaire français l'a convaincu de faire don d'une de ses terres dans l'optique de la construction d'une église. Il le faisait dans le cadre de la diffusion de la Bonne Nouvelle. Il s'agit ici d'une autre forme d'expropriation qui a la religion pour justificatif.

Une fois l'expropriation matérialisée, l'énigme pour le concessionnaire est de savoir comment assurer l'extraction des matières premières. Face à une opposition farouche des populations locales, l'Etat français vient à la rescousse des concessionnaires en utilisant la loi pour forcer le recrutement des populations locales. Félicien Challaye le met en exergue : « Vu le boycott des indigènes, les compagnies réclament le droit d'obliger les indigènes à travailler »[45]. Comprenons bien le langage de ce droit. L'obligation de travailler, le travail forcé, donne aux compagnies la possibilité d'*employer* les locaux sans être obligées de les rémunérer. Dans cette logique, il n'y a donc aucune différence entre ce droit que réclament les concessionnaires et le droit que possède le maître dans la plantation pendant l'esclavage. Ce droit ressuscite l'article 44 du *Code noir* dans l'espace colonial. Selon l'article, la valeur de l'esclave est réduite à un bien meuble, valeur qui est étendue au sujet colonial dans

---

[44] Ferdinand Duchène, *France nouvelle, roman des mœurs algériennes*. Paris : Calmann-Lévy, 1903, pp. 194-195.
[45] Ibid., p. 74.

beaucoup de colonies pendant la colonisation française en Afrique. Le travail forcé devient une institution promue par l'Etat non seulement en Afrique de l'ouest, mais aussi en Afrique du nord, précisément en Algérie. Le caractère officiel de cette institution est cristallisé à travers le plaidoyer du Sénateur d'Alger en 1894 : « C'est la population indigène qui seule peut nous donner la main-d'œuvre et nous aider à exploiter toutes les ressources possibles, présentes et à venir, de notre Algérie. Il faut que nous puissions prendre cette population à notre service avec quelque sécurité »[46].

L'aide sollicitée dans cette citation a un poids sarcastique. Il s'agit ici d'obliger le colonisé à travailler gratis pour le colonisateur. Cette sécurité sous-tend la mise en place de mesures draconiennes dans l'optique de prévenir toute désertion. Soldats locaux au service de l'empire français, les tirailleurs sont chargés de la surveillance des travailleurs dans les chantiers. Une économie de plantation qui a fait son temps dans les Antilles françaises pendant l'esclavage reprend forme. Il faut aussi mettre l'accent sur le fait qu'un processus légal méticuleux est mis en place pour définir qui peut être assujetti au travail forcé. C'est à ce niveau qu'il est crucial de cerner la différence entre la *citoyenneté* et la *nationalité*.

Dans les colonies françaises, j'ai déjà souligné que seule une minorité a la citoyenneté française. Cela signifie que ces derniers ont théoriquement les mêmes droits et devoirs que les Français de la métropole. Ce statut les protège de tout abus par le système administratif colonial, notamment en matière de travail forcé. Quant aux *nationaux*, ils vivent dans un territoire sous contrôle français. Leur statut sert d'une part à marquer un bastion entre le colonisé qui vit dans un territoire français et un qui vit dans un territoire rival de la France, tels l'Angleterre, la Belgique et le Portugal. D'autre part, le statut de *national* prédispose toute personne qui l'a au travail forcé, institution dont la pratique n'est pas loin de l'esclavage ou d'actes odieux commis sur la personne humaine lors des deux Guerres mondiales. En effet, « La Métropole va utiliser des méthodes qu'elle réprouve, recréer des Gestapo, employer à son tour la torture à grande échelle dans l'optique de soumettre le colonisé au travail forcé »[47]. Cette citation établit un parallèle frappant entre l'application du travail

---

[46] Pierre Nora, *Les Français d'Algérie*. Paris : René Julliard, 1961, p. 93.
[47] Marc Ferro. *Le livre noir du colonialisme. XVIᵉ-XXᵉ siècle : de l'extermination à la repentance*. Paris : Laffont, 2003, p. 518.

forcé en Afrique de l'ouest, pendant la colonisation, et le traitement des Juifs dans les camps de concentration pendant la 2e Guerre mondiale. La citation met en exergue l'hypocrisie de l'Europe. D'une part, elle condamne unanimement Hitler, s'allie et réagit contre ses ambitions impérialistes. On voit cette coalition en acte à partir de 1942 quand les Etats-Unis se joignent aux Alliés contre le Japon, l'Italie et l'Allemagne pour sauver les Juifs, l'Europe et la civilisation ; d'autre part, au même moment, cette même Europe ferme les yeux sur le mauvais traitement des Africains soumis au travail forcé depuis la 2e moitié du 19e siècle. Félicien Challaye, dans *Un livre noir du colonialisme*, reprend le témoignage d'un évêque français au Congo au début du 20e siècle : « Il [le travail forcé] s'est fait cette année dans des conditions qui ne nous donneraient pas le droit, si nous les approuvions, de condamner les méthodes employées par les Allemands dans les pays occupés par eux. Les prisonniers [les travailleurs] arrivent deux à deux, la chaîne fixée au cou du premier, descend le long de son dos, puis tourne la poitrine du second et lui serre le cou »[48]. Même si cette description se passe de commentaires, l'on peut essayer de voir comment la fiction fait écho de cette institution. *Le dernier Christ de Bomba* le met bien en scène.

A travers ce roman, Mongo Béti échafaude une version impopulaire de l'histoire de la colonisation, celle qui peint les différentes formes de résistance auxquelles le colonisateur fait face, ici le missionnaire et l'administrateur. Différentes formes d'insurrection voient le jour dont le refus de payer le denier du culte, le refus pour les colonisés de participer aux travaux de réfection des églises. Dans le roman, la vie n'est pas facile pour l'administrateur qui veut construire une route qui puisse joindre la localité de Tala au reste du pays. Ce dernier compte sur la complicité du Révérend Père Saint, RPS, pour obliger les colonisés à travailler. Au final dans le roman, l'usage de la force n'est pas exclu pour obliger les locaux à aller à l'église. Comme pendant l'esclavage où l'esclave risquerait l'enfer s'il ne travaille pas dur, la même rhétorique est articulée par le RPS qui demande aux colonisés récalcitrants de venir travailler à la mission au risque d'aller en enfer. Enfin, c'est que tout colonisé qui refuse de joindre l'église du RPS est de facto qualifié pour le travail forcé. Le narrateur décrit les conditions dans lesquelles les forçats travaillent dans un chantier :

---

[48] Félicien Challaye, *Un livre noir du colonialisme. Souvenirs sur la colonisation*. Paris : Les nuits rouges, 2003, p. 49.

« Comme sur la route de Manding-Zomba, les gens travaillaient attachés à une corde qui s'enroulait autour de la taille du premier, autour du suivant... et les tirailleurs les surveillaient, les frappaient »[49].

En résumé, on remarque bien des similarités dans l'implication de l'Etat tant dans l'opération de l'esclavage que dans celle de la mission civilisatrice. Si son implication se fait sous la Monarchie pendant l'esclavage, pendant la colonisation, elle se fait sous une République dont le discours officiel est contredit par la réalité sur le terrain. Ceci permet de situer la mission civilisatrice entre deux discours : l'officiel et l'officieux. L'un étant celui que l'on cristallise dans la mémoire collective des Français, renforcé par les différentes expositions coloniales qui ont lieu tout au long de la 2e moitié du 19e siècle jusqu'à la dernière qui date de 1931. L'objectif de ces expositions est de reconstituer des villages primitifs un peu partout en Europe afin de mieux légitimer l'opération coloniale aux yeux du public européen. Un autre objectif est celui auquel le public n'a pas accès et qui sera marginalement dévoilé dans les journaux des missionnaires, des administrateurs, des journalistes objectifs soucieux d'informer le public sur les travers de la mission civilisatrice dans les colonies. En Afrique de l'ouest, le travail forcé prend officiellement fin grâce au combat des députés africains qui représentent les colonies à l'Assemblée Nationale française. La loi Houphouët Boigny sanctionne la fin du travail forcé en 1946. Ce n'est toutefois pas le cas en Algérie où la guerre civile ou d'indépendance, selon le point de vue, justifie la poursuite de pratiques qui font entorse à la Déclaration des Droits de l'Homme et du Citoyen. L'institution du travail forcé n'est qu'une dimension du code de l'indigénat. Je mets maintenant l'accent sur une des conséquences directes de cette institution, notamment l'hémorragie démographique que connaissent nombre de régions ouest africaines.

Autres formes de génocide

Je propose de laisser de côté momentanément le génocide résultant de la traite des Noirs et de l'esclavage. Il est assez évident. Un autre génocide a lieu dans les coulisses pendant l'expansion coloniale et la colonisation françaises. A l'aube du 21e siècle, le lien entre le travail

---

[49] Mongo Béti, *Le pauvre Christ de Bomba*. Paris : Présence Africaine, 1956 p. 53.

forcé et la dépopulation pendant la colonisation française en Afrique de l'ouest ou du nord est indéniable car il est supporté par les statistiques. Olivier Le Cour Grandmaison avance d'entrée des chiffres intéressants à propos de l'Algérie : « En l'espace de 42 ans, la population globale de l'Algérie est passée en effet de 3 millions d'habitants à 2.125.000, selon certaines estimations, soit une perte de 875.000 personnes, civiles pour l'essentiel »[50]. Il est possible de rationaliser ce phénomène historiquement. Les difficultés de la pénétration française en Algérie, dues à une résistance farouche des populations locales, conduisent à un degré de frustration matérialisé par une confusion totale entre combattants et civils. Dans un contexte où la France lutte contre un ennemi non traditionnel, car non clairement identifiable, l'armée procède à un massacre qui ne fait pas de distinction entre populations civile et militaire.

En Afrique centrale, l'institution du travail forcé a pour conséquence la destruction de communautés et la désertion de villages où les populations locales sont recrutées pour être envoyées dans des zones investies par les compagnies concessionnaires. Challaye met l'accent sur le fait que le recrutement des locaux pour le travail forcé est tributaire des possibilités d'exploitation de matières premières telles le caoutchouc pour le Congo, le cacao pour la Côte-d'Ivoire. De fait, d'une part, pour pallier au spectre du travail forcé, les habitants des villages menacés de *recrutement* migrent vers d'autres villages non menacés ; d'autre part, l'autre alternative est de migrer dans des territoires anglophones où la pratique n'existe guère. Au final les colonies se vident de leurs populations fuyant les razzias, l'emprisonnement ou la servitude. C'est ce que réitère Challaye quand il affirme que « Depuis le début du vingtième siècle, les Noirs du Congo sont soumis à un régime de travail forcé comparable à l'esclavage, presque pire que l'esclavage dans certains rapports »[51]. Au vu de l'hémorragie démographique dont souffrent certaines colonies en particulier, il est impérieux de poser la thèse du génocide comme une composante tacite dans l'exécution de la mission civilisatrice. Dans quelles mesures pourrait-elle être défendue ? Mon

---

[50] Olivier Le Cour Grandmaison, *Coloniser. Exterminer. Sur la guerre et l'Etat colonial.* Paris : Fayard, 2005, p. 188.
[51] Félicien Challaye, *Un livre noir du colonialisme. Souvenirs sur la colonisation.* Paris : Les nuits rouges, 2003, p.72.

argument repose sur deux discours : celui du dictionnaire de la langue française et celui que propose le droit international.

Dans *Le Robert*, le mot génocide est défini comme « Destruction méthodique d'un groupe ethnique ». Le dictionnaire renvoie aussi au terme *ethnocide* défini comme « Destruction de la civilisation d'un groupe ethnique par un autre plus puissant »[52]. Cette définition est toutefois insuffisante. J'en proposerai une autre plus exhaustive dans *International Human Rights, Law, Policy and Process*.

Pendant la conquête française de l'Afrique, l'intention d'occuper le territoire entraîne une perte de vies humaines. Par exemple en Algérie entre 1955 et 1962, Pierre Nora avance que « proportionnellement, les musulmans ont perdu au moins deux fois plus des leurs depuis 1955 que les Français pendant la Grande Guerre »[53]. En Afrique de l'ouest l'Affaire du camp de Thiaroye, dont le cinéaste Ousmane Sembène s'est inspiré pour réaliser le film *Camp Thiaroye*, n'est qu'un fait de génocide, mais les témoignages sur le travail forcé appliqué par les compagnies concessionnaires au Congo ou en Côte d'Ivoire, sur la complicité de l'Etat français, corroborent la thèse du génocide sur la longue durée. Pour donner une idée générale de l'hémorragie démographique, Catherine Coquery Vidrocitch en arrive à la conclusion suivante : « Il n'est pas inconcevable de penser que l'Afrique comptait, vers 1860, plus de 150 millions d'habitants. Or, il n'y en avait que 90 millions à la fin du dix-neuvième siècle. Ce recul résulte de la phase de l'impérialisme colonial »[54].

L'on ne peut passer sur cette citation sans attirer l'attention sur la gravité des statistiques avancées. Il y a un contraste frappant qui soutient la thèse d'un second génocide si l'on compare les chiffres officiels concernant le nombre d'Africains qui ont *quitté* l'Afrique par le fait de l'esclavage et ceux morts suite à l'impérialisme que reflète la citation. Aujourd'hui, quoique controversé, les historiens estiment aux environs de 20 millions le nombre d'Africains arrachés à l'Afrique pendant l'esclavage, alors que le nombre de ceux morts durant la conquête coloniale européenne est approximativement de 60 millions.

---

[52] Paul Robert, *Le Petit Robert. Dictionnaire alphabétique et analogique de la langue française*. Paris : Le Robert, 1985, p. 860.

[53] Pierre Nora, *Les Français d'Algérie*. Paris : René Julliard, 1961, p. 188.

[54] Catherine Coquery Vidrovitch, « Evolution démographique de l'Afrique coloniale » in Marc Ferro. *Le livre noir du colonialisme. XVIe-XXe siècle : de l'extermination à la repentance*. Paris : Laffont, 2003, p. 557.

Evidemment, ce crime n'est pas seulement imputable à la France, mais à tous les pays européens signataires de la Conférence de Berlin.

Le code de l'indigénat, que l'on peut voir se matérialiser sous la forme de l'expropriation, du travail forcé, de la dépopulation forcée suivis de déplacements massifs de population, remplit les définitions du génocide proposées dans *International Human Rights, Law, Policy and Process* : « (a) causer la mort des membres d'un groupe ; (b) blesser physiquement ou mentalement les membres d'un groupe ; (c) infliger délibérément aux membres d'un groupe des conditions de vie calculées pour la destruction physique ou partielle de leur communauté ; (e) Imposer le transfert d'enfants d'un groupe à un autre »[55]. Les définitions permettent de déconstruire le mythe de la mission civilisatrice et surtout d'inscrire désormais dans le discours officiel de la colonisation, cette longue page de l'histoire de la colonisation française en Afrique passée sous silence. L'argument de la destruction physique, fait irréfutable, peut toutefois être problématique car elle se passe loin du public français. Je vais à présent explorer une autre dimension du génocide, cette fois-ci théorique et auquel le public participe inconsciemment par la fiction. La science et l'Eglise y ont de même activement pris part. Ce génocide est construit dans l'espace métropolitain, en continuité avec la construction de l'esclave qui a été cristallisée dans l'inconscient collectif français pour légitimer l'esclavage.

Aux yeux du public français, l'esclavage et la colonisation évoquent deux temporalités qui sont aux antipodes : l'une est négative, pouvant conduire à un sentiment de culpabilité ; l'autre est positive, euphorique, célébrant un moment par lequel la Métropole vient rectifier le passé. Une telle conception est inscrite dans l'opération de la mission civilisatrice. Si ces deux moments sont clairement séparés pour le public, ce dernier ne remarque pas souvent que le discours et les acteurs qui ont servi à légitimer l'esclavage sont recyclés pour justifier la colonisation. Par l'abolition de l'esclavage, l'ancien esclave des Antilles françaises fait son entrée tant débattue dans l'Humanité. En Afrique de l'ouest, excepté les ressortissants des communes sénégalaises de Dakar, Rufisque, Gorée et Saint-Louis qui ont la citoyenneté française, le reste de la population a la nationalité

---

[55] David Weissbrodt, Joan Fitzpatrick, Frank Newman, *International Human Rights. Law, Policy and Process*. Cincinnati, Ohio : Anderson Publishing Co., 2001, p. 447. (Ma traduction).

française. Deux statuts différents, comme je l'ai déjà souligné. Cette distinction de statut implique l'évolution du sujet français en dehors de la citoyenneté française, donc de la civilisation. C'est là que repose la grande différence entre l'esclavage et la colonisation. Si l'esclavage nie catégoriquement l'humanité à l'esclave, le discours que met en place la mission civilisatrice est le suivant. Le colonisé, resté sauvage ou barbare, est désormais apte à la civilisation. Cette opération nécessite un contact entre colonisateur et colonisé. Durant ce contact prohibé par la loi pendant l'esclavage, le colonisé est exposé aux valeurs et à la culture françaises. Seulement, le lecteur non averti ne voit pas que le discours théorique pour légitimer l'esclavage est le même que celui qui est sédimenté pour légitimer la colonisation. Ce discours théorique est intrinsèquement complémentaire de la destruction pratique sur laquelle repose la thèse du génocide.

Une destruction préméditée

La religion joue un rôle clé dans la mise en place du discours promoteur de la mission civilisatrice. Le calvaire de Canaan inventé par les exégètes pour rattacher son malheur à la race noire est réinscrit au 19e siècle. Ce rattachement renforce l'opposition binaire entre la race noire et la race blanche. Dans *Le code noir ou le calvaire de Canaan*, Louis Sala-Molins dénonce le processus par lequel Canaan est lié à la race noire, Japhet et Sem à la race blanche. C'est par le biais des exégètes que l'opposition entre Noirs et Blancs prend forme. Les exégètes fabriquent une correspondance entre la descendance de Canaan et le peuple noir. Dès lors, une spéculation est posée en vérité absolue. Sala-Molins avance que « Le caractère de vérité absolue concédé par chacun en langage ecclésiastique, pendant des siècles et des siècles, fera le reste. Dans ce langage, la paternité chamite ou cananéenne de l'ensemble de la population noire et africaine n'est pas mise en doute »[56].

Ce n'est pas l'abolition de l'esclavage qui met fin à la représentation symbolique du Noir dans la conscience collective. Bien au contraire, la continuité d'une telle représentation est nécessaire pour légitimer la colonisation aux yeux du public européen. A ce sujet, l'Eglise, au 19e siècle, s'investit pleinement dans la mission

---

[56] Louis Sala-Molins, *Le code noir ou le calvaire de Canaan*. Paris : PUF, 1987, p. 22.

civilisatrice en bénissant l'intention de la Conférence de Berlin. Ceci témoigne d'un rapprochement particulier entre Eglise et Etat qui ne cesse en France officiellement qu'en 1905.

Religion, politique et science nationalisées

Très tôt au 19e siècle, l'Eglise se lance dans une vaste campagne d'expansion et d'évangélisation. Entre 1816 et 1878, en France, l'on remarque la formation de vingt-deux congrégations de missionnaires. L'image du missionnaire abandonnant sa famille et son confort en Europe, s'embarquant pour la terre des sauvages, ses souffrances quotidiennes, deviennent des thèmes réitérés par beaucoup d'écrivains dont l'un des plus lus est Jules Verne. *Cinq semaines en ballon* est l'un des romans les plus réputés de son œuvre. Il attendrit le public de l'époque, vu le sort réservé à un jeune missionnaire français. La sympathie du narrateur envers le missionnaire est manifeste. Les trois voyageurs, le docteur Ferguson, son valet Joe et son ami Kennedy veulent réussir une entreprise sans précédent, à savoir la traversée de l'Afrique d'est en ouest en ballon. En plein vol, ils sont témoins de scènes qui mettent l'accent sur la sauvagerie des Africains. Ainsi en témoigne le narrateur :

« A cent pieds au-dessous du ballon se dressait un poteau. Au pied de ce poteau, gisait une créature humaine, un jeune homme de trente ans au plus, avec de longs cheveux noirs, à demi-nu, maigre, ensanglanté, couvert de blessures, la tête inclinée sur la poitrine, comme le Christ en croix »[57]. C'est par la suite que le lecteur apprend que la créature qui est sur le point d'être sacrifiée est un missionnaire français qui a débarqué en Afrique de l'ouest dès l'âge de 20 ans. La sympathie du narrateur est sans ambiguïté :

« Le missionnaire était un pauvre homme du village d'Arcadon, en Bretagne, en plein Morbihan ; ses premiers instincts l'entraînèrent dans la carrière ecclésiastique ; à cette vie d'abnégation, il voulut encore joindre la vie de danger, en entrant dans l'ordre des prêtres de la Mission, dont Saint Vincent de Paul fut le glorieux fondateur »[58]. Le plus attendrissant pour le lecteur est que, une fois le missionnaire sauvé de la mort, ce dernier n'est animé par aucun désir de vengeance. Bien au contraire, il ajoute que : « Ce sont des âmes à racheter, des

---

[57] Jules Verne, *Cinq semaines en ballon*. Paris : Booking International, 1995, p. 185.
[58] Ibid., pp. 191-192.

frères ignorants et barbares, que la religion seule peut instruire et civiliser »[59].

Clairement, la religion est inscrite comme un outil permettant de tirer l'Africain de l'obscurantisme. La politique de *Cinq semaines en ballon* n'est toutefois pas seulement de soigner l'image de l'ecclésiaste. C'est l'image du Blanc en général. Car après avoir libéré le missionnaire, les trois compagnons dont la vie est menacée par un des *sauvages* accroché à la nacelle, empêchant le ballon de décoller, affichent un comportement humaniste que l'époque prône. Plutôt que de tuer le sauvage, le chef de l'entreprise, Ferguson, décide tout bonnement de soulever une des caisses à eau qui pesait plus de cent livres et de la précipiter par-dessus bord. L'explorateur se sacrifie pour sauver la vie d'un *sauvage*.

Au fil du 19ᵉ siècle, les relations entre l'Eglise et l'Etat se resserrent, chacun trouvant un intérêt chez l'autre. C'est le sentiment de Raoul Girardet dans *L'idée coloniale en France* :

> « C'est une opinion communément admise… que celui qui porte la croix du Christ sur les terres lointaines y porte en même temps, implicitement ou explicitement, le drapeau de son pays. Le pavillon national se doit de couvrir et de protéger l'œuvre d'apostolat et d'évangélisation. Dans les dernières années de la Monarchie constitutionnelle, le devoir de civilisation a un écho assez considérable auprès du public. Ce dernier, de plus en plus, adhérait au mythe d'une France qui avait reçu de la Providence la haute mission d'émanciper les races et les peuples encore restés esclaves du despotisme et de l'ignorance »[60].

Cette idée est bien reprise dans *L'étonnante aventure de la mission Barsac*. Dans ce roman, Jules Verne y expose la bonne action de la mission Barsac. Barsac est le nom d'un député français qui, avec une équipe de quelques hommes, va mener une enquête en Afrique dans l'optique de déterminer si les Africains méritent que la France leur accorde le droit d'avoir des députés qui représenteraient les colonies à l'Assemblée nationale. Allant de village en village, le député Barsac lance une croisade contre l'esclavage qui sévit sur les territoires français conquis. Le roman construit bien l'idée que la France n'a rien à voir avec l'esclavage. Le succès de cette entreprise se mesure par

---

[59] Ibid., p. 190.
[60] Raoul Girardet, *L'idée coloniale en France : de 1871 à 1962*. Paris : La table ronde, 1972, p. 37.

l'éloge d'un des personnages, une fille, envers le député Barsac. C'est ce dernier qui la libère des fers et lui confie : « Maintenant tu n'es plus esclave. Je te rends la liberté »[61]. Pour la délégation française, il s'agit donc de poursuivre l'œuvre de diffusion des Lumières, opération dont le clergé n'est pas exempté. L'un des promoteurs de cette mission évangélisatrice en France est l'Abbé Raboisseau dont l'ouvrage *Etudes sur les colonies et la colonisation au regard de la France* demeure une référence à l'époque. Dans cet ouvrage, il assigne sans ambiguïté un devoir à la métropole : celui de transformer à son image les peuples dont elle est souveraine, de leur inculquer son esprit et sa foi. Les dix années qui suivent la débâcle française face à la Prusse, en 1871, témoignent d'une recrudescence de l'activité missionnaire. L'idée d'une croisade est lancée par Monseigneur Lavigerie, évêque d'Alger. Il voit l'œuvre évangélisatrice comme une croisade dont la France est le moteur. Dépassant les limites du Sahara, cette croisade doit exposer le continent africain à l'Evangile en franchissant le désert du Sahara jusqu'aux terres non encore découvertes de l'Afrique. C'est lui qui, en 1871, lance un appel à tous les réfugiés d'Alsace Lorraine à venir fonder de nouveaux villages en Algérie. Dans cette entreprise, il y a un amalgame entre le rôle du missionnaire et celui du politique. Le missionnaire est vu comme vecteur de la rédemption et du salut ; quant à l'administrateur, au politique donc, il est porteur de justice et d'égalité. Cet amalgame est toutefois antérieur à la Conférence de Berlin. Je propose d'observer maintenant le maillon qui rattache la religion à la politique.

L'idée de devoir du missionnaire est certes amplifiée au 19e siècle, mais se trouve inscrite dans la politique depuis le 17e siècle. A ce titre, un des articles du *Code noir*, le deuxième en l'occurrence, exige le baptême des esclaves dès leur arrivée dans les îles. Ce geste garantirait le salut de leur âme. La même opération se poursuit au 17e siècle, avec quelques nuances toutefois. L'inscription de l'œuvre missionnaire dans le discours politique est incarnée par le Pape Georges XV qui, en 1622, fonde la Congrégation pour la Propagation de la Foi. Si cette institution cautionne le départ du missionnaire, elle exprime certaines réserves quant à la manière d'aborder les cultures non occidentales. Le Pape est en faveur d'une politique coloniale respectueuse des indigènes et de leurs institutions. Avant tout, il faut apprendre à

---

[61] Jules Verne, *L'étonnante aventure de la mission Barsac*. Paris : L. F. Editions, 1919, p. 86.

connaître les peuples pour pouvoir les évangéliser dans l'optique de finalement former un clergé local capable de prendre le flambeau du missionnaire européen. Cette opération a donc une échéance. D'ailleurs les instructions papales sont très claires : « Il faut s'abstenir de zèle, d'avancer tout argument pour convaincre ces gens qu'ils devraient changer leurs rituels, leurs coutumes ou leurs manières, à moins que ces pratiques ne soient évidemment contraires à la religion et à la moralité »[62]. Le double langage de ce discours est manifeste car le missionnaire se trouve investi de la fonction de juge, analysant les mœurs des autres cultures à l'aune de l'Occident. Ce qui est moral est purement défini à partir de normes européocentriques, donc subjectives.

Ce qu'il importe de signaler, c'est que cette ordonnance du Pape est exclusive aux royaumes chinois du Tonkin et de Cochinchine, donc limitée à un espace géographique particulier. Elle ne concerne à priori nullement les territoires français en Afrique. Après 1885, un devoir d'une autre sorte s'accomplit : celui de la mission civilisatrice qui, selon Aimé Césaire dans *Discours sur le colonialisme*, se fait sur le mode d'un génocide à travers le monde. L'entreprise coloniale serait donc la démonstration de la psychologie de la *racine unique* qui, pour Edouard Glissant dans *Poétique de la Relation*, se débarrasse de tout sur son passage ou assimile tout. Car il s'agit bien d'un contexte différent, celui du 19e siècle où la France politique et ecclésiastique agit pour une même cause. Entre 1802 et 1931, le rapprochement entre l'Eglise et l'Etat devient indéniable. Bras droit du politicien, le missionnaire joue désormais un rôle clé dans l'opération coloniale : « Entre 1802 et 1931, les missionnaires français considéraient le missionnaire comme une sorte de "Admirable Crichton", agissant indirectement mais efficacement comme conseiller en matière de commerce international, ambassadeur de la grandeur et de la culture françaises, explorateur et chercheur scientifique, organisateur de croisés, informateur et finalement professeur d'éthique méditerranéenne et agent prédestiné d'un empire civilisateur.

A la lumière de cette citation, l'amalgame entre l'Eglise et l'Etat ne fait plus aucun doute. De cette façon, la religion s'impose comme légitime dans le processus d'exportation des Lumières. Ce schéma est en contradiction avec le discours philosophique qui se développe sous

---

[62] Robert Delavignette, *Christianity and Colonialism*. New York : Hawthorne, 1964, p. 58. (Ma traduction).

la houlette du discours humaniste. Depuis le 16ᵉ siècle et à travers les Lumières, la réflexion des grands philosophes n'a-t-elle pas pour ambition de justement défaire l'amalgame entre l'Eglise et l'Etat ? Cet amalgame ne se limite pas à l'Eglise et à l'Etat. La science s'écarte de ses principes nobles pour construire et faire la promotion d'un discours patriotique. Ce discours est monté pour légitimer l'entreprise coloniale vis-à-vis des publics français et européen.

Outre la religion, il ne faut point négliger l'impact que la pensée anthropologique d'inspiration darwinienne a sur l'inconscient collectif français et, par extension, européen. L'Africain, ici le Noir et l'Arabe, trouve sa place dans un discours racialisé. Cette pensée se charge de construire l'Autre, l'Africain, qu'il sédimente d'une imagerie négative pour légitimer le devoir de civilisation. La sauvagerie du Noir et la barbarie de l'Arabe ne sont pas irrémédiables. Le contact avec la race blanche est un remède pour les sortir de leur condition temporaire. Certains penseurs comme Girardet cernent l'esprit scientifique de l'époque :

« La pensée anthropologique de l'époque reste dominée par les données essentielles d'un strict évolutionnisme d'inspiration darwinienne. L'histoire des sociétés est conçue selon le schéma d'une ascension continue, mais uniformément linéaire, chaque société est sensée devoir franchir un certain nombre de degrés qui, du stade de la brutalité animale, doit la conduire à celui de la civilisation rationnelle et technicienne en passant par les stades intermédiaires de la "sauvagerie", puis de la "barbarie" »[63].

Cette citation établit un raisonnement par lequel l'intervention du Blanc dans l'univers de l'Africain, sub-saharien et saharien, s'avère nécessaire. Seule elle peut accélérer la marche vers le progrès du *sauvage* et du *barbare*. Le 19ᵉ siècle témoigne du recyclage d'un mode de pensée raciste qui remonte au 17ᵉ siècle, à la période de l'esclavage donc. Comment ?

Au 17ᵉ siècle, le concept de la division du monde en races ou espèces humaines prend un aspect tout moderne. La hiérarchisation des races du monde est introduite au 17ᵉ siècle par le voyageur français François Bernier le 24 avril 1684 dans le *Journal des Scavans*. Il y propose une répartition géographique des différentes

---

[63] Raoul Girardet, *L'idée coloniale en France : de 1871 à 1962*. Paris : La Table Ronde, 1972, p. 140.

espèces humaines sur quatre continents, notamment l'Afrique, l'Europe, l'Asie et l'Amérique. Au 18ᵉ siècle, Charles de Linne, dont le *Systema Naturae* a un écho considérable dans le milieu *scientifique*, continue dans le même sens. Il y divise l'humanité en quatre types en fonction de critères tels que les traits physiques, moraux et les coutumes. Je me limite à sa définition du Blanc, du Noir et de l'Arabe. Ces trois *races* y sont essentialisées. Alain Ruscio résume pour le lecteur l'opposition binaire Blanc/Noir et Blanc/Arabe : « Noir indolent, de mœurs dissolues, cheveux noirs, crépus, peau huileuse, nez simien, lèvres grosses », dont les « femmes ont le repli de la pudeur, des mamelles pendantes, [l'homme étant] vagabond, paresseux, négligent, s'enduit de graisse, est régi par l'arbitraire »[64]. Aux antipodes du Noir, le « Blanc sanguin, ardent, cheveux blonds, yeux bleus, léger, fin ingénieux, porte des vêtements étroits, est régi par les lois »[65]. L'Arabe aussi trouve sa place dans cette économie raciale. Au Maghreb, le terme *tronc* est utilisé pour faire référence aux Arabes. Ces derniers ont aussi la réputation d'être paresseux, comme les Noirs. Seulement, la distinction singulière entre Arabes et Noirs est la forte propension des Arabes à la violence, à la fourberie.

L'intention de cristalliser le Blanc comme être supérieur est manifeste. Il incarne le stade suprême de l'évolution de l'humanité. *Essais sur l'inégalité des races humaines* de Joseph Arthur de Gobineau, publié en 1853, se fait l'écho de ce mode de pensée. *On the Origin of Species* de Darwin, en 1859, se place à un niveau plus pragmatique en ce sens qu'il cautionne les conquêtes coloniales, les voit justifiées par la loi du plus fort. Un pas considérable est franchi en 1859 avec la fondation de la Société d'Anthropologie de Paris. Son impact dans la construction du sujet à coloniser contribue à la création d'une nouvelle science : la craniologie, aux implications sinistres puisqu'elle perdure jusque dans le cas des Juifs de la 2ᵉ Guerre mondiale, et même du génocide qui s'est produit au Rwanda en 1994. Après avoir établi le lien entre religion, politique et *science*, il est critique de suivre comment cette coalition au nom d'un intérêt commun se sédimente dans la littérature. L'analyse de cinq romans de l'époque nous le révèlera : *Roman d'un Spahi* de Pierre Loti, *La maîtresse noire* de Louis-Charles Royer, *Va-t-en avec les tiens* de

---

[64] Alain Ruscio, *Le credo de l'homme blanc. Regards coloniaux français : XIXᵉ-XXᵉ s.* Bruxelles : Ed. Complexes, 2002, p. 27.
[65] Ibid., p. 27.

Christine Garnier, *Cinq semaines en ballon* de Jules Verne et *Epopées africaines* d'Albert Baratier. Ils sont dépositaires du discours scientifique raciste de l'époque par leur réinscription d'un bestiaire pour nommer l'Africain.

Roman d'un Spahi et *Cinq semaines en ballon* renforcent le stéréotype du Noir au visage simiesque. Dans le roman de Loti, le jeune soldat Jean, Français engagé dans les forces françaises d'Afrique déployées pour la conquête territoriale, ne peut distinguer les visages humains d'un même masque. Suivant le ton apocalyptique de la fin du roman, le narrateur lance : « Les vieilles négresses, hideuses et luisantes sous le soleil torride, traînant une âcre odeur de soumaré, s'approchèrent des jeunes hommes avec un cliquetis de gris-gris et de verroteries ; elles les remuèrent du pied, avec des rires, des attouchements obscènes, des paroles burlesques qui semblaient des cris de singes »[66].

L'assimilation de l'homme et de la femme noirs au singe est réitérée dans *Cinq semaines en ballon*. Croyant que des singes ont attaqué son maître Ferguson parti pour une partie de chasse, le valet Joe lance à son maître qu'il le croyait attaqué par des indigènes, question à laquelle le maître répond que ce n'étaient que des singes ; au valet de surenchérir que « De loin, la différence n'est pas grande »[67].

Un autre animal dans le bestiaire dont l'Africain se voit affublé est le chien qui connote la fidélité, la docilité. Dans *La maîtresse noire*, l'image du boy, fidèle à son maître et prêt à se sacrifier pour lui est assez récurrente. Dans le premier roman, le personnage Madame Heliet, dont le mari est parti en tournée, invite son amant Bob à venir dîner. A l'anxiété de ce dernier de savoir si le boy ne va pas tout raconter au mari, Madame Heliet répond : « Ne crains rien. Il m'aime comme un chien, je te dis »[68]. L'image du Noir comme animal domestiqué est amplifiée par le narrateur après le départ de l'amant : « Après le départ de Bob, ordre est donné par Mme Héliet à son boy : "Gorko, couche-toi là". Elle éprouvait un plaisir singulier à faire

---

[66] Pierre Loti, *Roman d'un spahi*. Paris : Calmann-Lévy, 1900, p. 324.

[67] Jules Verne, *Cinq semaines en ballon*. Paris : Bookking International, 1995, p. 110.

[68] Louis-Charles Royer, *La maîtresse noire*. Paris : Les éditions de France, 1928, p. 65.

répéter au nègre les gestes de son amant. Elle le récompensa en le flattant de la main, comme une bête familière »[69].

Va-t'en avec les tiens et *Epopées africaines* sont complémentaires dans leur objectif. Le premier roman place le Blanc en position de maître à double fonction. D'une part le colonisateur blanc se voit promu au rôle de commandant indispensable au succès de la mission civilisatrice ; d'autre part, parce que sa tâche de civilisation est dure, il se voit investi du droit de punir l'indigène pour l'intérêt de ce dernier. Le paternalisme du colonisateur est affiché dans le roman *Va-t-en avec les tiens !* Le narrateur véhicule cette image : « Les indigènes ne connaissaient qu'un seul maître, leur commandant, qui était à la fois leur père, unique distributeur des peines disciplinaires et seul juge des infractions coloniales[70] ». *Epopées africaines* légitime l'institution du travail forcé, seul moyen de remédier aux tares de l'homme noir en lui inculquant une culture du travail : « Ayant vécu dans la nature, sans avoir eu à résoudre les difficiles problèmes de l'existence, sans avoir subi les épreuves qui mûrissent, ils [les Noirs] ont conservé de l'enfance l'insouciance, la spontanéité, le besoin de s'attacher, de se donner à qui les aime, la faculté de s'amuser de tout et de rien »[71].

En mettant l'accent sur la tare désormais corrigible du Noir, cette citation renforce en même temps le stéréotype de la paresse des Noirs que l'on retrouve dans maints ouvrages. Au 19e siècle par exemple, le stéréotype ressuscite dans la relation du Père Gaby, supérieur des Cordeliers de l'Observance de Loches, intitulée *Relation de Nigritie*. Cette relation est une compilation de notes réunies lors d'un voyage effectué au Sénégal. Déplorant que les Noirs désertent les champs, il tire la conclusion suivante : « Ils [Les Sénégalais] vivent comme s'ils n'avaient qu'un corps de graisse qu'ils craignent de faire fondre à la chaleur du soleil, et des bras de verre qu'ils ont peur de casser au premier effort »[72].

Dans cette partie, il est crucial de percevoir le rôle visible joué par la politique, l'Eglise, la science et la fiction dans l'entreprise coloniale. Ce n'est pas une première. Ces trois entités ont été vitales pour soutenir les entrepreneurs de l'esclavage. Leur apport peut se lire

---

[69] Ibid., p. 66.

[70] Christine Garnier, *Va-t-en avec les tiens*. Paris : Grasset, 1951, p. 50.

[71] Albert Baratier, *Epopées africaines*. Paris : Librairies éditeurs, 1913, p. 37.

[72] Roger Mercier, *L'Afrique noire dans la littérature française*. Dakar : Publication de la section des Langues et Littératures, n. 11, 1962, p. 41.

comme un travail de propagande locale, en Europe, dans l'optique d'avoir le consentement de l'opinion publique pour financer la mission civilisatrice. Ce qui mérite d'être soulevé est que cette fois-ci, la religion, la science et la littérature font le même travail de propagande sous un régime politique de type républicain. La continuité du discours raciste, abstraction faite du temps et de l'espace politique, conduit tout critique à se poser des questions sur les continuités et discontinuités entre la Monarchie et la République. Quelle différence existe-t-il entre ces deux régimes si, dans la pratique, ils démontrent les mêmes ambitions, l'une ouvertement, l'autre de façon voilée. Le propos de cette partie était de voir comment *Le code noir*, après l'abolition de l'esclavage, est réapparu en Afrique de l'ouest et du nord. J'ai déjà rappelé le propos du code de l'indigénat et ses facettes variées, à savoir l'expropriation des terres et le travail forcé qui conduisent à une hémorragie démographique que bien des critiques lisent comme un génocide. Je m'inscris pleinement dans cette perspective. D'autre part, la littérature participe de ce génocide théorique en ce sens qu'elle réinscrit et perpétue tous les stéréotypes inventés par la *science* du 19e siècle pour un public loin des réalités de la colonie. Pour ce public à qui l'on présente le Noir au visage simiesque, paresseux, docile comme un chien, qui a une propension au loisir, l'Arabe comme un barbare, violent et menteur, l'intervention de l'administrateur dans la vie du colonisé pour corriger ces tares peut se lire comme un devoir humanitaire. Toutefois, la critique postcoloniale déconstruit cette thèse avec force détails. Au-delà de la mission civilisatrice, les recherches sur la colonisation tendent à corroborer la transplantation du *Code noir* dans les colonies. C'est dans cette perspective que j'analyse les liens qui existent entre le *Code noir* et le code de l'indigénat. Cette analyse sera menée à la lumière de textes de fiction et de textes critiques.

PARTIE II

UNE MISSION CIVILISATRICE
À DEUX VISAGES

Chapitre III :
DU *CODE NOIR* AU CODE DE L'INDIGENAT DANS LA FICTION

Toute tentative de parallèle entre le *Code noir* et le code de l'indigénat ne peut se mener sans d'abord explorer les espaces de performance de ces deux codes. Pendant l'esclavage, le *Code noir* opère dans l'espace de la plantation. Son corollaire sous le code de l'indigénat est la ville coloniale pendant la colonisation.

L'espace de la plantation est marqué par une séparation entre esclaves et maîtres. Le contact entre ces deux groupes est justifié par le service. Cela est le cas pour l'esclave homme qui s'occupe de tâches particulières dans le domaine du maître ou de l'esclave femme qui occupe une position de factotum dans la maison du maître : elle fait la cuisine, fait la lessive, s'occupe des enfants, et est par moments abusée par le maître. Au niveau de la plantation, c'est le contremaître qui sert généralement de porte-parole, de lien donc entre le maître et ses esclaves. Evidemment les esclaves, sous haute surveillance, ne peuvent quitter la plantation que munis d'un billet du maître. Cela veut dire que la violation par l'esclave de l'espace qui lui est imposé est suivie de modes de punition que le *Code noir* met en lois. De même, la ville coloniale est marquée par une séparation très nette entre Blancs et Noirs ou entre Blancs et Arabes. Chaque groupe évolue dans un espace que la littérature coloniale a exploré : l'indigence y cohabite avec le luxe. Les Européens vivent entre eux, font la fête entre eux dans des quartiers qui sont modelés au goût européen. Je propose deux romans qui explorent la dichotomie de l'espace colonial : *France nouvelle, roman des mœurs algériennes* et *Le vieux nègre et la médaille*.

Le premier roman met en exergue le contraste entre le quartier arabe et Colonsville, la ville des Blancs : « En haut, le quartier indigène, aux rues étroites, qui serpentait entre des blocs carrés, creusés de cours, où se cloîtrait la vie arabe ; puis le quartier français, avec ses larges espaces, ses avenues, ses hautes maisons percées à jour et ses jardins ; en bas la courbe bleue du port »[73]. Alain Ruscio, dans *Le credo de l'homme blanc*, identifie la ville coloniale comme centrale dans la mise en œuvre d'une politique active de ségrégation dans les colonies. Quels rapports existent entre la ville coloniale et la plantation ?

Au-delà de la violence symbolique générée par le contraste entre l'espace du colonisateur et du colonisé, que voit constamment ce dernier, un autre facteur ayant trait à la gestion de l'espace rapproche la plantation de la ville coloniale. C'est le caractère identique dans les rôles joués par le contremaître et le garde colonial. Les deux agents remplissent la même fonction, à savoir veiller à l'exécution des ordres du maître ou de l'administrateur. Dans ce sens, tous deux servent de tampons entre l'espace du maître et de l'esclave et celui du colonisateur et du colonisé. Dans *France nouvelle : roman des mœurs algériennes*, le garde colonial, arabe, veille sur le colonisateur : « Colonsville s'endormait, tranquille et blanche, sous les étoiles. Seuls des gardiens de nuit, en burnous bleus, paissaient lentement, l'arme à l'épaule. La mer chantait au loin. Et dans ce calme clair et doux, l'église rêvait toujours, parmi les gardes musulmans, sur la terre musulmane »[74].

Le garde colonial joue donc un rôle-clé. Comme le contremaître dont l'arme sert à forcer l'esclave au travail ou à mener des battues pour chasser les esclaves fugitifs, le garde colonial se voit investi du même pouvoir disciplinaire. Tous deux protègent leur maître. Sous le code de l'indigénat, cela se verra plus tard, le port d'arme est interdit pour le colonisé. L'exception existe toutefois pour celui qui est chargé non seulement de veiller à la séparation de l'espace entre colonisateur et colonisé, mais aussi de sévir contre toute violation de cet espace par le colonisé. Cette dynamique est l'un des traits forts dans *Le vieux nègre et la médaille*.

Dans ce roman, le vieux Méka fait les frais de sa transgression de l'espace du colonisateur : le quartier des Blancs. En tant qu'individu, mobilisé comme tirailleur, il a participé à la 1ère Guerre mondiale aux côtés des Français contre l'Allemagne nazie. Ses sacrifices pour la France vont au-delà du don de son propre corps pour la survie de la République française. Ses enfants ont aussi participé à la 2nde Guerre

---

[73] Ferdinand Duchêne, *France nouvelle : roman des mœurs algériennes*. Paris : Calmann-Lévy, 1903, p. 269.
[74] Ibid., p. 219.

mondiale. C'est le 14 Juillet et Méka reçoit une médaille de la part d'un officiel français en reconnaissance des services rendus à la France. Après une soirée bien arrosée, ce dernier le lendemain, en rentrant sous la pluie, se trompe de chemin et se retrouve dans le quartier des Blancs. Non invité et ayant égaré sa médaille, sa violation du territoire des Blancs est suivie d'une répression très sévère. En effet, il est interpellé par les gardes coloniaux, noirs, qui n'ont aucune considération quant à son âge et son statut d'ami privilégié des Français. La perte de la médaille symbolise la perte d'une identité par procuration, mais aussi d'une immunité. L'ayant perdue en cours de route, il est non identifiable aux yeux des gardes coloniaux, extension du pouvoir du colonisateur. La réception à laquelle il a droit est très différente de celle de la veille : « Le garde le traîna à terre jusqu'à une rigole et là, il lui enfonça la tête dans l'eau qui ruisselait. Méka s'ébroua comme un chien et pressa ses paupières. Le garde le lâcha. Méka lécha ses lèvres, les allongea en cul de poule et souffla »[75].

Dans cette citation, il est crucial de remarquer que le système de contrôle de l'espace colonial détruit cette notion d'équilibre socio-culturel qui passe par le respect des Vieux. Cet équilibre garantit la cohésion et le passage du savoir d'une génération à une autre. En rendant le garde colonial plénipotentiaire, le colonisateur met en porte-à-faux deux générations, détruisant ainsi le schéma de passage de la Culture. Car il ne faut pas oublier que le savoir se communique par la voie de la tradition orale qui est assurée par les Vieux. Dans le roman, en infligeant une correction au vieux Méka, les gardes coloniaux court-circuitent un mécanisme de passage de la tradition.

France nouvelle : roman des mœurs algériennes et *Le vieux nègre et la médaille* permettent de constater une continuité entre le rôle du contremaître et celui du garde colonial. Cette continuité peut s'établir même jusqu'aux tirailleurs chargés de mater les soulèvements populaires dans les colonies. Le garde est un maillon sans lequel l'ordre du colonisateur reste instable. De la même façon, le retournement impromptu du garde colonial contre le colonisateur sera symbolique d'un moment historique très singulier dans les rapports entre colonisateur et colonisé : celui de la contestation de l'ordre établi qui préfigure l'ère des indépendances entre 1945 et 1962. Ces traits généraux étant dégagés entre la plantation et la ville coloniale, je procède à une analyse plus méticuleuse du *Code noir* et du code de

---

[75] Ferdinand Oyono, *Le vieux nègre et la médaille*. Paris : Julliard, 1956, p. 164.

l'indigénat. Cette approche est instrumentale dans l'hypothèse du transfert du *Code noir* dans l'espace colonial post-abolition. Parallèlement au transfert, j'observerai comment ces deux codes sont réinscrits dans l'espace de la fiction pour donner naissance à ce que je nommerai le *code colonial*.

La littérature comme dépositaire du code colonial

Pour tracer un parallèle entre *le Code noir* et le code de l'indigénat, je procéderai par une méthode de recensement. Je refléterai d'abord comment certains articles du *Code noir* ressuscitent directement dans le code de l'indigénat ; ensuite comment la fiction réintègre ces articles.

Une croisade contre les autres religions

Le premier article qui attire mon attention est l'article 2 du *Code noir* qui stipule que : « Tous les esclaves qui seront dans nos îles seront baptisés et instruits dans la religion catholique, apostolique et romaine. Enjoignons aux habitants qui achèteront des nègres nouvellement arrivés d'en avertir les gouverneurs et intendants desdites îles dans huitaine au plus tard, a peine d'amende arbitraire ; lesquels donneront les ordres nécessaires pour les faire instruire et les baptiser dans le temps convenable »[76]. Dans les îles, cet article montre que la condition sine qua non pour être détenteur d'esclaves est d'être catholique. Cela veut dire que, de façon tacite, les Protestants, les Juifs et les Français d'autres religions qui veulent se lancer dans le commerce lucratif de l'esclavage s'en trouvent d'emblée exclus. Cette exclusivité cache une croisade contre toute religion autre que la religion catholique. Dans cette perspective, l'on comprend mieux le but ultime que sert le baptême immédiat des esclaves dès leur arrivée. Au-delà de la version officielle que ce rite de passage sert à sauver leur âme, il semble qu'il sert à faire concurrence à d'autres religions en quête de fidèles en Europe et dans le monde. Le baptême obligé des esclaves contribue à l'agrandissement de la communauté catholique dans le monde. Ce même souci est affiché dans les colonies.

---

[76] Louis Sala-Molis, *Le code noir ou le calvaire de Canaan*. Paris : PUF, 1987, p. 97.

Dans les colonies, la diffusion de la religion catholique est d'une importance capitale. Le roman *Ulysse Cafre* montre une croisade *civilisée* que les Catholiques mènent dans les colonies françaises. La préface du roman, qui reprend mot pour mot le deuxième article du *Code noir*, anticipe sur le dénouement. Le personnage Ulysse reste impuissant face aux forces de la religion. Déterminé au début par son cannibalisme, sa rencontre avec un prêtre sera cruciale dans son retour sur le chemin de la Vérité, ici le Christianisme. Convaincu d'avoir découvert Dieu après que le prêtre lui a raconté sa propre version de la genèse, Ulysse finit par être illuminé et demande le baptême.

L'entrée des ex-esclaves dans la religion chrétienne est l'aboutissement d'un long combat philosophique que l'Abbé Grégoire a mené contre les promoteurs de la pensée polygéniste en Europe. Pour ces derniers, la classification de l'espèce humaine en plusieurs races en fonction du climat est une preuve suffisante pour fustiger tout rapprochement entre Noirs et Blancs. Par conséquent, cette division justifierait l'asservissement des Noirs à l'esclavage, mais aussi leur inaptitude à recevoir le Christ, étant donné leur inhumanité. La stratégie de l'Abbé Grégoire est de prendre le contre-pied de cette philosophie en prônant la thèse monogéniste. C'est-à-dire qu'il défend l'idée d'un tronc commun pour toute l'humanité. Son ton est subversif dans *De la littérature des Nègres* :

> « Les systèmes qui supposent une différence radicale entre les Nègres et les Blancs ont été accueillis par 1 - ceux qui à toute force veulent matérialiser l'homme et lui arracher des espérances chères ; 2 - par ceux qui, dans une diversité primitive des races humaines, cherchent un moyen de démentir le récit de Moïse ; 3 - par ceux qui, intéressés aux cultures coloniales, voudraient dans l'absence supposée des facultés morales du Nègre, se faire un titre de plus pour les traiter impunément comme des bêtes de somme »[77].

Certes Grégoire fustige toute l'idéologie esclavagiste, mais la question est aussi de savoir quelle raison se cache derrière cette diatribe contre l'esclavage. Ne veut-il pas substituer un ordre à un autre ? J'ai montré comment la religion trouve une légitimité dans la mission civilisatrice. Ainsi le lecteur a-t-il le droit de douter de la bonne foi de Grégoire en posant le raisonnement suivant. Le monogénisme qualifie les Noirs à

---

[77] Abbé Grégoire, *De la littérature des nègres*. Paris : Chez Maradan, 1808, pp. 30-31.

recevoir le Christ. En défendant cette pensée, Grégoire n'est-il pas en train de poser les jallons d'une croisade à mener par les missionnaires en Afrique ? Sa prise de position n'est-elle pas calculée ? L'histoire semble corroborer cette question, au vu de la communauté catholique dans le monde. Ce n'est pas une coïncidence si aujourd'hui la majorité des Catholiques réside sur les continents anciennement colonisés par des pays à majorité catholique : l'Afrique et l'Amérique du sud.

Le métis : une entrée en force dans le droit

Le deuxième article du *Code noir* qui se trouve réinscrit dans le roman colonial est l'article 8 qui dit : « Déclarons nos sujets, qui ne sont pas de la religion catholique, apostolique et romaine, incapables de contracter à l'avenir aucuns mariages valables. Déclarons bâtards les enfants qui naîtront de telles conjonctions, que nous voulons être tenues et réputées, tenons et réputons pour vrais concubinages »[78]. La raison d'être de cet article est de mettre fin aux appétits sexuels des maîtres blancs pour leurs servantes esclaves. S'il est vrai que cette loi n'a pas joué son rôle de dissuasion, à en juger par le nombre de métis nés dans les îles, l'aspect de cet article qui attire mon attention est le vide juridique dans lequel se trouve l'enfant né de la relation entre un maître et son esclave. Il n'est ni esclave ni libre, sa couleur définissant sa position mitoyenne. Sa liberté est tributaire du maître qui, en général, l'inclut dans son testament que seul l'exécuteur testamentaire peut appliquer. Cette position liminale de l'enfant métis ne joue en sa faveur qu'à deux moments fatidiques : à la mort naturelle ou symbolique du père. La mort naturelle correspond à la mort physique du père qui ordonne la liberté de son fils métis dans son testament. La mort symbolique correspond à la mort du système esclavagiste et à ses conséquences sur l'économie raciale des îles. En effet, l'abolition de l'esclavage en 1848 inaugure l'entrée massive des métis dans la citoyenneté française. C'est un phénomène important car il a une ampleur qu'une analogie avec la Révolution française permet de cerner. En 1789, une fois la noblesse et le clergé déboutés, la bourgeoisie prend le pouvoir et l'exerce jusqu'à nos jours. C'est la raison pour laquelle certains critiques parlent plutôt de la révolution bourgeoise et non paysanne. Dans les îles, de même, une fois le maître

---

[78] Louis Sala-Molins, *Le code noir ou le calvaire de Canaan*. Paris : PUF, 1987, p. 106.

discrédité par le fait de l'abolition, la classe des métis se trouve hissée à la tête du pouvoir, exerçant des responsabilités significatives dans les îles. Après l'abolition dans les *nouvelles* colonies françaises, les colonies abondent de textes où les métis occupent une position de pouvoir dans l'administration. Mais, dans les anciennes ou les nouvelles colonies, l'image des métis a-t-elle vraiment changé aux yeux de l'ancien maître ? Chez Pierre Loti et Abdoulaye Sadji, le statut bâtard du métis s'inscrit à nouveau dans l'espace colonial. C'est l'un des traits forts de *Roman d'un Spahi* et *Nini*. Le choix de ces deux romans s'explique par la continuité du discours qu'ils tiennent sur la classe métisse, malgré l'écart temporel qui les sépare.

Le contexte de *Roman d'un Spahi* est celui des guerres coloniales où l'armée française d'Afrique, composée de soldats africains et d'engagés français, est chargée de l'expansion territoriale française. Tout porte à croire que l'action dans le roman se situe vers la fin du 19e siècle. Car la conquête française en est à sa phase terminale. Cette expansion explique la présence du personnage Jean, jeune Français, à Saint-Louis du Sénégal, capitale de l'Afrique Occidentale Française jusqu'en 1902, année à laquelle elle est transférée à Dakar. C'est à Saint-Louis où Jean rencontre une femme locale, Fatou Gaye, qui met au monde un enfant métis.

La fin du roman semble tenir le même discours que l'article 9 du *Code noir* qui abandonne le métis dans un espace juridique non défini. Fatou Gaye, partenaire officieuse de Jean, est l'objet exotique de ce dernier qui a une fiancée qui attend impatiemment son retour en France. Comme dans le *Code noir*, le métissage est étouffé car l'enfant né de la conjonction de Fatou et de Jean trouve la mort à la fin du roman. D'abord Jean meurt au combat, découvert par Fatou longtemps partie à sa recherche. L'ayant découvert, elle étrangle son enfant, le pose sur la poitrine de son père et se suicide à son tour. Comment interpréter ce tournant tragique du roman ? Ce qui est indéniable est qu'il est loin d'afficher une vision optimiste, progressiste quant à la mission civilisatrice qui, par l'assimilation, devait conduire à la fusion des races. Le texte semble promouvoir le discours polygéniste du 19e siècle qui prône une séparation radicale entre les races blanche et noire. A l'opposé de *Roman d'un Spahi* de Pierre Loti, je vais analyser dans quelles mesures *Nini* constitue un discours novateur.

Le roman de Sadji semble constituer une quête de paternité de la part des métis. Leur position de tiers espace dans la société brise le dualisme entre Noirs et Blancs construit pour légitimer l'esclavage, la colonisation et aujourd'hui le néocolonialisme avéré dans les rapports nord sud, les pays développés et le tiers-monde. L'espace des métis constitue donc un danger car il menace la structure même qui sert de base à toute idéologie raciste et séparatiste. Il est la possibilité même d'une idée jugée impossible, celle d'une relation entre le Noir et le Blanc.

Ce n'est pas un hasard si l'action du roman se passe à Saint-Louis du Sénégal, l'ancienne capitale du Sénégal, ville historiquement fortement métissée. Avec le narrateur, le lecteur est initié à un décryptage de la classe des métisses. Le narrateur les subdivise en trois catégories, chacune étant caractérisée par une psychologie singulière. La première classe est celle des métisses « presque blanches et [qui] refusent d'être prises pour des métisses » ; la deuxième est composée par « les plus basanées mais moins prétentieuses que les premières » ; enfin la troisième varie en fonction de la position des parents et de la « teinte foncée de leur peau »[79]. Dans le style de Balzac qui prétend cerner la psychologie des riches et des pauvres, Sadji nous propose une psychologie des métisses. La première classe, par exemple, se distingue de la deuxième par son désir de s'identifier aux Blancs, classe contre laquelle la deuxième nourrit un ressentiment profond. Toutefois, les deux premières classes, en cas de crise, sont susceptibles de faire coalition contre un ennemi commun, les Noirs, qu'elles ne peuvent considérer comme leurs égaux malgré l'abolition de l'esclavage. La fin du texte efface les structures dont se nourrit le racisme entre Métis, Noirs et Blancs. C'est l'une des interprétations auxquelles conduit l'évacuation du personnage Nini dans le roman. Ne trouvant guère ses repères dans la société saint-louisienne, elle prend le chemin de la France. Par contre, une des meilleures amies de Nini, la mulâtresse Dédée, se marie à monsieur Darrivey, Français, adjoint des Services Civils et futur administrateur des colonies. Quels commentaires est-il possible de faire à ces deux niveaux ?

Le mariage de la mulâtresse Dédée au futur administrateur de colonies peut se lire comme un discours progressiste qui matérialise le monogénisme cher à l'Abbé Grégoire au 19e siècle. Ce courant plaide la mêmeté de toutes les races. Ce mariage contracté au plus haut

[79] Abdoulaye Sadji, *Nini, mulâtresse de Saint-Louis*. Paris : Présence Africaine, 1954, p. 43.

niveau de l'administration coloniale célèbre l'appartenance du Noir et du Blanc à un tronc commun. La fin du roman suit la pensée senghorienne selon laquelle l'avenir appartient au métissage ; d'autre part, le départ de Nini pour la France peut être perçu comme une réponse symbolique à l'article 2 du *Code noir* qui nie tout statut au métis. Nini est considérée comme bâtarde. En forçant le retour de Nini en France, le narrateur lève le voile sur un discours caché de l'esclavage et de la colonisation : celui des enfants nés des relations entre maître et esclave ou entre colonisateur et colonisé. Le retour de Nini en France est le *succès* d'un test de paternité que la Métropole ne peut plus nier. Citoyenne pleinement française, Nini rejoint sa patrie qui n'a plus le choix de la rejeter. La paternité des métis rétablie, j'analyse plus en profondeur les rapports entre le *Code noir* et le code de l'indigénat en observant comment l'un renaît dans l'autre.

Une arme dangereuse entre les mains du colonisé

L'article 15 du *Code noir* stipule : « Défendons aux esclaves de porter aucune arme offensive, ni de gros bâtons, à peine de fouet et de confiscation des armes au profit de celui qui les en trouvera saisis ; à l'exception seulement de ceux qui seront envoyés à la chasse par leurs maîtres et qui seront porteurs de leurs billets ou marques connues »[80]. Je montrerai la pertinence de cet article dans un roman, *La fête arabe*, et une pièce de théâtre, *Thiaroye terre rouge*.

La fête arabe de Jérôme et Jean Tharaud a pour cadre les premières années de l'installation des Français en Algérie. Le récit est fidèle à l'histoire de l'immigration des Européens vers l'Algérie. A la recherche de nouvelles opportunités économiques, Français, de même qu'Italiens et Espagnols, émigrent en Algérie, s'approprient les meilleures terres et s'y installent. Le narrateur fustige la politique administrative menée dans cette colonie française qui, sur bien des aspects, rappelle le *Code noir* et le code de l'indigénat. Après la conquête de l'Algérie, une politique d'enfermement draconienne est mise en place. La situation juridique des Arabes conduit le narrateur à suggérer l'existence d'un code féroce : « Maintiendrons-nous [les Français] les Arabes désarmés, sans défense, à la merci des gens qui

---

[80] Louis Sala-Molins, *Le code noir ou le calvaire de Canaan*. Paris : PUF, 1987, p. 120.

77

les brutalisent ? »[81]. Le désarmement de la population, légalement inscrit dans l'interdiction du port d'arme, s'avère donc capital dans l'assujettissement du colonisé.

Thiaroye terre rouge de Boubakar Boris Diop plonge le lecteur dans le contexte de la 2e Guerre mondiale. La pièce a pour acteurs principaux l'administration française et les tirailleurs sénégalais. Contrairement au stéréotype, il faut signaler que loin de signifier uniquement des combattants de nationalité sénégalaise, l'appellation *tirailleurs sénégalais* signifie tous les hommes recrutés dans la plupart des colonies françaises luttant aux côtés des Alliés contre l'ennemi nazi. Le personnage Naman, révolutionnaire, fustige la France qui a failli à ses promesses d'après-guerre, notamment celle de changer les conditions de vie des colonisés, de leur octroyer la citoyenneté et surtout de verser des indemnités aux soldats qui se sont vaillamment battus pour la France contre l'Allemagne. L'analogie que fait Naman, désillusionné, entre Dachau, Buchenwald et Thiaroye, camp dans lequel sont regroupés les tirailleurs à la fin de la 2e Guerre mondiale, joue une fonction de prolepse dans le roman. Elle en préfigure une fin apocalyptique, fait historiquement avéré. En effet, le droit de port d'arme des tirailleurs se trouve annulé dès la fin de la guerre, situation analogue dans *La fête arabe* quelques décennies auparavant. Suite à la pression des tirailleurs sur l'administration française pour recevoir les indemnités promises, la pièce, comme en effet l'histoire réelle des tirailleurs du camp de Thiaroye, se termine par l'ordre de massacrer ces derniers en 1944. De même, dans cet épisode, la saisie des armes par l'armée française, aidée de soldats tirailleurs, est capitale dans la victoire du colonisateur sur le colonisé. Il y a toutefois conflit dans l'interprétation des raisons de ce massacre. Le travail de reconstitution des faits que mène Ousmane Sembène dans son film *Camp de Thiaroye* légitime la démarche des soldats qui revendiquent leurs droits d'après-guerre. Il s'agit d'un droit légitime et légal d'employeurs au service de la métropole. Les tirailleurs étaient recrutés sur la base d'un contrat. En faisant front commun face à l'administration, les anciens combattants montrent le syndicalisme comme moyen de faire reculer le patronat.

---

[81] Jérôme et Jean Tharaud, *La fête arabe*. Paris : Emile-Paul frères, 1912, p. 194.

L'esclave, le colonisé, le néocolonisé : un subalterne éternel

L'article 18 du *Code noir* dit : « Défendons aux esclaves de vendre des cannes de sucre pour quelque cause et occasion que ce soit, même avec la permission de leurs maîtres, à peine de fouet contre les esclaves, et de dix livres tournois contre leurs maîtres qui l'auront permis et de pareille amende contre l'acheteur »[82]. La raison d'être de l'esclave dans la plantation est de produire la richesse qui finit entre les mains des maîtres qui vivent dans les îles ou en métropole. L'esclave est un simple producteur de richesse. Dans *La fête arabe*, l'arrivée massive de Français, d'Espagnols, d'Italiens et de Maltais en Algérie, guidés par le seul but de faire fortune, a des conséquences néfastes sur la vie économique des populations locales. En effet, cette arrivée massive conduit à leur ruine économique, mais aussi à la destruction des hiérarchies sociales. Les locaux sont expropriés par les Européens qui les forcent ensuite à déménager un peu plus loin dans le désert. Pour l'exploitation des terres, les Européens comptent sur la main-d'œuvre locale dont le labeur est maigrement rémunéré. Ici aussi, le rôle de la population locale est réduit à celui de producteur de la richesse du colonisateur européen. L'extorsion économique dont les populations locales font l'objet est plus accentuée dans *Ville cruelle* de Mongo Béti. De *La fête arabe* à *Ville cruelle*, nous passons de l'Afrique du nord à l'Afrique de l'ouest.

Dans ce roman, le narrateur lève le voile sur l'impérialisme économique exercé par la population blanche qui côtoie une population locale indigente. Les Blancs et les Noirs vivent dans deux localités séparées, toutes deux nommées Tanga. Le personnage Banda a l'impression de faire face à une machine économique qui ne tolère aucune initiative privée. Les produits locaux destinés à l'exportation sont contrôlés par les Blancs qui se basent sur des critères subjectifs pour juger de la bonne qualité du cacao que propose Banda. Au *Contrôle*, instance évaluant la qualité des produits destinés à l'exportation, son cacao est jugé de mauvaise qualité et est tout simplement brûlé. Banda prend conscience de la machine économique infernale à laquelle il fait face. Il dénonce le fait que les produits locaux sont supervisés par les Blancs avant l'exportation. Les

---

[82] Louis Sala-Molins, *Le code noir ou le calvaire de Canaan*. Paris : PUF, 1987, p. 126.

colonisés sont au service des contrôleurs qui sont des intermédiaires entre les Grecs et les locaux. La mort économique et la dépendance de la population indigène sur la population blanche est perceptible, d'autant plus que l'administration coloniale met en vigueur une loi interdisant toute sorte de commerce dans l'autre Tanga, la ville pauvre. Cette asphyxie économique prend une dimension postcoloniale dans *Grenouilles du mont Kimbo* de Paul Niger.

Ce roman met l'accent sur la lutte que mène le personnage Omar afin de mettre fin à l'oppression économique dont souffrent les pays du sud, le tiers-monde, après les indépendances. Critiquant le néocolonialisme de façon acerbe, entre autres moyens, Omar voit la politique comme stratégie pour mettre fin à l'asservissement des pays du sud, transformés en simples consommateurs des produits manufacturés dans les pays industrialisés. Sa haine envers le néocolonialisme se sent dans ses propos : « Les Roumis [les Blancs] sont des égoïstes. Ils ont l'argent puisqu'ils le fabriquent. Ils peuvent donc fixer le prix de ces petites choses comme cela les arrange. Et deuxièmemant, ils se font donner des terres en vendant les produits à leurs congénères, de sorte que c'est une histoire d'argent entre eux »[83].

Cette critique de la part du personnage ouvre un débat sur la nature superficielle de la décolonisation comme marqueur politique d'indépendance des anciennes colonies françaises. En effet, le départ de l'ancien colonisateur ouvre la voie à une nouvelle forme de domination dont les élites africaines sont complices. Le personnage Omar initie le lecteur à la complexité du concept de néocolonialisme qui aujourd'hui fait abstraction de la race. Selon lui, la colonisation continue car elle est sous traitée par les dirigeants africains à la solde de l'Occident qui enrichit une bourgeoisie minoritaire sur qui elle compte pour asseoir sa domination politique, culturelle et économique. Cette théorie porte à réfléchir si l'on pense à la francophonie aujourd'hui qui fut jadis un projet colonial. Les pays francophones ont des institutions identiques à celles de la France. Les institutions politiques sont modelées sur celles de la France : l'exécutif, le législatif et le judiciaire. D'un point de vue économique, les pays africains sont à la solde de la France qui garantit la stabilité de sa monnaie, le CFA. La pyramide économique de tous les pays anciennement colonisés par la France est presque similaire. L'économie est contrôlée par des étrangers, en général les Français

---

[83] Paul Niger, *Grenouilles du mont Kimbo*. Paris : Présence africaine, 1964, p. 68.

dans l'exploitation des ressources naturelles et les Libanais dans le commerce de biens. C'est le cas au Sénégal, en Côte d'Ivoire, au Burkina Faso et dans bien d'autres pays. A la France et au Liban, s'ajoutent aujourd'hui les Etats-Unis, la Russie et la Chine, pour ne citer que ces pays. Enfin culturellement, la langue française est toujours la langue officielle des pays francophones de l'Afrique de l'ouest où les langues nationales ne sont étudiées qu'au niveau de l'université, à titre optionnel. Dans ce contexte, le lecteur peut mieux comprendre la veine révolutionnaire du personnage Omar pour qui la Révolution pour une vraie liberté reste encore à accomplir.

L'article 30 est clair sur le fait que : « Ne pourront les esclaves être pourvus d'offices ni de commissions ayant quelques fonctions publiques, ni être constitués agents par autres que leurs maîtres pour gérer ni administrer aucun négoce, ni être arbitres, experts ou témoins tant en matière civile que criminelle »[84]. La non validité du témoignage du colonisé en matière de justice rappelle bien une situation analogue pendant l'esclavage. *Le mont des genêts* et *Une vie de boy* mettent en lumière cet aspect dans les rapports entre colonisateur et colonisé. Je proposerai toutefois un discours contraire dans *Kitawala*, qui pourrait suggérer un changement dans la mentalité du colonisateur qui veut de bonne foi être le porte-parole des Lumières ; d'autre part, ce revirement pourrait s'expliquer par une prise de conscience selon laquelle les indépendances allaient inévitablement changer les rapports de force entre colonisateur et colonisé, raison d'anticiper sur le futur afin de préparer la mise en place de la francophonie.

Dans *Le mont des genêts*, le lecteur prend connaissance de la réalité du colonisé à travers la perspective du jeune personnage Omar, adhérent d'un groupe révolutionnaire clandestin pour l'indépendance de l'Algérie. L'Algérie est sous occupation française depuis 1830. Omar dénonce l'enfermement légal dont son peuple fait l'objet, face à un système judiciaire français, du commissaire qui mène les enquêtes au juge. La présomption d'innocence demeure lettre morte pour tous les Algériens accusés d'un quelconque crime. C'est la raison pour laquelle il anticipe déjà sur le verdict concernant l'un de ses amis accusé de tentative de viol sur la fille d'un ancien légionnaire français vivant en Algérie. Condamné d'avance sans réelle représentation,

---

[84] Louis Sala-Molins. *Le code noir ou le calvaire de Canaan.* Paris : PUF, 1987, p. 150.

d'autant que l'avocat qui défend l'accusé est aussi algérien, il confie au lecteur que « Les Français ont fait de nous [les Algériens] un réservoir de coupables où les tribunaux puisent à leur gré. Sitôt qu'un avocat indigène prend la parole, les jeux sont faits : le tribunal somnole ou sourit avec mansuétude. L'accusé est arabe, toujours arabe et l'avocat arabe est accusé en même temps que lui »[85].

Dans cet esprit, il va de soi que le témoignage d'Omar pour disculper son ami faussement accusé n'est que peine perdue. L'invalidité du témoignage de l'ami d'Omar se fait par un processus essentialiste qui tient le prédicat que tous les Arabes sont menteurs. De facto, la défense de l'avocat est annulée d'avance. La même réalité est celle que vit Toundi dans le roman *Une vie de boy* de Ferdinand Oyono.

Le jeune Toundi, longtemps resté boy favori et complice du commandant français, devient son ennemi le jour où il est accusé d'avoir subtilisé une caisse renfermant une somme d'argent assez importante. Le régisseur de la prison, M. Moreau, est chargé de lui faire avouer son crime et de restituer la caisse. Dans cette partie du Cameroun, ses méthodes disciplinaires sont redoutées. Le rôle du geôlier Mendim dans la fuite de Toundi est capital. Chargé de le fouetter, il va, en complicité avec Toundi, concocter une simulation de torture qui mène Toundi à l'infirmerie. L'infirmier propose la fuite vers la Guinée comme seul moyen pour Toundi d'échapper aux griffes du régisseur M. Moreau. Le mot de sagesse du roman peut se résumer par les propos de l'infirmier. C'est que le témoignage du colonisé n'a qu'une valeur nulle aux yeux de la justice française. Ainsi confie-t-il à Toundi, pour le persuader de prendre la fuite : « Je sais que tu es innocent, mais personne ne te croira tant que la vérité ne sortira que de ta bouche »[86]. En d'autres termes, la vérité ne peut sortir de la bouche du colonisé. Cette position est toutefois contredite par les procédés du commissaire dans *Kitawala*, roman qui se passe au Congo.

Dans ce roman publié en 1929 et réédité en 1953, cinq ans avant le début de la vague de décolonisations en Afrique occidentale, la méthode du commissaire chargé de l'enquête sur le meurtre d'un Européen peut conduire le lecteur à remettre en question l'article 30 du *code noir*. La condamnation hâtive d'un indigène, Oléka, représente un cas de conscience pour le commissaire Laixhay qui n'est

---

[85] Jérôme et Jean Tharaud, *La fête arabe*. Paris : Emile-Paul frères, 1912, p. 91.
[86] Ferdinand Oyono, *Une vie de boy*. Paris : René Julliard, 1956, p. 184.

pas si certain de sa culpabilité. Le sergent Oléka, un natif congolais, se voit condamné à 15 ans de prison, d'une dégradation militaire et à une condamnation au travail forcé pour le désherbage et l'entretien des routes. L'intuition d'une injustice quant à la condamnation sur des preuves douteuses constitue la raison d'une nouvelle enquête de la part du commissaire. Il associe désormais des détectives locaux dans sa nouvelle investigation. Au lieu de témoins exclusivement blancs, il invite Blancs et Noirs à faire leur déposition au commissariat. Son point de vue sur la justice est inédit : « La justice est au-dessus des hommes et doit être une et unique entre Noirs et Blancs »[87].

Cette collaboration avec la justice locale peut être lue comme un moment historique où le colonisateur voit désormais le colonisé comme partenaire avec qui négocier sur le même pied. Après tout, le moment fatidique du divorce entre la France et ses colonies n'est pas loin. La collaboration serait l'instant où le colonisateur considérerait le colonisé comme arrivé à un seuil de maturité, à un âge adulte à partir duquel il serait capable de se prendre en charge. La citation serait-elle aussi l'instant de la vraie application de la Déclaration des Droits de l'Homme au-delà des frontières de la métropole ? L'autre hypothèse est de lire dans ce roman un moment où le colonisateur sait la décolonisation incontournable et imminente. La collaboration avec les locaux résulterait du souci chez le colonisateur de laisser une bonne impression afin de rendre possible toute coopération avec le colonisé après les indépendances.

L'article 35 prévient que « Les vols qualifiés, même ceux des chevaux, cavales, mulets, bœufs et vaches qui auront été faits par les esclaves, ou par les affranchis, seront punis de peines afflictives, même de mort si le cas le requiert »[88]. Le traitement des indigènes dans la littérature coloniale et le cinéma illustre parfaitement cet article. La présomption d'innocence manquant dans la procédure d'instruction judiciaire, ces derniers font l'objet de traitements qui rappellent un temps révolu. L'on remarque que la liberté prononcée de l'affranchi n'est que théorique dans la mesure où, en cas de crime, il est menacé par les mêmes peines que celles qui sont applicables à l'esclave. Dans *Une vie de boy* et *Rue cases-nègres*, le traitement infligé aux colonisés en dit plus.

---

[87] Léon Debertry, *Kitawala*. Paris : Albin Michel, 1929, p. 236.
[88] Louis Sala-Molins, *Le code noir ou le calvaire de Canaan*. Paris : PUF, 1987, p. 160.

Dans *Une vie de boy*, les méthodes de justice réputées que sont celles du régisseur de la prison M. Moreau, un Français, permettent au narrateur Toundi d'anticiper sur le sort malheureux qui l'attend. Soupçonné de vol, sans représentant légal, il est arbitrairement conduit en prison. L'image sur laquelle il tombe à son arrivée est assez révélatrice. Il voit M. Moreau justement en train de fouetter deux indigènes accusés de vol, corde autour du cou, image qui anticipe sur la nature du traitement qui l'attend. Aussi le film *Rue cases-nègres* met l'emphase sur cet aspect.

Dans ce film qui se passe en Martinique au début du 20e siècle, le petit José, qui est né et a grandi sur la plantation, noir, est choqué par la dernière image qu'il a gardée de son ami Léopold. Ce dernier est métis, de père blanc et de mère noire. Seulement, le père refuse catégoriquement de reconnaître son fils, refus qui conduit finalement le fils à déserter la belle et luxueuse maison familiale pour les mornes. Ce refus qui se passe au moins cinquante ans après l'abolition rapproche le statut de Léopold à celui des métis reconnus seulement après la mort du papa. Telle disposition est inscrite dans les testaments des maîtres. Par sa fugue de la maison parentale, Léopold réinscrit le marronnage dans l'espace post-abolition. Son marronnage s'effectue sous la forme d'une quête de justice lorsqu'il essaye de voler le registre du comptable gérant les affaires de son père pour prouver que son père arnaque les travailleurs noirs qui résident dans sa plantation. Cette tentative se solde par un échec. Les conditions de son appréhension font écho de la réalité de l'esclavage. En effet, les mains liées, il est traîné par un homme blanc à cheval, qui va le livrer à la justice. Il est abandonné par son père biologique agonisant. Métaphoriquement, sa situation rappelle l'abandon des métis par la métropole durant l'esclavage. Dans l'inconscient collectif des autres habitants de la plantation qui sont témoins de cette scène, cet épisode précis dans le film évoque le même traitement que celui qui est infligé aux esclaves fugitifs. Ces derniers subissaient le même sort quand ils étaient rattrapés par leur maître. La punition de Léopold sert aussi d'exemple aux autres.

L'article 39 a une consonance contemporaine : « Les affranchis qui auront donné retraite dans leurs maisons aux esclaves fugitifs seront condamnés par corps envers leurs maîtres en l'amende de trois cents livres de sucre par chacun jour de rétention ; et les personnes libres qui leur auront donné pareille retraite, en dix livres tournois d'amende pour chaque jour de rétention »[89]. Parmi les romans où il est question d'une interdiction d'abriter des ennemis présumés de la France, le système de défense mis en place par le colonisé est la collaboration. C'est en connaissance de cause que les locaux développent un système de collaboration horizontale, qui va contre l'institution, entre indigènes, dans le but de déstabiliser le système colonial. *Ville cruelle* de Mongo Béti et *Kitawala* de Léon Debertry sont deux romans qui illustrent bien la collaboration des colonisés.

Dans le premier roman, le personnage principal, Banda, découvre que la personne recherchée par la justice française pour avoir volé la caisse d'un marchand grec est le frère d'Odilia, fille qu'il épouse à la fin du roman. Sa réaction défie la loi française dans la mesure où il est censé le dénoncer. Bien au contraire, il lui apporte son soutien d'abord en refusant de le dénoncer puis en l'aidant à fuir la ville pour le village à travers le maquis. Dès lors, il disparaît de la surveillance du système judiciaire colonial. La forêt constitue un atout pour Banda qui connaît les sentiers peu fréquentés. La forêt est illisible pour le système colonial, chemin que va emprunter Koumé, le suspect recherché par la police.

Dans le deuxième roman, c'est un réseau sophistiqué qui se met en place pour faire échouer le système judiciaire français dans un espace urbain. Les tactiques utilisées par les indigènes vont des plus simples aux plus complexes. Le commissaire français menant l'enquête sur un meurtre se heurte à un mur déterminé à protéger un indigène soupçonné de ce meurtre. Le narrateur est frappé par la solidarité qui règne au sein de la population locale de cette partie du Congo : « Tant d'indigènes sont prêts à se faire les complices d'un "nduku" [frère de race], à le loger, à le dissimuler, aux investigations trop curieuses ; tant de clercs sont prêts à falsifier des papiers d'identité »[90]. L'échelle de la résistance et la complicité de la population sont donc des signes avant-coureurs des difficultés que le système colonial a à s'implanter. Cette résistance horizontale est efficace car elle est à l'origine de la débâcle française dans d'autres colonies comme Haïti, l'Algérie ou le Vietnam. En Haïti, les mornes deviennent un espace craint par le maître, à partir duquel l'esclave fugitif, le marron, s'organise pour déstabiliser le système esclavagiste. L'on mesure l'importance du morne, la montagne, dans l'histoire d'Haïti car la coalition des

---

[89] Ibid., p. 168.
[90] Léon Debertry, *Kitawala*. Paris : Albin Michel, 1926, p. 89.

esclaves et leur organisation en armée pour l'indépendance en 1804 se met en place à partir de cet espace. Au Vietnam et en Algérie, le morne est remplacé par le maquis qui, avec du recul, a rendu possible la victoire du colonisé sur le colonisateur. En 1992 en Somalie et aujourd'hui, le maquis est incorporé à l'espace urbain en Irak où les soldats alliés ont l'impression de poursuivre un ennemi invisible. L'ouvrage *Chasing Ghosts* de Paul Rieckhoff, ancien combattant en Irak, permet de noter comment le maquis se réinscrit aujourd'hui dans la ville, mais permet aussi au politicien d'anticiper sur le fait que la solution à cette crise n'est pas basée sur le militaire, mais le politique.

Enfin l'article 44 de signifier : « Déclarons les esclaves être meubles, et comme tels entrer en la communauté, n'avoir point de suite par hypothèque, se partager également entre les cohéritiers sans précipu ni droit d'aînesse, ni être sujets au douaire coutumier... »[91]. Chosifié, l'esclave ne peut hériter de rien. La même situation prévaut à l'époque coloniale, situation qui, héritée de *La fête arabe*, va mener au soulèvement du peuple arabe dans *Les oliviers de la justice*. Les deux romans peuvent s'étudier sous une forme dialectique.

Le premier roman peut se lire comme une peinture de la situation coloniale après la phase de la conquête. Le tableau est assez pessimiste dans la mesure où le peuple arabe, dépossédé de tous ses droits, erre dans l'espace désormais contrôlé par la France et les populations européennes ayant émigré en Algérie. Qu'en est-il des Algériens eux-mêmes ? : « Ils ne sont dans nos [les Français] assemblées que de simples lamentables figurants »[92], répond le narrateur. La passivité du peuple, développée en frustration, prend une autre tournure dans *Les oliviers de la justice* où le narrateur, français, trouve une légitimité dans le soulèvement du peuple arabe contre un ordre impérialiste. Dans le roman, il fait un bilan de l'échec de la politique française en Algérie. Son ton donne l'impression d'un chef d'accusation : dénonciation de la politique de l'expropriation menée par les Français depuis la conquête de l'Algérie en 1830, ségrégation dans les pensions entre Français et Arabes[93], mais aussi manquement

[91] Louis Sala-Molins, *Le code noir ou le calvaire de Canaan*. Paris : PUF, 1987, p. 178.
[92] Jean Péligri, *Les oliviers de la justice*. Paris : Gallimard, 1959, p. 231.
[93] A ce titre, le Conseil constitutionnel français vient de voter une loi corrigeant cette injustice qui était promulguée par le Général De Gaulle le 26 décembre 1959. En la jugeant anti-constitutionnelle, « le Conseil constitutionnel ouvre la voie à la réparation d'une injustice vieille de plus de 50 ans », extrait de « Anciens

des Français à tenir leur promesse d'accorder un meilleur statut aux Arabes après la 2e Guerre mondiale. Le point de vue du narrateur corrobore l'article 44 lorsqu'il constate le manque d'intérêt des Français pour les Arabes : « Ils faisaient partie du décor, comme les cactus et les palmiers ; d'ailleurs, on appelait les hommes des troncs de figuier »[94].

Dans les romans coloniaux écrits par des colonisés ou des Français, il semble y avoir consensus sur le sentiment que les colonies sont administrées selon un état d'esprit qui rappelle l'esclavage. Cette critique ajoute un discours officieux à la narration de la mission colonisatrice. Les ambitions *nobles* dégagées lors de la conférence de Berlin en 1884-85 laissent fort à désirer sur le terrain. Aux Antilles françaises, *Rue cases-nègres* par exemple met le doigt sur les insuffisances du récit de l'abolition. Elle est supposée célébrer un moment de liberté, d'égalité et de fraternité entre anciens esclaves et anciens maîtres dans les îles. Au contraire, l'on apprend qu'après l'abolition, le fossé socio-économique entre Blancs et Noirs se réinscrit dans l'espace post-abolition. Les terres appartiennent toujours à la minorité blanche nommée *Béké*, les descendants des esclaves n'ont pas accès total à la richesse. En gros dans le film, le peuple antillais, après l'abolition, occupe toujours un rôle subalterne, malgré son statut de citoyen français. Dans les nouvelles colonies nord et ouest africaines, excepté une minorité qui a le statut de citoyen, la majorité des colonisés qui ont le statut de *sujets* sont soumis à des traitements indignes de la Déclaration des Droits de l'Homme. J'ai aussi montré comment les administrateurs français sont complices de ce genre de traitements en ce sens qu'ils ferment l'œil sur leur exécution. L'indépendance des colonies africaines dans les années 1960, négociée ou forcée, symbolise une nouvelle ère pour les nouveaux dirigeants africains. A partir des années 1980, cette indépendance se révèle illusoire car une nouvelle forme de domination politique, économique et culturelle nommée néocolonialisme s'est avérée. A travers ce processus de domination qui débute après l'éclatement de l'empire français, les pays africains sont sous le joug des pays capitalistes qui décident des politiques à appliquer en Afrique. Les indépendances n'ont pas mis fin aux rapports

---

combattants : le Conseil constitutionnel censure trois articles établissant la cristallisation des pensions », Nouvel observateur du 28 mai 2010.
[94] Jean Péligri, *Les oliviers de la justice*. Paris : Gallimard, 1959, p. 231.

déséquilibrés entre la France et ses anciennes colonies. Les flux migratoires à partir des pays africains vers la France se sont intensifiés après les indépendances sur la demande de la France. En effet, la période de prospérité économique entre 1945 et 1975 favorise la venue d'Africains et d'Antillais dans le but de développer la métropole. Il ne faut pas oublier que la majorité des immigrants avaient la nationalité française. La loi stipulait que tout africain né dans une colonie française avant l'indépendance de son pays était français de facto. Pour ceux qui ne l'étaient pas, la loi du regroupement familial de 1974 leur permet de s'installer en France dans l'optique de devenir résidents puis citoyens un jour. Quant à leurs enfants, ils jouissent automatiquement de la citoyenneté française par le fait du *jus soli*, le droit du sol. En 2011, la littérature nous permet de faire un bilan sur les conditions de vie de ces minorités françaises, sur leur mobilité sociale en métropole, bref sur leur accès au rêve français. La littérature et le cinéma dans la France postcoloniale font un bilan négatif quant aux conditions d'existence des minorités qui vivent en France, Antillais ou Africains. En janvier 2005, la création de l'association *Mouvement des Indigènes de la République* ouvre un champ d'interprétations qui dépasse le cadre postcolonial métropolitain. Ce mouvement met à nu le caractère pernicieux des politiques anti-immigration depuis les années 1970 et leurs conséquences sur les minorités noire et arabe en France : discriminations à l'embauche, au logement, à la santé, à l'école et aux loisirs, contrôles au faciès au nom d'une lutte contre l'immigration illégale et contre le terrorisme, arrestations et expulsions d'étrangers sans procédure judiciaire normale, atteinte à leur liberté de circulation, lois draconiennes sur les mariages mixtes. Pour les avertis, l'expression « Indigènes de la République » créée par des descendants d'esclaves et d'immigrés rappelle l'histoire coloniale et un certain type de rapports entre colonisateur et colonisé. L'expression est-elle appropriée dans la France du 21e siècle ? Elle poserait la thèse d'une transmutation d'un ordre colonial dans un espace postcolonial. Aujourd'hui, les recherches dans ce sens tendent à poser en effet la thèse selon laquelle le statut socio-économique de certaines minorités en France, leurs conditions de vie, l'ambiguïté dans leur statut légal et leurs rapports avec le pouvoir rappellent le statut des indigènes pendant la colonisation. Par le biais de la littérature et du cinéma, je consacrerai cette partie à recenser les éléments qui permettent de corroborer cet argument lourd de conséquences.

Chapitre IV :
RESURGENCE DU CODE COLONIAL DANS L'ESPACE HEXAGONAL

« Certes les "banlieues" ne sont pas un territoire conquis et occupé par l'armée, et les colons ne sont pas venus s'installer pour "exploiter" les ressources de la population... Le vécu de la discrimination et de la ségrégation, et peut-être plus encore le sentiment d'être défini par un déficit permanent de "civilisation" dans les discours du pouvoir, d'être soumis à des injonctions d'intégration au moment même où la société vous prive des moyens de la construire, évoquent directement la "colonie" et donc, pour nombre d'habitants issus de l'immigration, "un passé qui ne passe pas" »[95].

En Afrique, toutes les colonies françaises ont obtenu leur indépendance dans les années 1960, dont la dernière, l'Algérie, en 1962. Malgré le droit que les colonies ont acquis de se gouverner elles-mêmes, la France développe des rapports particuliers avec l'Afrique. Ces rapports se passent dans le cadre de la Francophonie, qui sédimente le lien *sacré* entre la France et ses ex-colonies sur les plans politique, militaire, économique et culturel. Les liens qui unissent certains Africains à la France avant 1960 sont à distinguer des liens que la France a avec les Africains nés après 1960. Un bon nombre d'Africains nés avant 1960 ont la citoyenneté française. Avec les indépendances, ils acquièrent la double citoyenneté. Comme les Antillais après 1848 ou les Musulmans algériens avant 1962, ils ont théoriquement le plein droit de circuler librement entre l'Afrique et la France, sur simple présentation de pièces d'identité. Par contre, les Africains nés après 1960 ont la nationalité de leur pays respectif, à moins qu'ils ne deviennent français par leurs parents. Un nouveau type d'immigration existe toutefois après la 2ᵉ Guerre mondiale. Après 1945, en raison de la pénurie de main-d'œuvre, de nombreux hommes

---

[95] Didier Lapeyronnie, « La banlieue comme théâtre colonial, ou la fracture coloniale dans les quartiers » in Pascal Blanchard, Nicolas Bancel et Sandrine Lemaire, *La fracture coloniale. La société française au prisme de l'héritage colonial.* Paris : La découverte, 2005, p. 210.

africains prennent le chemin de la métropole dans le cadre de programmes de travail temporaire. La fin de la 2e Guerre mondiale initie une nouvelle phase dans le secteur de l'immigration en France. Désormais, l'immigration africaine défie une immigration qui traditionnellement est l'apanage de pays européens tels l'Italie, le Portugal et l'Espagne, pour ne citer que ceux-ci. En même temps c'est après 1945, par l'ordonnance du 2 novembre 1945, qu'une politique d'immigration est structurée. La présentation d'une promesse d'embauche ou d'un contrat de travail suffit pour que le travailleur puisse venir en France. Cette ordonnance se fait toutefois au désavantage des immigrés africains car elle favorise les immigrants de pays européens. En pratique, cela se voit par l'installation des bureaux du nouvel Office National d'Immigration à Milan. En Europe occidentale, la France reste très hésitante quant au droit à l'installation et à l'intégration des immigrés. Elle vient derrière le Royaume Uni et l'Allemagne qui ont légiféré sur la question respectivement en 1962 et 1972.

Avant 1993, les parents étrangers qui ont des enfants en métropole obtiennent la nationalité française par le principe du droit du sol, le *jus soli*. Les enfants sont français par application de ce même droit. Telle est la tradition depuis 1889, tradition qui change avec l'arrivée progressive d'immigrants africains, algériens en majorité dans la mesure où l'attribution de la nationalité aux musulmans par la loi du 20 septembre 1947 légalise leur liberté de circuler jusqu'en 1962. Peu à peu, ce qui est une immigration temporaire pour les immigrés africains devient une opération définitive, phénomène logiquement suivi par le regroupement familial. Dans les grandes villes de France, après un squattage temporaire au sein des villes, l'installation finale des familles se fait dans les banlieues, espaces qui, selon *La fracture coloniale*, se fait sur une base culturelle, ethnique et raciale. L'occasion viendra de revenir plus amplement sur ce point quand je tenterai de dresser l'historique de la banlieue moderne à travers une analogie avec la plantation et la ville coloniale. Avant d'y arriver, je mettrai l'accent sur les politiques de resserrement qu'appliquent les politiciens français après 1974.

Les politiques de resserrement après 1974

L'atrophie des frontières

Trois décennies après la 2e Guerre mondiale, le renouement de la France avec sa réputation de terre de liberté et d'immigration se fait au détriment de l'immigré ethniquement marqué. C'est particulièrement en 1974 que le pouvoir commence à être répressif, si l'on en juge par les séries de mesures contradictoires prises à l'endroit des immigrés qui veulent venir en France, des immigrés qui vivent en France depuis des décennies et de leurs enfants nés en France.

L'année 1974 inaugure une campagne menée par la Droite politique de lutter contre les flux migratoires. Le 3 juillet 1974 témoigne de l'arrêt de l'installation de nouveaux travailleurs étrangers. Le président Valéry Giscard D'Estaing instrumentalise le contexte de la récession pour faire du retour des immigrés non européens au pays d'origine son cheval de bataille. Son projet qui vise à organiser le retour des Nord-africains installés en France se solde par un échec, du fait d'une mobilisation de différents partis de gauche, de syndicats et d'Eglises. Outre l'aspect économique, cette radicalisation du discours de la Droite réitère un débat récurrent dans l'histoire de la France : la question de l'*assimilabilité* des Africains, question qui anime l'arène politique avant l'abolition de l'esclavage et pendant la colonisation. L'élection de François Mitterrand comme président socialiste porte un coup dur à la croisade initiée par la Droite. A son tour, son gouvernement propose la carte de résidence pour remédier au problème. Le roman de Calixthe Béyala, *Le petit prince de Belleville*, constitue un lieu de mémoire du geste *positif* de Mitterrand à l'endroit des immigrés. Le jeune Loukoum, personnage principal, salue et fait l'éloge de la bonne presse dont le président français bénéficie au sein de la communauté africaine réunie en *tribus* dans le quartier de Belleville à Paris. Ce geste politique de Mitterrand se fait toutefois dans une atmosphère de crise économique qui alimente une xénophobie ambiante. C'est avec force détails que le père de Loukoum, Abdou Traoré, déplore ce que la France devient à partir de l'année 1980 : Jean-Marie Le Pen et sa rhétorique anti immigration gagnent plus de terrain, le nombre de sans-papiers prend de l'ampleur en France et dans les milieux politiques, l'idée de déporter tous les immigrés dans leur pays d'origine fait son chemin. Ce discours anti immigration fait totale abstraction de la réalité historique qui lie la France à ces anciennes colonies. Certains immigrés ne peuvent être déportés, en raison du service qu'ils ont rendu à la France dans le cadre de l'Empire. C'est la force du contre-argument du père de Loukoum qui est fier d'afficher son appartenance à part entière à la nation française. D'ailleurs, son activité favorite à la fin de la semaine en dit plus : « le samedi et le dimanche, il s'habille des pieds à la tête. Il met son costume croisé avec des décorations de médailles de guerre et va se tenir boulevard Ménilmontant »[96]. Le fait d'être ancien combattant le rend donc inexpulsable. Toutefois, le retour de la Droite au pouvoir en 1986 avec Jacques Chirac comme Premier Ministre pose les jalons d'une plus grande radicalisation de celle-ci. En effet, les années 1990 voient la remise en question d'un document juridique fondamental au statut, donc à la stabilité, des immigrés qui vivent en France depuis longtemps, mais aussi celui de leurs enfants : le code de la nationalité. Les lois cadencent un recul notoire des libertés individuelles au nom de politiques de maîtrise de flux migratoires, de lutte contre l'insécurité et contre le terrorisme. Charles Pasqua, ministre de l'Intérieur en 1993, incarne l'idéologie de droite en annonçant dans une interview accordée le 2 juin au journal *Le Monde* que la France ne voulait plus être un pays d'immigration et que l'objectif de son gouvernement était de tendre vers une *immigration zéro*. Les aménagements du code de la nationalité vont de pair avec les mesures draconiennes visant les familles immigrées et leurs enfants vivant en France, particulièrement en 1993. En effet, de 1889 en 1993, le droit du sol prévaut en France. La révision du code de la nationalité marque un tournant que Patrick Weil souligne dans *Qu'est-ce qu'un Français ?* : « Depuis 1889, naître en France et y résider à sa majorité suffisait pour constater que l'on était français. Avec la loi de 1993, ces conditions ne sont plus jugées suffisantes, et la manifestation de volonté [entre l'âge de 16-18 ans] apparaît comme une demande de preuve supplémentaire d'appartenance »[97].

Dans *La fracture coloniale*, le regard porté par la majorité française sur certaines minorités, les banlieusards, les immigrés, est tel que la question est suggérée de savoir si les descendants des immigrés ne sont pas des *indigènes* aujourd'hui en France. L'évocation du mot *indigène* fait allusion à la colonisation et au code de l'indigénat. A

---

[96] Calixthe Béyala, *Le petit prince de Belleville*. Paris : Albin Michel, 1992, pp. 23-24.
[97] Patrick Weil, *Qu'est-ce qu'un Français ?* Paris : Grasset, 2004, pp. 266-267.

mon avis, il est même question d'aller plus loin et de remonter jusqu'à l'esclavage afin de voir les parallèles frappants qui existent entre les langages juridiques de l'esclavage dans *Le code noir*, celui de la colonisation par le code de l'indigénat, et celui qui prévaut dans la France postcoloniale par les lois anti immigration. Je rappelle que l'intention de ce livre est de montrer une linéarité dans la perception de l'Autre, ethniquement différent, dans les discours juridiques d'hier et d'aujourd'hui. C'est là que la citation de Didier Lapeyronnie dans son article « La banlieue comme théâtre colonial, ou la fracture coloniale dans les cités », dans *La fracture coloniale*, prend tout son sens. Ce dernier soutient que le rapport entre les banlieues et le reste de la France, marqué quotidiennement par la discrimination et la ségrégation, rappelle le rapport entre maître et esclave dans la plantation pendant l'esclavage, ou le rapport entre colonisé et colonisateur dans la ville coloniale. A mon tour, j'étends cette thèse jusqu'à la banlieue. C'est ce point que développe la partie suivante via la littérature et le cinéma.

Analogie entre Plantation, ville coloniale et banlieue

La linéarité entre la plantation, la ville coloniale et la banlieue n'est pas amplement développée dans la littérature et le cinéma produits par les descendants d'esclaves et de colonisés. Cette thèse conteste naturellement la version officielle française de l'abolition de l'esclavage et de la fin de la colonisation comme tournants d'une époque nouvelle dans les rapports entre ex-maître et ex-esclave tous deux devenus citoyens, entre ex-colonisateur et ex-colonisé devenus égaux, entre le banlieusard vivant à la périphérie des villes et le Français *de souche* vivant au centre de la ville. Dans *Poétique de la Relation*, Edouard Glissant rappelle que la fin de l'esclavage n'a donné naissance qu'à un autre système d'oppression qui tire bien des traits de la plantation. En effet le lendemain de l'esclavage est suivi d'un exode sensible des ex-esclaves dans les grandes villes comme Bahia au Brésil, New York aux Etats-Unis et Fort-de-France en Martinique. A la périphérie des grandes villes, se produisent les mêmes types de rapports entre les nouveaux citoyens et les anciens maîtres. De tels rapports marqués par un déficit d'éducation, un manque de moyens financiers, un niveau de vie très bas, une espérance de vie basse, bref un statut subalterne du nouveau citoyen, sont les manifestations visibles de la *matrice de la Plantation*. Cette matrice repose sur deux axes : d'une part la reproduction de la dichotomie ancien esclave et ancien maître, méticuleusement surveillée par le contremaître avant l'abolition, le garde colonial sous la mission civilisatrice française en Afrique, 1884-1962, et les forces de l'ordre dans la dynamique centre et périphérie dans le contexte de la France postcoloniale ; d'autre part, le statut subalterne de l'ancien esclave après l'esclavage dont le manque d'instruction, de moyens financiers, constitue un frein à tout espoir de mobilité sociale ; par conséquent, le nouveau citoyen est condamné à une condition de servitude dans la période post-abolition. Est-ce le même rapport qui existe entre le colonisateur et le colonisé durant la mission civilisatrice, la périphérie et le centre dans la France postcoloniale ? Les films *Rue Cases-Nègres* et *La bataille d'Alger,* le roman *Le vieux nègre et la médaille* et le film *La haine* mettent progressivement cette problématique en scène.

Rue Cases-Nègres d'Euzhan Palcy, qui est un classique dans les films postcoloniaux, plonge le spectateur dans la France post-abolition, tout en l'invitant à lire le film avec une mentalité pré-abolition. La plantation est le focus de la caméra, espace hiérarchisé avec au sommet les Planteurs, colons ou *Békés*, les cadres moyens, régisseurs, géreurs et intendants au milieu et la masse des esclaves[98]. L'action se déroule à la Martinique au début du 20e siècle, donc plus de 50 ans après l'abolition de 1848. En partie, le film a lieu dans la plantation rue cases-nègres où vivent d'ex-esclaves, dans des conditions de vie qui font écho de la période esclavagiste : enclavement, délabrement des habitations, insalubrité, dénuement matériel et manque d'éducation. Ces conditions de vie sont un commentaire critique sur les promesses non tenues de la métropole d'élever les anciennes colonies au même niveau socio-économique qu'elle. Au contraire, le nouveau citoyen se trouve dans la même position subalterne que pendant l'esclavage. Dans le film, c'est par la voix du vieux Médouze, maillon entre l'Afrique et les Antilles, que s'exprime la profondeur de la désillusion quant à l'abolition. Après l'abolition, l'expression de sa liberté se symbolise par sa course effrénée autour de l'île, course qui se termine au même point de départ. L'abolition est suivie d'une transplantation de mécanismes de domination entre ancien maître et ancien esclave. Dans le film, cette dichotomie perdure et se voit à travers le contraste frappant entre les

---

[98] Edouard Glissant, *Poétique de la Relation*. Paris : Gallimard, 1990, p. 78.

conditions de vie des maîtres qui vivent à la capitale Fort-de-France et les nouveaux citoyens cloîtrés dans une ancienne plantation. La relation calculée ou inexistante entre ancien maître et ancien esclave est gérée par le contremaître dont la fonction est relayée par le garde colonial, le tirailleur au service de l'administration coloniale et le policier dans la France postcoloniale. Ce dernier est la face visible d'une injustice systémique. Pendant l'esclavage, le contremaître veille au bon fonctionnement et à l'exécution du contrôle panoptique dont l'objectif final est la production intensive. Il est polyvalent au sens où il a plusieurs rôles dans la plantation : dissuader les désertions par le fouet, superviser les esclaves au travail, nourrir les esclaves au minimum tout en leur faisant produire au maximum et organiser des battues pour traquer les esclaves fugitifs ou marrons. Il est donc une partie intégrante du processus de production qui enrichit le noble ou le bourgeois investissant dans l'esclavage à partir de la métropole. Le contremaître et son supérieur hiérarchique font partie de cette classe de colons appelée les *petits blancs*. Ce sont des Français pauvres qui partent à l'aventure dans les îles dans l'espoir de devenir riches grâce à l'esclavage. Dans les îles, à la différence des colons riches, les petits blancs ont une petite terre avec quelques esclaves pour la travailler. Leur présence dans les îles rend compte du cannibalisme économique qui existe entre Français en métropole et dans les îles. Les Blancs les plus riches font coalition contre les plus pauvres. Les îles sont alors perçues comme un moyen de s'élever économiquement, ce qui se matérialise souvent par une lutte féroce entre colons. La dichotomie Blancs riches et Blancs pauvres témoigne d'une exportation dans les îles d'un système de ségrégation qui existe en France entre le tandem formé par la noblesse et le clergé contre le tiers état.

Le contremaître est l'exécuteur du pouvoir de l'ancien maître désormais employeur après l'abolition. Dans le film *Rue cases-nègres*, il semble que l'abolition n'ait pas mis fin à la fonction de ce dernier. Les mécanismes de contrôle dont il est doté pendant l'esclavage passent du physique au financier. C'est par lui que passe le salaire des *employés* et toutes les menaces de punition proférées par l'employeur. Il n'a plus besoin de fouet ; plutôt son fouet devient son cahier de comptes. En effet, sans diplôme, sans économie pour pouvoir tenter de refaire sa vie dans la capitale Fort-de-France, l'ancien esclave se voit obligé de continuer à travailler pour son ancien maître au prix d'un salaire et de conditions de travail qui se moquent de la législation du travail. Par exemple, les employés de la rue cases nègres sont très mal payés, finissent toujours la fin du mois endettés, n'ont pas les moyens de déménager à la capitale et la majorité de leurs enfants fréquentent les champs de canne plutôt que l'école républicaine. Le roman *Le vieux nègre et la médaille* est à lire sous le même angle que le film *Rue cases-nègres*. Le colonisé et le colonisateur restent dans des espaces séparés. Le niveau de contestation du statu quo post-abolition qui est en faveur de l'ancien maître est purement verbal. Toutefois le fouet, qui ne peut plus être utilisé dans les anciennes colonies françaises, ressuscite dans les *nouvelles* colonies. *Le vieux nègre et la médaille* montre les conséquences qui découlent de la transgression de l'espace du Blanc alors que *Ville cruelle* met l'accent sur l'embargo économique dont est frappé le colonisé.

Dans *Le vieux nègre et la médaille*, la séparation physique entre colonisateur et colonisé est révélatrice des conditions de vie de chaque catégorie. Alain Ruscio définit la ville coloniale comme un espace où « les Européens vivent entre eux, s'amusent entre eux », où « les Blancs ont, de fait non de droit, leurs quartiers séparés »[99]. Ce dernier attire l'attention surtout sur le *petit Blanc* qui a un statut privilégié dans la colonie, dont Jean Guéhenno nous révèle la psychologie : « Le petit Blanc est pire sans douter que le grand Blanc. Il est souvent aigri, déçu. Il n'est venu ici [dans la colonie] que pour faire fortune, trouver enfin quelqu'un qui le distingue et croie à sa valeur, réussir sur les autres une escroquerie devenue trop difficile parmi ceux qui ont la même peau que lui »[100]. L'ambition du *petit Blanc* pendant la colonisation est donc à rattacher avec celle de celui dans les anciennes colonies pendant l'esclavage, tous deux permettant de construire un discours critique vis-à-vis de la rationalisation de l'esclavage et de la mission civilisatrice.

Blancs et Noirs vivant séparés par la loi, il va sans dire que le colonisé ne peut pénétrer l'espace du colonisateur sans autorisation. J'ai illustré comment le vieux Méka est maltraité quand il transgresse l'espace du Blanc dans *Le vieux Nègre et la médaille*. Comme dans l'espace de la plantation le fouet, dont l'application est légalisée par *Le code noir*, jouit des mêmes privilèges dans l'espace colonial. L'utilisation du fouet est cautionnée par l'administrateur colonial dont l'interprétation et l'application de la loi sont les seules qui vaillent.

---

[99] Alain Ruscio, *Le credo de l'homme blanc. Regards coloniaux français : XIX*^e-*XX*^e. Bruxelles : Editions complexes, 2002, p. 159.
[100] Jean Guéhenno, *La France et les Noirs*. Paris : Gallimard, 1954, p. 60.

Cette licence de punir est aussi valable sur le plan économique. D'autre part, une nouvelle génération naît dans le roman, dont l'objectif est d'aller plus loin que ses aînés dans la contestation du pouvoir du colonisateur. Un cran psychologique est franchi dans ce sens dans le film *Bataille d'Alger*.

Bataille d'Alger est un film intéressant à deux niveaux. D'une part, il réitère la dichotomie de la plantation à travers la différence entre les espaces habités par le colonisateur et le colonisé. Le contraste est frappant entre Alger la Blanche et la Casbah, comme entre la plantation rue cases nègres et Fort-de-France dans *Rue cases-nègres*. D'autre part, il se situe à un tournant psychologique chez le colonisé. Les exigences d'indépendance du colonisé se font pressantes après la 2e Guerre mondiale, aspiration qui conduit ce dernier à faire recours au terrorisme ciblé. Les infrastructures construites par la France font l'objet d'attentats : les cafés, les boîtes de nuit, les aéroports, lieux essentiels au fonctionnement de la bourgeoisie coloniale, mais aussi révélateurs de la violence symbolique dont souffre le colonisé qui est maintenu dans un espace de promiscuité, de pauvreté extrême et de manque d'éducation dans la Casbah. L'armée coloniale, composée de Français et d'Africains, sert de tampon entre colonisateurs et colonisés. Ce rôle s'accroît au fur et à mesure que les exigences de liberté du colonisateur augmentent. Dans le film, le soldat colonial se rend visible à travers les raids qu'il effectue dans la Casbah en vue de démanteler le réseau terroriste, la torture de suspects terroristes et le blocage de l'accès à la ville coloniale par les colonisateurs.

Le dénominateur commun entre *Rue cases-nègres*, *Le vieux nègre et la médaille* et *Bataille d'Alger* est le statut subalterne dans lequel se trouvent l'ancien esclave et le colonisé, tous deux pris dans la ferveur d'une rhétorique post-abolition et coloniale qui prône leur élévation au même niveau que le colonisateur et qui la met en pratique différemment. C'est bien la prétention des pays occidentaux signataires des clauses de la Conférence de Berlin en 1884-1885. Les conditions de vie de l'Antillais sont partagées par l'Africain de l'ouest et du nord, caractérisées par une dépendance totale du colonisé sur le colonisateur qui détient les capitaux politique et économique entre ses mains, donc le pouvoir. Il existe clairement une filiation entre la plantation et la ville coloniale. Comment arriver à démontrer de tels rapports entre périphérie et centre dans la France postcoloniale, entre les banlieues des grandes villes ethniquement marquées et leur centre ? La thèse de la *matrice de la Plantation* de Glissant est-elle défendable aujourd'hui en France ? Pour ce faire, je retracerai la genèse de la banlieue moderne en France avant de voir comment Matthieu Kassovitz la réinscrit dans son film *La Haine*.

Une analyse qui se veut objective pour expliquer la présence d'immigrés africains en France ne peut se faire sans prendre en considération l'histoire de la colonisation française d'Afrique. Cette objectivité est clé pour balayer la distorsion historique que cache l'expression *immigration subie*, slogan sarkoziste dont l'objectif est de recruter le plus de voix possibles chez les Français qui ont le sentiment que l'immigration est la cause de leurs problèmes. Le terme est une distorsion de l'histoire qu'il est vital de rectifier urgemment afin que les jeunes générations de Français comprennent comment les choses se sont passées. Qu'est-ce qui explique la présence de Noirs et d'Arabes en France ? Mon analyse se basera plus sur le 20e siècle car c'est à cette période que la majorité des Noirs et Arabes sont venus en France.

D'abord le lien entre la colonisation et les deux guerres mondiales. Officiellement, la France occupe l'Afrique de 1885 à 1962. Je ne prends pas en compte l'esclavage européen qui commence au 15e siècle. Dans ces espaces qui sont divisés en colonies, protectorats et départements français, le dénominateur commun entre les colonisés, qu'ils aient la *nationalité* ou la *citoyenneté* française, est qu'ils vivent tous dans des territoires contrôlés par la France. L'appartenance de ces territoires à la France justifie l'exigence d'un effort de la part des colonies, pendant la 1ère et 2e Guerres mondiales. Cet effort de guerre revêt un aspect économique et humain. D'une part, les matières premières quittent l'Afrique pour alimenter les industries françaises. D'autre part sous l'invasion nazie de 1939, des milliers d'Africains sont recrutés pour aller au front, sous la promesse de meilleurs traitements après la guerre, de versements d'indemnités ou simplement la *citoyenneté* française qui leur donne enfin les mêmes droits que les Français de métropole. Ces soldats, nommés *tirailleurs*, font face aux troupes d'Hitler et de Mussolini en Afrique et en Europe. L'ouvrage de Serge Bilé, intitulé *Noirs dans les camps nazis,* est un recueil des expériences d'anciens combattants noirs, Antillais et Africains dans les camps de concentration nazis. Si la plupart des tirailleurs retournent dans leurs colonies respectives après la guerre, d'autres restent dans le territoire français.

Ensuite, il y a un deuxième lien entre la fin de la 2e guerre mondiale et l'arrivée d'Africains en France. Le terme *immigrés* dont ces derniers sont étiquetés semble problématique car leur arrivée s'effectue en pleine colonisation. Dans ce contexte, les Africains de *nationalité* et de *citoyenneté* française peuvent légitimement venir en France sur simple présentation de pièces d'identité. C'est le cas par exemple pour la minorité d'Africains qui a acquis la *citoyenneté* comme compensation après les deux guerres mondiales. De plus, légalement, les Sénégalais qui habitent les communes telles Dakar, Rufisque, Saint-Louis et Gorée peuvent venir légitimement en France car ils sont citoyens. C'est aussi le cas des musulmans d'Algérie qui ont acquis la citoyenneté en 1947. Pour toutes ces catégories de colonisés, il est légalement inadéquat de parler d'immigration pour désigner leur déplacement en France, tout comme celui des Antillais qui quittent les îles pour la métropole. Toutes ces catégories d'individus sont françaises en droit. On ne peut réellement parler d'immigration de Noirs et d'Arabes qu'après 1960 pour ce qui concerne la plupart des colonies d'Afrique de l'ouest, et après 1962 pour ce qui concerne l'Algérie et les Algériens qui rejettent la possibilité d'avoir la nationalité française et choisissent celle de leur pays.

Le troisième point qu'il est important de noter est le lien entre l'arrivée de Noirs et d'Arabes et la question de la reconstruction de la France consécutive à la 2e Guerre mondiale. Sans faire de commentaires pour l'instant sur le titre, la pièce de Daniel Boukman, *Les négriers*, expose les raisons pour lesquelles des milliers d'Antillais prennent le chemin de la métropole dans les années 1960. Leur arrivée, incitée par la France, se passe dans le cadre d'une politique de reconstruction des infrastructures de la métropole. Dans quel climat les Africains du nord et de l'ouest arrivent en France après 1945 ?

Avant la 2e Guerre mondiale, le recrutement de travailleurs africains se fait par le biais de la Société Générale d'Immigration. La plupart du temps, ces travailleurs habitent dans des logements mis à leur disposition par leurs employeurs. Après 1945, la Société Générale d'Immigration disparaît et naît l'Office National d'Immigration. Le grand changement à ce niveau est que cette instance, qui affiche clairement sa préférence pour les immigrés d'origine européenne, n'assure plus le logement des immigrés. C'est une décennie où les travailleurs africains viennent en France dans un contexte de prospérité économique, les Trente Glorieuses (1945-1975). Ils arrivent à un moment où l'action publique envers les logements des immigrés reste absente. Toutefois, un pas timide est franchi par la Sonacotral pour prendre en charge les travailleurs algériens qui arrivent en France vers la fin des années 1950. Celle-ci met à leur disposition des foyers pour célibataires. Cela veut dire que l'Etat perçoit ces immigrés comme des travailleurs temporaires qui vont regagner leur pays d'origine après un certain nombre d'années de séjour en France. Tel se résume le mode de vie de ces travailleurs qui envoient des mandats dans leur pays respectif qu'ils visitent une fois par an. Le manque de parc immobilier, ajouté à une arrivée *massive* de travailleurs, a pour conséquence une surpopulation au niveau des logements disponibles. Cela conduit à l'installation des nouveaux venus dans l'ancien parc immobilier des centres-villes, dans des conditions déplorables.

Le centre-ville fait la réputation des maires. Il est le reflet, l'image même des gens qui vivent dans la ville, c'est pourquoi il est crucial de l'aménager de façon conséquente, travail dont le maire est chargé. Cela permet de spéculer que tout phénomène qui est susceptible de ternir l'image de la ville, de changer son visage doit impérativement être effacé. Cette spéculation est pertinente quand il s'agit par exemple des sans abris. Reflet de l'échec des politiciens en place, les sans domicile fixe, SDF, sont évacués de la place publique de force dans certaines villes. Aujourd'hui des lois bannissent les sans abris des centres-villes, l'idée étant d'éviter que ces derniers harcèlent les *bons citoyens* par leur quémandage. Dans les années 1960, les opérations d'urbanisation des centres-villes conduisent à l'évacuation de bon nombre de travailleurs étrangers à la périphérie des grandes villes où ces derniers se reconstituent par nationalités. Les statistiques fournies dans *La République et sa diversité* donnent une idée sur ce phénomène. Une étude du ministère de l'Intérieur avance qu'en 1966, « en région parisienne 46.827 personnes [vivent] dans 119 bidonvilles. Ces minivilles se développent aussi à Marseille, Bordeaux ou Nice »[101]. Le roman *Le gone du Chaâba* ouvre une fenêtre sur le bidonville en exposant la position des travailleurs arabes dans la société française.

L'existence de ces bidonvilles ne peut être tolérée par l'Etat car incompatible avec le concept de pays développé. Son objectif est de faire disparaître les bidonvilles en accueillant les travailleurs dans des quartiers de transit. Comme le nom l'indique, il s'agit de logements

---

[101] Patrick Weil, *La République et sa diversité. Immigration, intégration, discriminations*. Paris : La Découverte des idées, Seuil, 2005, p. 51.

provisoires, un centre de pré-assimilation à la civilisation française. Le travailleur est donc mis à l'épreuve de prouver qu'il peut s'assimiler, acquérir l'habitus français afin que son étrangéité dans la société soit le moins visible possible. Dans les années 1960, le relogement des travailleurs dans les cités de transit va de pair avec un débat sur la manière dont ces derniers seraient intégrés à la société française. Deux écoles de pensée dominent le débat à l'époque : celle de la "dispersion" et celle de la "concentration". Les pouvoirs publics optent pour la dispersion qui se fait selon un quota. Au lieu d'installer les familles sous la forme du bidonville, c'est-à-dire par nationalité, un certain nombre d'entre elles est relogé dans des immeubles H.L.M. Le résultat aujourd'hui est l'opposé du projet initial, c'est-à-dire que les cités de transit se sont établies sous la forme du bidonville. Comment en est-on rendu à ce point ? Le contexte international peut contribuer à comprendre la raison.

Deux événements se passent sur le plan international et affectent directement l'architecture urbaine de la France. D'une part, la décolonisation de l'empire français place désormais les ex-colonies dans une position où, en tant que pays souverains, elles peuvent théoriquement traiter avec la France en partenaires égaux. Au lendemain de la décolonisation, le développement est le mot d'ordre dans toutes les colonies qui veulent rattraper le retard qu'ils accusent par rapport aux pays développés. Cette intention met une pression sur la France qui, il faut le réitérer, accuse d'un retard technologique par rapport aux Etats-Unis qu'elle veut aussi combler. Il est vital que la France maintienne sinon augmente l'écart qui la sépare des pays africains qui, à l'époque, sont nommés pays sous-développés, l'usage politiquement correct aujourd'hui étant *pays en voie de développement*. Cet écart se fait sur une base matérielle qui grossit le nombre de Français qui font leur entrée dans la classe moyenne. Dans *Clean Bodies, Fast Cars*, l'on perçoit la ruée vers le matériel de toute une frange de la société, phénomène à lier avec l'appui que les Etats-Unis apportent à l'Europe de l'ouest après la 2e Guerre mondiale : le plan Marshall. Cette course bénéficie les classes moyennes qui vivaient dans les habitats à loyers modérés, HLM. L'augmentation du revenu de la classe moyenne et l'amélioration considérable de son niveau de vie font qu'elle aspire à des logements plus spacieux et plus modernes. Leur départ laisse un vide que les autorités comblent vite de travailleurs étrangers qui sont concentrés dans des immeubles. Les banlieues telles que nous les connaissons aujourd'hui, à l'image des ghettos américains[102], sont la conséquence de deux échecs : celui de l'Etat dont les projets de relogement par la dispersion ne voient jamais le jour. Cela conduit au deuxième échec qui prévaut dans les banlieues aujourd'hui. Concentrations d'Antillais, d'immigrés d'Afrique de l'ouest et du nord, les banlieues sont le reflet de l'échec scolaire, de la promiscuité, de l'absence d'infrastructures. La définition proposée dans *Quand les banlieues brûlent* est loin de la caricature :

> « forte proportion de jeunes âgés de moins de 25 ans et de familles nombreuses, fort taux de chômage et d'échec scolaire, concentration des indicateurs de précarité socio-économique, habitat social de types "barres" et "tours" vieillissantes, raretés des commerces, des équipements et des services publics, forte activité dans certains types de délinquances (conduite de véhicules sans permis, vols, dégradations de biens privés et publics, trafic de cannabis, bagarres avec des groupes de jeunes de quartiers voisins) et, enfin, haut niveau de tension dans les relations avec la police »[103].

Cette citation traduit l'échec des réponses apportées par la classe politique quant au *problème* de la banlieue. L'échec scolaire est l'échec de la politique des zones d'éducation prioritaire (ZEP) sensée donner plus de moyens aux écoles. L'état de l'environnement lève aussi le voile sur l'échec de la politique des zones à urbaniser en priorité (ZUP) créées dans l'optique d'améliorer les logements et l'espace des banlieues pour inciter l'installation d'entreprises en vue de la création d'emplois. Tous ces échecs sont bien transcrits dans le film *La Haine*.

A l'image de la plantation et de la ville coloniale, dans le film, la banlieue ou vivent les trois amis Hubert, Said et Vinz, un Noir, un Arabe et un Juif français, constitue un autre monde marqué par l'enclavement, le dénuement matériel, les familles nombreuses, l'absence de figure paternelle, l'échec scolaire qui mène à la délinquance et aux affrontements réitérés avec les forces de l'ordre. Le contraste entre Paris et la banlieue nommée la cité des

---

[102] Voir Erica Maurin, *Le ghetto français : Enquête sur le séparatisme social*. Paris : La république des seuils, 2004.

[103] Mohammed Marwan, Laurent Mucchielli, « La police dans les "quartiers sensibles" : un profond malaise » in *Quand les banlieues brûlent... Retour sur les émeutes de novembre 2005*, sous la direction de Laurent Mucchielli et Véronique Le Goaziou. Paris : La Découverte, 2006, p. 99.

« Minguets » est frappant. D'un côté l'espace, l'existence d'infrastructures bien entretenues, tous les lieux de mémoire qui font la réputation de Paris à travers le monde tels la Tour Eiffel, le Sacré Cœur, les Champs Elysées, … Une vue panoramique de Paris dans le film permet au spectateur de constater l'El Dorado potentiel que représente la ville. D'un autre côté, les bâtiments délabrés dans lesquels vivent les trois amis se font face. La vie privée n'existe point dans les quartiers. Les appartements sont trop petits pour les familles nombreuses. Le père est absent dans la famille d'Hubert où la mère fait pression sur Hubert, l'aîné, pour l'aider à s'acquitter de certaines factures et charges dans la maison. L'absence du père expliquerait le manque d'autorité dont les enfants profitent pour dévier des normes sociales[104]. C'est ce qui conduit la majorité des jeunes à commettre plusieurs actes de délinquance tels fumer de la drogue sur les toits des bâtiments, casser des voitures, vulgarité envers les policiers, bref un comportement que bon nombre de politiciens ont interprété comme la preuve du refus des banlieusards de s'intégrer dans la société française.

Le film met l'accent sur cette interprétation et la contredit à travers l'évolution des trois personnages du film. En effet, le réalisateur réinscrit le regard du politique sur la banlieue par un procédé essentialiste. C'est-à-dire qu'il peint la banlieue telle que le politique la voit et la conte au reste de la population française, récit qui est relayé par les médias et les pseudo-spécialistes de l'immigration. Les journalistes sont bien visibles dans le film, à l'affût de reportages sensationnalistes sur les violences dans les banlieues. Leurs reportages se fixent sur le superficiel et non sur les vraies raisons de la violence. Le relai entre les politiciens, les médias et les pseudo-spécialistes de l'immigration créent une unité discursive qui s'impose finalement comme version véridique de la réalité, donc comme Vérité. Cette interprétation qui culpabilise et criminalise d'office le banlieusard est susceptible de conduire le reste de l'opinion publique non seulement à adhérer au discours du politicien, mais aussi à accepter toutes les solutions draconiennes que ce dernier propose pour remédier au *mal*. C'est ce qui justifie aujourd'hui le quadrillage de certaines banlieues par la police.

---

[104] Je reviendrai sur cette spéculation car c'est l'argument qu'a toujours avancé Nicolas Sarkozy pour rationaliser la *crise* des banlieues.

Toutefois, certains moments dans *La haine* prennent le contre-pied du regard du politicien sur la banlieue. Le comportement d'Hubert contredit la vision essentialiste selon laquelle tous les jeunes de la banlieue sont violents. C'est lui qui calme toujours ses copains, proposant un discours pacifique à la place. Said et Vinz le surnomment « l'intello » car il substitue toujours les tentatives de déviance de ses amis à un discours raisonnable et optimiste. Durant une conversation avec sa mère, il lui confie son « envie de se barrer d'ici [la banlieue] ». Cette aspiration à un monde meilleur comme les autres Français est le leitmotiv des trois amis qui se voient dépourvus des moyens d'y accéder. Paris leur promet la possibilité d'une mobilité sociale qui est théorique. Par exemple dans le train R.E.R qu'ils prennent pour aller à Paris, ils voient une affiche publicitaire qui dit « La France est à vous ». Dans les rues, ils font l'objet d'une violence symbolique car Paris leur promet la réussite à travers un graffiti qui réitère le même refrain « Le monde est à vous ». La montée des jeunes à Paris se solde par une expérience qui rappelle la ville coloniale. Le colonisé ne peut s'aventurer dans la ville coloniale sauf sur autorisation des autorités administratives. Dans *La Haine*, c'est la différence ethnique qui rend les trois amis visibles. Ils marchent différemment, s'habillent différemment, parlent différemment, bref ne remplissent pas les critères du citoyen *modèle*. Cette visibilité facilite la tâche des forces de l'ordre qui repèrent les trois amis, appréhendent Hubert et Said et les amènent au poste de police pour un interrogatoire qui rappelle les techniques d'interrogatoire effectuées par l'Organisation de l'Armée Secrète en Algérie : ils sont torturés. Au final, tous les trois jeunes sont refoulés de la capitale. Comme l'expérience du personnage Méka dans *Le vieux nègre et la médaille*, ce refoulement ne se fait pas sans abus physique et verbal. Le registre de langue des policiers pendant l'interrogatoire révèle la réinscription des stéréotypes coloniaux sur les Noirs et les Arabes dans la France postcoloniale.

Les films et romans que j'ai analysés permettent de dresser une filiation entre l'expérience de l'esclave dans la plantation, celle du colonisé dans l'espace colonial et celle du banlieusard ethniquement différent dans la France postcoloniale. Cette expérience commune remet en question les discours qui accompagnent l'abolition de 1848, la conférence de Berlin de 1884-1885 et aujourd'hui les principes de la Révolution sensée offrir la liberté, l'égalité et la fraternité à tous les citoyens français, quelle que soit leur couleur. Les films, romans et les différents ouvrages soulignés montrent les limites de ce discours. Dans un climat où le candidat Nicolas Sarkozy définit les défis futurs de la France sous l'axe de la lutte contre l'immigration et le terrorisme, une nouvelle figure de l'étranger refait jour. Il s'ensuit une ethnicisation des problèmes de la France, c'est-à-dire la construction d'une rhétorique dans laquelle l'étranger ethniquement marqué se trouve être la nouvelle cible. Son extinction seule peut conduire à la résolution des problèmes identitaires et économiques de la France. La théorie du bouc-émissaire va bon train chez les politiciens qui instrumentalisent les immigrés pour réactiver la fibre patriotique. Le raisonnement des politiciens rend la plupart des méthodes préconisées par le candidat Sarkozy légitimes pour éradiquer *le mal*. Cette approche voit une politique essentialiste de l'étranger qui ne fait aucune distinction sur les différents statuts pouvant affecter les étrangers. Un amalgame est créé entre l'étranger légal, illégal et celui qui est de nationalité française ; bref un climat de chasse à l'homme que Patrick Weil résume en ces termes :

> « la loi et surtout la pratique n'ont plus fait de distinction : toute personne désireuse d'entrer en France pour tourisme, affaire, travail, mariage, recherches, asile, regroupement ou visite familiale, était considérée en pratique comme un illégal ou un fraudeur potentiel, soumis à des contrôles d'autant plus systématiques et répétitifs que, la politique de l'immigration nécessitant la coopération de plusieurs administrations, chacune d'entre elles pouvait en bloquer la mise en œuvre, développant ainsi une maladie propre à l'administration de l'immigration que j'ai nommée dans un rapport que j'ai remis en 1997 au Premier Ministre, la "controlite" »[105].

La littérature et le film postcoloniaux traitent de l'enfermement de l'*étranger* en France. Cet enfermement, qui se passe à plusieurs strates de la société, le place sur une position qui rappelle l'indigène de la colonie. Cette indigénisation de l'étranger passe par le déni de sa mobilité sociale, la politique du quota en métropole, la croisade contre la mixité, la mise en place d'un langage juridique ambigu quant au statut de l'enfant né en France de parents étrangers et finalement la transformation du citoyen français en rempart dans la lutte contre l'immigration.

---

[105] Patrick Weil, *La République et sa diversité : Immigration, intégration, discriminations*. Paris : La République des idées, Seuil, 2005, p. 20.

Indigénisation du Français de couleur dans la fiction

Une mobilité sociale impossible

Fatou Diome, dans son recueil de nouvelles intitulé *La préférence nationale*, fustige les lois sur l'immigration passées par la Droite dans les années 1990 parce qu'elles légalisent le délit de faciès et le racisme au niveau de l'emploi en France. Plus spécifiquement, sa nouvelle *Le visage de l'emploi* affaiblit une partie de l'argument de l'article de Didier Lapeyronnie au début du chapitre, « La banlieue comme théâtre colonial, ou la fracture coloniale dans les quartiers » en renforçant la thèse d'une reproduction des rapports maître/esclave ou colonisateur/colonisé. Pour Didier Lapeyronnie, il ne s'agit pas de maintenir une partie de la population dans la subordination et la dépendance. Ce n'est toutefois pas l'avis de la narratrice, fine observatrice de la société française, d'origine sénégalaise et résidente en France, dans la nouvelle *Le visage de l'emploi*. Il lui semble que les travaux qui nécessitent que les employés soient ignorants, sans instruction et peu conscients de leurs droits soient réservés aux étrangers, plus particulièrement les Antillais, les Africains de l'ouest et du nord. Ainsi le confie-t-elle à son lecteur : « Dans ce pays [la France], même les métiers ont des visages. Surtout les plus durs et les plus mal payés. Quand vous entendez un marteau-piqueur, inutile de vous retourner, c'est à coup sûr un noir, un turc, un arabe, en tout cas un étranger, qui tient la manette »[106].

Dans sa pièce *Les négriers*, qui précède le recueil de nouvelles de Diome de quelques décennies, Daniel Boukman, d'origine antillaise, tient un ton plus acerbe que Fatou Diome en dénonçant une nouvelle forme d'esclavage en France dont le peuple antillais fait l'objet. C'est par l'ironie qu'il met l'accent sur la transformation en main-d'œuvre servile du peuple antillais. Dans sa pièce, c'est le personnage nommé Le Représentant, un politicien, qui se charge d'être le porte-parole du projet gouvernemental français visant à recruter les Antillais pour aller travailler en France. Ainsi l'explique-t-il à la population : « Le plan prévoit des besoins voraces de main-d'œuvre pour édifier la Société Nouvelle [post-1945]. Il est donc naturel, économique et politique de puiser dans ces îles aphrodisiaques les énergies humaines, inactives

---

[106] Fatou Diome, *La préférence nationale*. Nouvelles. Paris : Présence africaine, 2001, p. 65.

pour les déverser sur les métropolitaines turbines afin qu'elles tournent, tournent, tournent, tournent, tournent, ... »[107].

L'allusion à l'esclavage dans la pièce se voit de deux façons. D'une part, par le biais du bateau qui transporte les candidats à l'*émigration* vers la métropole. Il évoque les bateaux négriers de la traite des esclaves ; d'autre part, à Paris, par la voix du Représentant qui tient le langage suivant pour faire recruter les volontaires arrivés des Antilles : « Accourrez, accourrez, gentes dames nobles seigneurs accourrez. Marchandises fraîches ! Nègres robustes négresses fécondes négrillons et négrillonnes. Bras solides pour les labours et les moissons »[108]. Cette citation réitère les stéréotypes coloniaux dans la France post-abolition. Les adjectifs « aphrodisiaques » et « inactives » permettent d'établir un lien direct entre le nord africain, l'ouest africain et l'Antillais réputés dans la littérature coloniale pour leur paresse et leur sexualité. En encourageant l'émigration d'Antillais en métropole, le sous-entendu n'est pas de mettre la sexualité des Noirs au profit de la métropole dans un contexte de faible taux de natalité après la 2e Guerre mondiale. Cela serait logique au vu des conséquences de la 2e Guerre mondiale sur la démographie française. Au contraire, dans la pièce, l'intention est de limiter les naissances dans l'île en inculquant une éthique de travail aux Antillais qui puisse mettre fin à leur propension à avoir des familles nombreuses. Comme pour le sujet colonial initié à la civilisation française, il s'agit dans la pièce d'un programme de rééducation des Antillais au sein de la métropole.

La mobilité sociale est difficile à matérialiser non seulement pour les parents venus en France massivement après la 2e Guerre mondiale, mais aussi pour leurs enfants nés en France, y ayant grandi et fréquenté l'école française. Des générations séparées par la langue et la culture se trouvent ravalées au même statut subalterne dans la société française. C'est l'impression du personnage Samia dans *Ils disent que je suis une beurette*. Le roman est révélateur d'un grand nombre d'indices identifiés par certains analystes sérieux de l'immigration pour définir la banlieue :

« familles nombreuses voire très nombreuses vivant dans des logements collectifs exigus, surpeuplés et quelquefois insalubres, ... discriminations

---

[107] Daniel Boukman, *Les négriers*. Paris : Pierre Jean Oswald, 1971, p. 8.
[108] Ibid., p.18.

subies en raison du lieu d'habitat, des pratiques culturelles, ... taux de chômage des jeunes de 16 à 25 ans se situant entre 30 et 40% et pouvant atteindre voire dépasser 50% pour les jeunes issus de l'immigration sortis de l'école sans diplômes ou avec un simple CAP, ... relations ambivalentes aux institutions qui renvoient une image négative de soi (sentiments de dépendance, d'infériorité voire de mépris, de suspicion et de violence vis-à-vis les services sociaux, ... »[109].

Le récit de *Ils disent que je suis une beurette* suit l'évolution de la jeune adolescente Samia jusqu'à l'âge adulte, les conflits identitaires, les conflits avec ses parents *étrangers* culturellement, les conflits avec le système où le préjugé détermine les relations qu'elle a avec le système administratif et une certaine frange de la population française. Ses parents sont d'Algérie, mais la plupart de ses frères et sœurs sont nés en France. L'un des traits les plus frappants dans ce roman est le sentiment d'infériorité intériorisé par Samia dans presque toute l'histoire. Ce sentiment est acquis à l'école où la plupart de ses instituteurs lui réitèrent l'impossibilité de réussir dans la société française. Elle croit qu'il est impossible de décrocher un emploi différent de celui de son père et de sa mère, respectivement ancien travailleur manuel et femme au foyer. Il semble que Samia soit vouée au même destin que ses parents étant donné que l'école républicaine refuse de lui donner les mêmes chances que ses autres camarades de classe français. L'internalisation de l'échec conduit à une rébellion contre le système scolaire et à la production de résultats médiocres. A telle enseigne que, après la 3ᵉ de l'école secondaire, Samia est orientée vers une formation où elle va avoir un certificat d'aptitude professionnelle à la fin. Ce CAP la destine à une carrière de « commerçante ». D'un point de vue socio-économique, cela veut dire que Samia va occuper le même rang que ses parents dans la société. Il y a là suggestion d'une linéarité entre parents et enfants.

Un autre trait frappant est la relation paternaliste qui existe entre les parents de Samia et le système administratif. La jeune protagoniste le découvre quand elle accompagne sa mère pour lui servir d'interprète au niveau de l'administration, apparemment la caisse d'allocations familiales, CAF, pour le remboursement de ses frais médicaux. Nonobstant tous ses pleins droits de réclamer les allocations, le

---

[109] Laurent Mucchielli, « Les émeutes de novembre 2005 : les raisons de la colère », in Sous la direction de Laurent Mucchielli, Véronique Le Goaziou, *Quand les banlieues brûlent*. Paris : La Découverte, 2006, p. 24.

sentiment de culpabilité frappe la mère dont le langage du corps devant l'employée du service sous-entend les rapports entre colonisateur et colonisé. L'employée la tutoie et s'adresse à elle avec mépris. La mère baisse les yeux face aux injonctions de l'employée qui l'infantilise et renforce son statut d'*étrangère* à la société française. L'intervention incendiaire de Samia à la rescousse de sa mère subjuguée sert à laver l'affront fait à cette dernière et à éliminer la dichotomie entre colonisateur et colonisé. Elle plaide pour un respect envers les Français ethniquement différents en validant leur présence sur le sol français. La réponse de Samia à l'employée a une valeur d'éducation : « T'arrives tous les jours à digérer ce que tu bouffes ? Parce que l'argent avec lequel tous les jours tu t'achètes de quoi bouffer pour toi, ton mari et tes adorables bambins, c'est aussi l'argent des Arabes ! Tu te rends compte que grâce à eux, entre autres, tu as un salaire ! C'est aussi eux qui te paient. C'est dur à digérer, hein ? Tu n'as pas l'habitude d'entendre que tu bosses aussi pour des Arabes. Maintenant, de savoir tout ça, t'as pas envie de gerber ? »[110].

Cette citation déconstruit le discours politique généré sur les Noirs et les Arabes selon lequel ces minorités représentent un fardeau pour la France. Maints politiciens français construisent leur popularité en cristallisant les immigrés et leurs familles nombreuses comme une gangrène dont il faut se débarrasser. L'intervention de Samia montre que les immigrés noirs et arabes en France ont autant de droits que les Français en ce sens qu'ils sont producteurs de richesse et payent les impôts. Le discours sur le fardeau que représentent les immigrés rappelle celui qui préoccupe la classe politique française vers la fin du 19e siècle sur l'utilité des colonies. Certains politiques défendent la rupture entre la France et ses colonies comme moyen de remédier aux déficits budgétaires de la métropole.

Enfin le quartier de Samia, le Paradis, concentre en son sein tous les laissés-pour-compte de la société. C'est un quartier habité par des Noirs, des Arabes et des Français très pauvres nommés les « beaufs ». Ces derniers maintiennent en activité le récit culpabilisateur des Noirs et des Arabes en France : familles nombreuses qui profitent du système et dont les enfants refusent de s'intégrer, voleurs des emplois des Français. Ainsi relaient-ils le discours du Front National dont ils attendent d'ailleurs impatiemment le succès politique pour nettoyer la France de ses éléments indésirables. Une compétition s'ensuit entre

---

[110] Soraya Nini, *Ils disent que je suis une beurette*. Paris : Fixot, 1993, p. 201.

les « beaufs », les Noirs et Arabes du quartier, les uns tenant les autres pour responsables de leur pauvreté, les autres voulant quitter le quartier. A ce conflit horizontal, entre personnes du même rang social, Samia propose un conflit vertical, contre le pouvoir, seul moyen pour elle de s'assurer une mobilité sociale. C'est ce qui explique deux réactions de sa part dans le roman. D'une part, le dédain envers le système scolaire qui lui refuse une filière susceptible de lui donner les moyens de quitter le quartier ; d'autre part son sentiment de suicide par le feu, seul moyen d'assurer la disparition irrémédiable de son quartier nommé « le Paradis ». Debout à la fenêtre, ses sentiments rappellent ceux d'Emma Bovary dans *Madame Bovary*, à la différence que les deux voient deux tableaux différents :

> « Je me mets à la fenêtre et regarde toutes ces tours pourries, ce jardin d'ordures, cette cité du désespoir. Là, je prends un immense plaisir à foutre le feu à toutes ces tours. Je commence par le supermarché, puis j'allume les mèches des tours les unes après les autres, sauf la mienne. C'est vraiment le délire. Tout est en flammes sous mes yeux et c'est moi qui ai allumé ce feu de joie. Je ne m'en lasse pas, j'en tire une satisfaction et une grande excitation, comme si tout d'un coup je nettoyais la cité de toute cette crasse. Un Paradis impur n'existe pas normalement »[111].

Ce désir de destruction de la cité qui anime Samia est révélateur de deux éléments. D'une part, que la génération de la narratrice est en rupture avec celle de ses parents dans sa conception de ce que signifie vivre en France. Les parents, dont la mobilité est limitée entre la maison, le café, la mosquée et le lieu de travail, vivent de façon *traditionnelle* à la maison : on parle la langue arabe, on jeûne pendant le ramadan, *inégalités* des rapports entre les hommes et les femmes. Les parents sont rarement en contact avec la société. Quant à Samia, son contact accru avec la société par l'école, les amis, les stages lui permettent de mettre en place un autre type d'aspirations liées à l'espace. Son désir de mettre le feu à la cité est un message politique. Le rasage de la cité est un moyen de mettre fin aux *problèmes* de la cité sur lesquels les politiciens aiment axer leurs campagnes électorales, donc d'éliminer une fois pour toutes la politique du bouc émissaire. Après ces quelques exemples qui explorent les mécanismes sapant les chances de mobilité sociale des parents et enfants

---

[111] Ibid., p. 206.

d'immigrés, j'analyse maintenant d'autres formes d'enfermement qui ont trait à l'appropriation du corps de l'Autre ethniquement marqué. Je mettrai l'accent sur divers aspects des lois Pasqua.

Dans les anciennes colonies françaises, Charles Pasqua est connu pour sa politique d'« immigration zéro ». Ministre de l'Intérieur en 1993, il est l'auteur de plusieurs lois perçues comme une atteinte aux droits de l'Homme. Le terme « immigration zéro » ne laisse aucun doute sur l'intention du ministre de l'Intérieur de pratiquer une politique de blocage vis-à-vis de l'entrée des étrangers en France, des conditions de renouvellement de leur titre de séjour, à l'endroit du concept de la mixité, du statut des enfants nés en France de parents étrangers et enfin de l'étranger effectuant un séjour de courte ou longue durée en France.

La politique du quota et de l'arbitraire

Concernant l'entrée des visiteurs étrangers en France, la procédure de délivrance de certificats d'hébergement avant 1993 est nationalement définie. Les modalités à remplir par la famille d'accueil sont similaires pour tout le monde. A partir de 1993, à travers l'article 5-3, le gouvernement se désengage de ses responsabilités en les transférant au niveau local. Désormais, le pouvoir revient au maire de chaque ville de juger de l'aptitude de la famille d'accueil à effectivement accueillir un invité étranger. Sous Sarkozy, cette politique de décentralisation continue, l'argument avancé étant de faciliter et d'accélérer le traitement des dossiers ayant trait aux immigrés. Plénipotentiaire, le maire a donc la latitude régalienne de refuser d'accorder un certificat d'hébergement s'il juge que l'« étranger ne peut être hébergé dans des conditions normales »[112]. Dans ce contexte où la norme est ambiguë, l'arbitraire devient la norme. Cela veut par exemple dire que le préfet ou le maire d'une ville est susceptible d'interpréter la loi non sur la base de l'objectivité, mais de sa couleur politique. Cette situation politique est dangereuse car nous en avons vu les abus pendant la colonisation où, loin de Paris, les différents gouverneurs français qui ont administré l'Afrique occidentale et équatoriale françaises ont interprété la loi à leur guise. Cela permet la mise en place de niveaux de violence imparables. En France aujourd'hui, implicitement, une politique de quotas méticuleuse

---

[112] Sami Naïr, *Contre les lois Pasqua*. Paris : Arléa, 1997, p. 18.

s'installe et suggère fortement la politique de quotas appliquée pendant l'esclavage. Rappelons que la création des titres de séjour a un lien étroit avec l'esclavage. Vu la situation de panique créée par le nombre croissant d'esclaves noirs entrant en France avec leurs maîtres, les titres de séjour ont été institués dans le but de contrôler le nombre de Noirs qui foulent le sol métropolitain. D'ailleurs, le maître doit avoir des justifications valables pour que l'entrée de son « bien meuble » obtienne un titre de séjour de trois ans renouvelables. Le renouvellement se fait en fonction des bonnes mœurs de l'esclave. En gros, cela dépend de s'il représente une *menace* pour l'ordre public ou pas. Ce langage est important car il est repris tel quel par les lois Pasqua pour renouveler les titres de séjour des étrangers vivant en France.

En outre, les mesures prises dans l'optique de lutter contre l'immigration rendent difficile le distinguo entre l'étranger illégal, le légal, ayant une carte de séjour temporaire, le légal qui est en visite touristique et l'étranger né en France, le citoyen. Il semble que ces mesures soient une porte ouverte au délit de faciès, nouvelle sorte de chasse à l'homme légalisée. En effet, l'article 1er, alinéa 2, de la loi du 10 Août 1993, modifiant l'alinéa 6 de l'article 78-2 du code de procédure pénale annonce que « L'identité de toute personne, quel que soit son comportement, peut être contrôlée, selon les modalités prévues au premier alinéa, pour prévenir une atteinte à l'ordre public, notamment à la sécurité des personnes et des biens »[113]. Cette mesure, qui s'inscrit pleinement dans la lutte contre l'immigration, est susceptible d'affecter les Noirs et les Arabes, du fait de leur différence ethnique. Cette mesure panoptique évoque l'atmosphère qui règne dans l'espace de la plantation et de la ville indigène. Car, souvenons-nous que selon *Le code noir*, l'esclave ne peut quitter la plantation que s'il est muni d'un billet délivré par son maître. En Algérie, dans le douar, le code de l'indigénat impose de même des pièces d'identité à toute personne pénétrant dans la ville coloniale.

L'un des travers de cette loi est qu'elle transforme la métropole en un espace de chasse à l'étranger sur qui pèse le soupçon permanent d'être en situation d'illégalité. C'est dans ce contexte que le narrateur Aziz Kémal est appréhendé par la police dans le roman *Un aller simple*. L'auteur de ce roman, Didier Van Cauwelaert, y pose la question du fondement de la chasse à l'homme en France, de la

---

[113]Ibid., p. 31.

question du statut des enfants d'étrangers et de la médiatisation de la question des immigrés par la Droite à des fins politiques.

En effet, le jeune Aziz a été interpellé par la police lors d'une descente policière. Son statut légal demeure problématique dans la mesure où il est né en France ; ses parents, apparemment d'origine marocaine, sont morts dans un accident de voiture. Tout au long du roman, l'allusion aux lois Pasqua est permanente car le jeune Aziz est apatride. Sa naissance n'est enregistrée ni en France ni au Maroc. Son cas n'est pas résolu à la fin du roman. Du moins, il est résolu par la mauvaise foi. Le narrateur expose le double langage de la Droite politique française qui, soucieuse de monter dans les sondages, cautionne cette « chasse à l'immigré » en la légalisant. C'est ce qu'Aziz apprend par le biais de son ami d'enfance Pignol, policier, qui travaille dans le commissariat où Aziz est détenu en attendant le lancement de la procédure de déportation. C'est là qu'il comprend qu'il n'est que le bouc émissaire des lois Pasqua : « Ils veulent faire un exemple, Aziz. Ils sont obligés de te renvoyer d'où tu viens »[114]. Cette version des faits donnée par un représentant du pouvoir, le policier, est contredite par la version officielle du gouvernement dans le roman. En fait, la déportation des étrangers, qui viole le droit international qui proscrit la déportation tant que la nationalité n'est pas prouvée, est présentée comme positive car, forte d'une mesure d'accompagnement financière, elle consiste à aider les immigrés à retourner dans leur pays respectif, à s'y insérer et à les développer.

La croisade contre la mixité

S'il y a un domaine dans lequel *Le code noir* ne présente aucune ambiguïté, c'est le métissage ou la mixité. La même intention est suggérée dans le projet de loi du 15 juin 1993 donnant plein pouvoir au maire de casser tout mariage qu'il soupçonne de se faire sans réel consentement des deux partis. Le maire peut alors saisir le procureur de tout mariage qui lui semble « susceptible d'être annulé pour vice de consentement »[115]. En gros si le mariage est blanc. C'est la raison pour laquelle l'attribution de la carte de résident fait l'objet d'un retardement. Ce thème revient en force chez Fatou Diome à travers son recueil de nouvelles *La préférence nationale*. Elle y fustige les

---

[114] Didier Van Cauwelaert, *Un aller simple*. Paris : Albin Michel, 1994, p. 41.
[115] Sami Naïr, *Contre les lois Pasqua*. Paris : Arléa, 1997, p. 28.

lois Pasqua qui constituent une machine à casser les mariages mixtes et à créer des clandestins que la police peut désormais chasser sans retenue. Apparemment, le besoin de preuve de la légitimité des mariages mixtes justifie la longueur du temps d'attente, fait qu'elle souligne ironiquement : « Monsieur Passe-Toi [Pasqua] a fixé la règle sans avoir l'air d'y toucher : si vous êtes marié à un ou une Française, nous dit-il, il faudra deux années de baise pour capter l'odeur française, la nationalité. Pour les femmes africaines mariées à des Français, les chances de naturalisation augmentent proportionnellement à l'élasticité de leur utérus, où poussent des fœtus français qui ignorent la préférence nationale »[116].

Cette citation évoque un discours qui perçoit toujours la femme des ex-colonies comme un objet exotique. Le manque de statut provoqué par l'attente de la régularisation n'affecte pas que la femme étrangère, mais aussi l'enfant né en France de parents étrangers. Son statut est déstabilisé par la réforme du code de la nationalité qui est la résultante d'un vieux débat.

Un vieux débat

Les lois Pasqua sont l'aboutissement d'un vieux débat sur la nationalité des enfants d'immigrés qui a recommencé depuis le début des années 1980. Ce débat fut lancé par Alain Griotteray dans son livre *Les immigrés, le choc* où il relance un thème controversé : celui de l'assimilabilité en France des étrangers venus de cultures non judéo-chrétiennes. Avant d'entrer de plain pied dans la question du statut des enfants nés en France de parents étrangers, il est utile de donner un cadre plus large à l'atmosphère légale qui a généré les lois Pasqua.

La controverse sur l'assimilation des étrangers ethniquement différents n'est pas nouvelle. Elle se pose à la veille de l'abolition de l'esclavage quand les passions à l'Assemblée Nationale vont bon train sur l'avenir des îles. Opposés aux polygénistes qui ne voient aucun tronc commun entre la race noire et blanche, les monogénistes, dont l'Abbé Grégoire, prônent une intégration des colonies à la France. Pour ce dernier, l'intégration des anciennes colonies à la France n'est que l'étape initiale de la propagation des *Lumières* non seulement dans

---

[116] Fatou Diome, *La préférence nationale. Nouvelles.* Paris : Présence africaine, p. 75.

les îles, mais aussi dans les nouvelles colonies françaises dont la majorité sont en Afrique de l'ouest et du nord. La diffusion du Christianisme, la promotion de la langue française par la suppression des langues des colonisés sont fondamentales à la pensée assimilationniste.

L'intégration des Algériens à la France fait l'objet de plusieurs débats pendant l'occupation de l'Algérie. Dans la première moitié du 20ᵉ siècle, c'est surtout à la veille de la 2ᵉ Guerre mondiale que la question se pose via la thèse du démographe français Georges Mauco publiée en 1932, *Les étrangers en France : leur rôle dans la vie économique*. Dans cette thèse, il prescrit la sélection ethnique comme modèle de l'immigration française. Sa nomination comme sous-secrétaire d'Etat chargé des services de l'immigration et des étrangers, sous le cabinet de Philippe Serre, lui offre le terrain propice pour matérialiser ses idées. Ses arguments contre l'immigration de certaines races en France sont très proches du discours polygéniste : « Parmi la diversité des races étrangères, il est des éléments [...] (asiatiques, africains, levantins même) dont l'assimilation n'est pas possible, très souvent physiquement et moralement indésirables. Ces immigrés portent en eux, dans leurs coutumes, dans leur tournure d'esprit, des goûts, des passions et le poids de certaines habitudes séculaires qui contredisent l'orientation profonde de notre civilisation »[117]. Clairement, le recours à l'essentialisme pour séparer les races ne fait pas exception chez Mauco. Après 1945, il fait approuver par le Haut Comité de la population et Charles De Gaulle un projet destiné à procéder au recrutement des travailleurs en France sur une base ethnique. Ce projet divise les candidats à l'immigration en *désirables* et *indésirables*. Dans la catégorie des bienvenus, viennent en tête les Nordiques, ensuite les Méditerranéens incluant les Espagnols, Italiens, Portugais, puis les Slaves dont les Polonais, les Yougoslaves et les Tchécoslovaques. Les non invités concernent le reste des Méditerranéens, les Orientaux et les Africains subsahariens, envers lesquels il suggère un contrôle sévère »[118]. Le contexte de la 2ᵉ Guerre mondiale, caractérisé par la promotion des thèses racistes

---

[117] Patrick Weil, *La France et ses étrangers*. Paris : Editions Calmann-Lévy, 1991, p. 38.
[118] Mauco défend ces idées dans un article publié dans un journal qui date de mars 1942, *L'Ethnie française*, dirigé par Georges Montandon, professeur titulaire de la chaire d'ethnologie de l'Ecole d'Anthropologie depuis 1933.

Hitler-Pétain, facilite la codification en loi des idées de Mauco. En 1938, le contrôle politique et policier envers l'étranger devient draconien. Ce dernier doit par exemple aviser les autorités après chaque changement de domicile ou de résidence. Par le décret du 2 mai 1938, le ministère de l'Intérieur peut obliger l'étranger à résider dans tel ou tel lieu ou l'expulser sans motif. Ce qui caractérise ce climat anti étranger est que la loi ne fait désormais aucune distinction entre étrangers réguliers et irréguliers. Une série de mesures menacent la stabilité de celui-ci, à savoir la perte de la citoyenneté française, l'inéligibilité ou l'impossibilité d'accès à certaines fonctions, sauf les usines ou l'armée. Il faut attendre l'ordonnance du 2 mai 1945 pour mettre fin à cette dérive. Par cette loi, la France met fin aux ambitions de Georges Mauco et renoue avec sa réputation internationale de terre d'immigration et d'asile. Par conséquent, *Les immigrés : le choc* d'Alain Griotteray publié en 1984 ne fait que relancer un débat qui se pose à des moments critiques de l'histoire de la colonisation française : à la veille de l'abolition, après l'occupation de l'Algérie, dans la première moitié du 20ᵉ siècle et après la loi du regroupement familial de 1974. Depuis les années 1980, la Gauche au pouvoir n'empêche pas l'émergence d'un discours qui refuse une France multiethnique. Cela peut se juger à la nature draconienne des projets de lois et des lois sur les conditions d'octroi de la nationalité aux enfants nés de parents étrangers sur le sol hexagonal.

La croisade de la Droite politique s'articule autour de l'idée que l'acquisition de la nationalité française ne doit plus se faire dans l'esprit de la loi de 1889, c'est-à-dire le *jus soli* ou droit du sol. Ce processus que les libéraux nomment aujourd'hui nationalité « subie » doit être remplacé par une nationalité « choisie »[119]. L'enfant né en France de parents étrangers est alors mis à l'épreuve de signifier sa volonté de devenir français. La victoire de la Droite aux élections législatives en 1986 se solde par diverses propositions de lois sur la question de la citoyenneté par le Rassemblement du Parti Républicain, le RPR, et l'Union pour la Démocratie Française, l'UDF. La proposition du RPR, parti de Jacques Chirac, est d'abroger le *jus soli* qui existe depuis 1889. Dans cet esprit, le projet d'Albin Chalandon veut que l'enfant manifeste son choix de devenir français. C'est finalement le Conseil de Sages réuni autour de Marceau Long, vice-

---

[119] Patrick Weil, *La République et sa diversité : Immigration, Intégration, Discriminations*. Paris : La Découverte des idées, Seuil, 2005, p. 59.

président du Conseil d'Etat, qui trouve une solution *raisonnable* en stipulant que « le jeune né en France de parents étrangers, sans devenir automatiquement français, [peut] le devenir à l'âge de 16 ans »[120]. Cette loi est une partie intégrante des lois Pasqua de 1993. Ce cadre juridique mis en place, on peut poser la question de savoir comment le code de la nationalité rend ambigu le statut de l'enfant né en France de parents étrangers.

L'enfant né en France de parents étrangers

Dans la foulée des réformes des lois de l'immigration des années 1990, l'enfant né en France de parents étrangers se voit enfermé dans un vide juridique qui rappelle le statut des indigènes pendant la colonisation. Dans les colonies, en Algérie ou au Sénégal par exemple, seule une minorité a accès à la citoyenneté française. Le gros de la population a seulement la nationalité française. Ceci est un point amplement développé dans les chapitres précédents où je signale que le fait d'avoir la nationalité dans les colonies a un sens juridique vide en ce sens que ce statut tatoue l'indigène comme étant une propriété française. L'abrogation du *jus soli*, par lequel l'enfant né en France de parents étrangers devient automatiquement français, disparaît pour laisser la place à un statut difficile à cerner. En effet, l'article 44 du code la nationalité « supprime l'acquisition de la nationalité française à l'enfant »[121]. A sa majorité l'enfant peut faire sa demande de nationalité, à la seule condition que son casier judiciaire soit vierge. L'acquisition de la nationalité devient problématique si ce dernier a auparavant écopé d'une peine de prison supérieure à six mois. Dans ce sens, la menace qui pèse sur l'enfant né en France est la même que celle qui pèse sur l'immigré ou l'étranger vivant en France légalement, à savoir la déportation. Bien plus, ce sursis sous la forme de l'octroi conditionnel de la nationalité est similaire au statut de l'esclave qui arrive en France avec son maître. Dès qu'il met les pieds en France, son corps est automatiquement approprié par l'Etat. Cette gestion se concrétise par l'attribution d'une carte de séjour d'une durée de trois ans renouvelables, à la condition que l'esclave n'ait aucun problème avec la loi. Autrement, sa demande de renouvellement est refusée, et ce refus est suivi d'une invitation à

---

[120] Ibid., p. 60.
[121] Ironiquement, l'article 44 du *Code noir* stipule que l'esclave est un bien-meuble.

quitter le territoire, IQT, refoulement vers les îles où l'esclave retrouve son ancienne condition.

Dès lors que les enfants n'ont plus de statut, les parents, qui avant 1993 peuvent avoir la nationalité française par double *jus soli*, se trouvent aussi dans une situation instable. Eux, qui ne sont pas nés en France, sont sans statut et se trouvent dans la position d'individus clandestins, et peuvent donc être expulsés. La déstabilisation des familles par le rapatriement des parents ne rappelle-t-elle pas la brisure de l'unité familiale qui commence sur le marché des esclaves ? Dans le code de l'indigénat, que dire de la déportation hors de leur colonie de naissance des indigènes condamnés à des peines d'emprisonnement supérieures à trois ans ? Sami Naïr souligne cette destruction de l'unité familiale consécutive aux lois Pasqua :

« L'unité de la vie familiale comme les droits de l'Homme sont ici méprisés. Des familles entières sont divisées, parfois définitivement. Le cas type est celui décrit par Michel Creoff, inspectrice à la DASS : les parents sont convoqués à la préfecture pour être soit disant "régularisés". Là, ils sont immédiatement placés en rétention administrative. Au sortir de l'école, les enfants que personne ne vient chercher sont placés à la DASS par la préfecture. Le juge doit décider du départ ou du placement de l'enfant au moment de la reconduite à la frontière des parents »[122].

La destruction de l'unité familiale semble une politique délibérée dans trois contextes différents : celui de l'esclavage, de la colonisation et de l'immigration en France. Les lois Pasqua placent l'étranger, l'immigré vivant en France et l'enfant né en France dans un statut bâtard, à l'image du métis dans la plantation qui ne devient citoyen qu'à la mort de son père blanc. Le ministre Jean-Louis Debré, qui prend la relève de Charles Pasqua, avance en mars 1996 un projet de lois finalement rejeté du fait de son caractère extrême. Si seulement une partie de ces lois est conservée, il n'en demeure pas moins qu'elle instaure un climat de délation.

Le retour de la délation ?

Le projet de lois Debré, inspiré d'un rapport nommé le rapport Philibert, transforme l'étranger temporairement présent sur le sol

---

[122]Sami Naïr, *Contre les lois Pasqua*. Paris : Arléa, 1997, p. 101.

français en suspect permanent, agent pathogène dans l'organisme de la France. On peut analyser quelques aspects de ce projet.

Le rapport Philibert veut articuler par la loi tout un ensemble de stéréotypes divulgués sur les étrangers, en particulier ceux venant d'Afrique. L'idée est que l'étranger veut pleinement profiter de l'Etat providence, sans rien offrir en retour. Ce stéréotype qui prend de l'ampleur depuis les années 1980, est un leitmotiv chez beaucoup de politiciens en France et ailleurs. L'on se souvient par exemple du président Ronald Reagan élu en 1980 qui, durant sa campagne électorale, articule son programme social sur une croisade contre les *Welfare Queens* [les reines de l'Etat-providence]. Cette expression criminalise aux yeux du public les femmes noires américaines qui ont la réputation de faire beaucoup d'enfants et de se débarrasser du père pour avoir droit aux allocations. Ce stéréotype sur la femme noire, qui met en exergue la pauvreté et non les raisons de la pauvreté, est construit dans le but de légitimer toutes les mesures punitives à l'endroit d'un segment de la population. En France, en ce qui concerne les étrangers, le rapport Philibert prévoit par exemple de limiter leur accès à l'aide médicale hospitalière.

Sur le plan économique, l'étranger est nuisible en ce sens qu'il est une menace pour le marché du travail. Le rapport Philibert prône des descentes intempestives de la police dans les locaux de travail dans l'optique d'arrêter les travailleurs illégaux. Dans ce processus, la double peine se met en place. D'une part, le clandestin qui est déporté. D' autre part, l'employeur français qui embauche un clandestin s'expose à des peines sévères. Aujourd'hui, sous Sarkozy, l'idée est même émise de récompenser le travailleur clandestin qui dénonce son passeur. Cette idée est bien intéressante car elle est symptomatique de la mentalité avec laquelle l'Occident attaque le problème de l'immigration de manière superficielle. L'on ne se pose guère de questions sur les raisons structurelles qui justifient le départ des émigrés de leur propre pays, ces raisons étant l'exploitation du sud par le nord, la disparité voire injustice dans la distribution des ressources entre nord et sud, le néocolonialisme caractérisé par la sous-traitance des intérêts du nord par les dirigeants du tiers-monde.

Si une partie du projet des lois Debré n'est pas adoptée, il n'empêche que le climat policier sur le territoire national demeure, à en juger les mesures prises à l'endroit des certificats d'hébergement. Sous Pasqua, le maire peut refuser de viser un certificat d'hébergement s'il juge que l'étranger ne peut être accueilli dans de bonnes conditions. Avec Debré, l'hébergeant est transformé en relais de la police. Son refus de coopération peut conduire à une sanction contre lui. D'après les lois Debré, « L'hébergeant est obligé d'informer la mairie de sa commune du départ de son invité. Si les demandes précédentes de l'hébergeant font apparaître un détournement de procédure ou si celui-ci n'a pas informé la mairie, alors le maire peut refuser de signer un nouveau certificat d'hébergement »[123]. Cette loi est une version atténuée car le rapport Philibert prévoit une sanction contre l'hébergeant.

Cette transformation de l'hébergeant en policier trouve bien sa place pendant l'esclavage, la colonisation et la 2e Guerre mondiale pendant l'Occupation, par rapport aux fugitifs ou aux *étrangers* pénétrant l'espace contrôlé par le colonisateur. Par exemple, l'article 39 du *Code noir* interdit à toute personne affranchie d'abriter un esclave fugitif, sous peine de sanctions financières. De même pendant la colonisation, le code de l'indigénat interdit la présence non déclarée de tout *étranger* dans un douar. C'est un acte délictueux. Ceci implique que l'habitant d'un douar se voit pris dans une politique de délation forcée, d'autant que le code de l'indigénat stipule la condamnation de toute personne refusant de dénoncer tout crime ou délit. Un climat similaire règne pendant la 2e Guerre mondiale où nombre de Juifs sont signalés par des Français aux Allemands qui les acheminent en masse vers les camps de concentration.

A la lumière des exemples tirés de romans, de pièces de théâtre et de films, on remarque que la littérature ou le cinéma ne vivent pas hors du temps. Bien au contraire, ils mettent en exergue le traitement dont l'Arabe et le Noir font l'objet. Ce traitement, fait de ségrégation et de discrimination quotidiennes[124], partage bien des traits avec un passé lointain et récent : l'esclavage et la colonisation. A telle enseigne que la question est posée par les descendants d'esclaves et de colonisés de savoir s'ils ne sont pas les nouveaux « Indigènes de la République ». L'analyse de quelques films produits par des réalisateurs africains nés en France permet de donner plus de pesanteur à cette expression. Les stéréotypes que l'on entend aujourd'hui sur les Noirs et les Arabes ne sont pas nouveaux. D'une part, leur résurgence dans la littérature et le cinéma postcoloniaux atteste des limites de la décolonisation. Un tel tournant politique dans

---

[123]Ibid., pp.112-13.
[124] Nombre de contrôles d'identité se font sur le faciès.

les rapports entre la France et ses anciennes colonies n'est que symbolique. D'ailleurs cet argument est fragilisé par la thèse du néocolonialisme. D'autre part, la reprise de stéréotypes n'est que le recyclage d'une imagerie héritée des discours qui générèrent l'esclavage et la colonisation. La filiation est évidente entre certaines pratiques du passé et du présent. Ces stéréotypes refont surface ou sont recyclés dans le discours politique sur un espace bien délimité : la banlieue.

Chapitre V :
DISCOURS SUR LA BANLIEUE

En France la perception que l'oeil profane a du *banlieusard* n'est plus à conter. Communiquant différemment de par son langage et sa tenue vestimentaire, le banlieusard est narré comme un individu aux antipodes de la projection bourgeoise du citoyen modèle, du normal. Avec du recul, on peut voir comment le code social d'aujourd'hui est l'émanation de l'habitus bourgeois issu de la Révolution de 1789. Cet habitus est l'ensemble des valeurs de la noblesse que la bourgeoisie fait tomber en 1789 par sa coalition avec le Tiers état. Comment penser, comment s'habiller, quelles règles adopter pour réussir dans la société relèvent de codes imposés par une minorité et naturalisés par une majorité sur la longue durée. Dans ce sens, le comportement du rappeur est perçu comme anticonformiste voire sauvage, dirigé contre l'Establishment.

   Assimilé à la banlieue peuplée en majorité de descendants d'esclaves d'origine antillaise, de colonisés et d'immigrés d'origine ouest africaine et nord africaine, l'histoire du banlieusard est aujourd'hui officiellement relatée par deux groupes. D'un côté, le sociologue et le spécialiste qui essayent de sonder les maux des banlieues et proposent des solutions constructives. Citons par exemple Maffesoli et Sayad dont la contribution pour une vraie intégration est rarement égalée ; d'un autre côté le politicien et les médias qui, depuis presque trois décennies, tiennent les banlieues otages d'une interprétation destructive et d'une presse qui criminalise leurs habitants. Cette criminalisation crée un fossé au sein de la république, fossé qui fait recette pour le politicien lors d'élections municipales, régionales ou présidentielles. Un parallèle frappant peut se faire entre leur façon de narrer le banlieusard et la façon dont les explorateurs des siècles passés parlent des Africains : le manque d'objectivité qui est la marque patente d'un discours singulièrement biaisé. Cette carence en objectivité est étendue à l'esclave dans la plantation et au colonisé dans la ville coloniale. Il serait surprenant, voire choquant, pour le Français contemporain d'apprendre que dans le récit national français, aux yeux du politicien, l'esclave, le colonisé et le banlieusard occupent la même place. Au 17ᵉ siècle, l'Africain est un être à sauver par l'esclavage. Après l'esclavage, il est un être à incorporer à la nation par la civilisation. Dans l'optique de la mission civilisatrice définie lors de la Conférence de Berlin, le Noir et l'Arabe sont à ramener à la civilisation. Aujourd'hui, il suffit de faire une analepse sur les propos de l'actuel Président de la République Sarkozy pour soupçonner qu'il voit le banlieusard comme un être à civiliser. Ce concept doit se matérialiser par une présence très visible de l'Etat dans les cités. Cette idée est un euphémisme. La visibilité de l'Etat dans les banlieues signifie le quadrillage des cités par la police, contrôlant les entrées et les sorties, faisant des mandats de perquisition dans les familles à n'importe quelle heure, bref terrorisant les populations au nom d'une politique de reconquête des banlieues. Ce pouvoir plénipotentiaire est le mandat que reçoit la police avec Sarkozy comme ministre de l'intérieur et aujourd'hui comme président. Il en découle des violences physique et symbolique qui marquent les mémoires à jamais. Si ce mode de gestion rappelle les plantations, il rappelle aussi les colonies pendant le code de l'indigénat. Dans toutes les colonies, la visibilité de l'Etat par son armée s'intensifie en fonction des demandes pressantes d'indépendance des colonisés. Le cas algérien, entre 1954 et 1962, est plus qu'édifiant. Donc, un recul de quelques siècles permet de constater que le Français ethniquement marqué occupe toujours une position d'extranéité par rapport à la nation. Les conditions de son appartenance à la nation sont unilatéralement imposées de l'intérieur par le politique. L'ex-esclave, le colonisé et le banlieusard sont soumis à « une posture idéologique favorable à une définition homogène culturellement de la nation »[125]. Appartenir à la nation donc, en être partie intégrante, équivaut à nier toute singularité culturelle.

Ces parallèles entre le passé et le présent permettent au lecteur de lire une constance dans le discours républicain sur l'esclave, le colonisé et le banlieusard qui, selon maints indicateurs, vit en situation de colonisation interne. Dans la plantation, ce discours est identifié comme un *leurre* dont le but est, selon Edouard Glissant, de cacher la réalité de la plantation. La littérature bourgeoise de la plantation, les récits des voyageurs aux Antilles françaises et en Afrique s'inscrivent dans cette dynamique. Cette politique ne s'arrête pas à la deuxième

---

[125] Abdellali Hajjat, *Immigration postcoloniale et mémoire*. Paris : L'harmattan, 2005, p. 32.

proclamation de l'esclavage en 1848. En effet, de la deuxième moitié du 19ᵉ siècle jusqu'à aujourd'hui, prolifère un discours dans l'imaginaire occidental qui légitime la mission civilisatrice. Dans le domaine de la littérature, Pierre Loti, Jules Verne et Hergé sont quelques indices du rôle proactif de la littérature dans la légitimation de l'œuvre coloniale. De même, le discours politique et pseudoscientifique tend dans un sens similaire. La classe politique incorpore dans sa perception du monde la théorie de la hiérarchie des races dont un des muezzins fut Gobineau.

Aujourd'hui, dans la France postcoloniale, un discours de ce genre resurgit par le biais des acteurs du présent : le politicien et les médias. La campagne présidentielle de Nicolas Sarkozy, à y voir de plus près, recycle des stratégies de division du passé en utilisant les Français ethniquement différents comme boucs émissaires pour justifier les problèmes économiques et identitaires de la France actuelle. Cette rhétorique lepénienne est recyclée par Sarkozy pour fuir le débat sur les inégalités sociales qui a reculé depuis la fin des Trente Glorieuses. Au lieu d'y voir le plein échec de la politique des gouvernements successifs vis-à-vis de la lutte contre la pauvreté, l'interprétation de la Droite

« ethnicise les relations sociales, en affirmant qu'il existe un "problème de l'immigration", que la solution est "culturelle" (version euphémisée pour ne pas dire raciale) donc que la culture des "étrangers" (des Maghrébins) pose problème ou reste un obstacle à la cohésion nationale. Les problématiques d'inégalités économiques et sociales sont occultées pour concentrer l'attention uniquement sur le caractère "ethnique" des populations à intégrer. Parler en termes d'intégration "culturelle" a des conséquences politiques importantes car cela contribue à déplacer le conflit de classe vers les zones d'ombre dangereuses de l'ethnicisation des relations sociales »[126].

Pour Hajjat, le Français ethniquement différent est transformé en bouc émissaire par le discours sarkoziste afin que le public donne licence à ses propositions de réforme des banlieues. Cette stratégie est aujourd'hui manifeste chez les politiciens, créant un fossé entre Français surtout à la veille d'élections. Le terme *Français de souche*, par exemple, est l'incarnation de l'idée selon laquelle une frange de la population, sauf pendant des moments tragiques comme les guerres

---

[126] Ibid., p. 51.

mondiales ou des moments d'euphorie comme la Coupe du monde de 1998 ou les Jeux Olympiques où la République a besoin de sa contribution, n'est pas perçue comme faisant pleinement partie de la nation française. Dans *Du racisme français*, Odile Todner développe comment, sous prétexte de défendre la liberté d'expression, la classe politique devient le vecteur d'un discours qu'elle nomme *négrophobie*. J'analyserai comment cette rhétorique se cristallise à travers la manière dont la classe politique a géré la "crise des banlieues" de novembre 2005.

Novembre 2005 : tel père, tel fils !?

Pour commencer, un rappel laconique du contexte de la *crise* des banlieues. Les évènements se passent en novembre 2005, sous le deuxième mandat présidentiel de Jacques Chirac dont le chef du gouvernement est Dominique de Villepin et le ministre de l'Intérieur Nicolas Sarkozy. C'est ce dernier qui est appelé à gérer la crise. Ma préoccupation est de suivre comment, malgré les contradictions dans la narration de l'histoire, cette crise fait partie des éléments qui installent Sarkozy à l'Elysée.

En 2005, les émeutes qui ont lieu de façon synchronique dans différentes villes de l'Hexagone ne sont guère une révélation. Par contre, dire que celles de novembre 2005 sont les plus médiatisées de l'histoire française des 30 dernières années est un argument défendable. La circulation des nouvelles dans notre ère informatique accélère la diffusion des émeutes, mettant à nu le "problème" de la France avec ses minorités les plus visibles, et provoque des réactions de compassion ou d'antipathie en Europe et outre-Atlantique.

Ce que l'audience internationale ignore, c'est que les émeutes de 2005 ne sont pas une première. Depuis le début des années 1980, l'éclatement diachronique de plusieurs émeutes sur le territoire français permet de prévoir celles de novembre 2005. Parmi les plus saillantes, celles de juillet 1981 à Vénissieux, en banlieue lyonnaise qui se soldent par la mise à feu de plus d'une centaine de voitures, celles de la cité des Fontenelles à Nanterre en septembre 1995, celles du quartier Saint-Jean à Châteauroux en mai 1996, celles de Dammarie-les-Lys en Seine-et-Marne en décembre 1997, celles du Mirail à Toulouse en décembre 1998, celles de Vauvert dans le Gard en mai 1999, celles de Vitry-Sur-Seine en décembre 2001, celles des

Mureaux dans les Yvelines en janvier 2002, et celles du quartier de Hautepierre à Strasbourg en octobre 2002.

Même si cette liste n'est pas exhaustive, elle permet toutefois au lecteur de faire quelques rapprochements. D'une part, les crises peuvent être perçues comme une preuve supplémentaire du refus d'intégration de certaines minorités. D'autre part, elles peuvent servir à mesurer l'action des pouvoirs publics dans leur volonté de mettre en place une vraie politique d'inclusion de certaines minorités dans le corps social. A travers les crises, il est tentant d'y lire la manifestation patente d'une négligence constante des dirigeants quant à la question des minorités. Car les "Arabes" ou les "Noirs" sont les ethnies dominantes dans la plupart des quartiers qui font la une des journaux. Il y a évidemment échec dans la mise en place d'une politique de la ville qui donne à l'intégration son vrai sens dans la devise française. Depuis 1981 qui a témoigné des premières grandes émeutes, à cette aspiration est substituée la mise en place d'un appareil répressif avec pour mission de prévenir ou de réprimer les violences urbaines. L'explication des raisons de la crise par Sarkozy se fait dans une tradition du ''leurre'', de désinformation donc, qui légitime l'usage de la force pour y remédier.

Contrairement aux commentaires de Sarkozy sur les chaînes nationales, il ressort que les jeunes électrocutés sont morts parce qu'ils voulaient échapper à un contrôle d'identité dont maints Français ethniquement différents font l'objet quotidiennement[127]. Les versions de Sarkozy mettent la responsabilité sur les victimes qui seraient des délinquants coupables d'une tentative de cambriolage ; l'autre version est qu'ils auraient commis un viol dans une cabane de chantier. Dès lors, cette interprétation de la vérité disculpe les forces de l'ordre qui étaient impliquées dans cet accident et les transforme en héros. Cette technique de propagande qui transforme l'Autre en délinquant, ennemi du peuple ou terroriste, n'est pas nouvelle. Pendant l'esclavage, les marrons sont labellisés comme terroristes. Tel est aussi le cas pour les sujets colonisés qui remettent en question l'hégémonie du colonisateur. En fonction du degré de contestation, le " délinquant " se voit affligé d'une peine qui peut aller jusqu'à la mort. Par exemple, pendant la guerre d'Algérie, le colonisé qui prend part à la résistance

---

[127] Ce type de contrôle au faciès, nommé *racial profiling*, est illégal aux Etats-Unis, exception faite de l'Arizona dont le gouverneur vient de passer une loi autorisant le délit de faciès à l'endroit des Latinos.

contre les Français ou soutient les résistants de quelque manière est sévèrement puni. Le discours de Sarkozy criminalise d'emblée les banlieues qu'il peint comme des « zones de non-droit », contrôlées par des « mafias » et qu'il s'agirait de « reconquérir ». « Ce discours tenu depuis une quinzaine d'années par une partie de la hiérarchie policière et repris par une quasi-totalité des journalistes et des responsables politiques, ne correspond pas à la vie quotidienne de ces quartiers »[128]. Par conséquent, le banlieusard est présenté comme externe aux idéaux de la nation française à laquelle il faudrait le ramener. Dans son article « Novembre bleu », Dominique Folscheid va jusqu'à suggérer un mode d'emploi pour identifier le banlieusard :

> « A quoi les repère-t-on ? D'abord à leur plumage et à leur ramage. Ils portent des sortes de culottes qui leur pendent sur leurs fesses, des sweats informes (si la capuche est mise, fuyons !), ... Leurs phrases, réduites à des éructations violentes, sont des collages de mots privés d'articulation. Au sein de ces bribes élocutoires reviennent sans arrêt les mêmes termes : "putain", "baiser", "niquer", "bâtard", "bouffon", etc. Les mots en verlan nous échappent souvent (mais on pourrait croire qu'ils se disputent et qu'ils vont en venir aux mains sous peu : pas du tout, ils discutent »[129].

La subversion de la langue française placerait le banlieusard en situation de déficience, tel un enfant qui en est à ses balbutiements linguistiques. Réduire le parler de certains banlieusards, le verlan, à des bribes sous-entend un rapport entre ce style de langue et le terme français *petit nègre* qui, pour le colonisateur, connote la non-maîtrise ou l'impossibilité de maîtriser la langue française par le colonisé. Pendant la *crise*, Sarkozy reprend à son compte les stéréotypes véhiculés sur les banlieusards durant les décennies passées. Ses différentes allocutions devant l'Assemblée nationale se rattachent à l'unité discursive visant l'adhésion de l'opinion publique, dont celle-ci : « 75% à 80% des émeutiers interpellés sont des délinquants bien connus » ; ou que les émeutes traduisent « la volonté de ceux qui ont fait de la délinquance leur activité principale, de résister à l'ambition

---

[128] Mohammed Marwan, Laurent Mucchielli, « La police dans les "quartiers sensibles" : un profond malaise », in *Quand les banlieues brûlent... Retour sur les émeutes de novembre 2005.* (Sous la direction de Laurent Mucchielli et Véronique Le Goaziou) Paris : La découverte, 2006, p. 100.

[129] Dominique Folscheid, « Novembre bleu », in *La République brûle-t-elle ? Essai sur les violences urbaines françaises.* Paris : Editions Michalons, 2006, p. 166.

de la République de réinstaurer son ordre, celui de ses lois dans le territoire »[130]. Les émeutiers deviennent des ennemis de la République, raison pour laquelle la Gauche française et la population ne s'élèvent pas contre le déploiement de « 11.500 policiers et gendarmes mobilisés, appuyés de 7 hélicoptères de la sécurité civile et de la gendarmerie, équipés de projecteurs et de caméras, survolant certaines zones pendant des nuits entières »[131]. Cette transformation de certains espaces en champs de bataille fait appel à un passé colonial récent : l'Indochine ou la guerre d'Algérie. L'intention d'éliminer l'ennemi justifie la prise de mesures qui sont de mise pendant l'esclavage dans la plantation, ou dans la ville coloniale pendant la colonisation. Ces mesures vont de l'interdiction de la mobilité des esclaves ou des colonisés à la violation de leur espace privé. L'Etat d'urgence du 8 novembre 2005 sur le territoire métropolitain a forcément des implications sur la vie d'une certaine partie de la population française. Il est une extension de l'application d'une loi datant du 3 avril 1955, un an après le début de la guerre d'Algérie[132]. Cette loi donne les pleins pouvoirs aux préfets « d'interdire la circulation des personnes et des véhicules à certaines heures et sur certains territoires, de prononcer la fermeture provisoire de certaines salles de spectacle et de débits de boissons, d'interdire des réunions, d'assigner à résidence certaines personnes et d'effectuer des mandats de perquisition de nuit et de poursuivre à l'intérieur des résidences les suspects en fuite »[133].

La stratégie du « leurre » dans l'interprétation de la crise par Sarkozy va plus loin lorsque ce dernier se lance dans une essentialisation du mouvement non seulement à Paris, mais aussi dans toutes les autres grandes villes où les émeutes se passent

---

[130] Ces rapports fournis par l'AFP du 15 novembre sont repris dans un article de Laurent Mucchielli, avec la participation de Abderrahim Ait-Omar, « Les émeutes de novembre 2005 : les raisons de la colère », in Mohammed Marwan, Laurent Mucchielli, « La police dans les "quartiers sensibles" : un profond malaise », in *Quand les banlieues parlent ... Retour sur les émeutes de novembre 2005*. (Sous la direction de Laurent Mucchielli et Véronique Le Goaziou), Paris : La découverte, 2006, p. 17.

[131] Ibid., p. 9.

[132] Je m'abstiens d'entrer dans le débat quant à savoir si c'est une guerre civile ou une guerre d'indépendance.

[133] Laurent Mucchielli, avec la participation de Abderrahim Ait-Omar, « Les émeutes de novembre 2005 : les raisons de la colère », in Marwan Mohammed, Laurent Mucchielli, op. cit., p. 9.

synchroniquement comme Lille, Toulouse, Rennes, Strasbourg, Roubaix, Rouen et Bordeaux. La sédimentation de la banlieue dans l'imaginaire collectif français comme « espace à reconquérir » pour la République fait de tout banlieusard un danger potentiel. Cette démarche ouvre une libre voie au délit de faciès qui permet à Sarkozy d'enclencher subtilement sa campagne présidentielle de réformes de la politique de l'immigration. Les étrangers séjournant légalement en France, pour diverses raisons, sont sous plusieurs menaces. En effet, par la loi du 9 novembre 2005, Sarkozy étend la punition aux étrangers en ordonnant leur expulsion hors du territoire s'ils sont *pris* dans les violences urbaines. L'exploit du ministre de l'Intérieur est d'avoir relancé un vieux débat sur la possibilité d'intégrer les Français à origine ethnique non européenne. Ce type de Français se trouve incarcéré dans un discours culturel qui le façonne comme un élément inassimilable. Les propos de Sarkozy ne laissent aucun doute : « [Ces émeutiers] sont tout à fait juridiquement français. Mais disons les choses comme elles sont : la polygamie et l'acculturation d'un certain nombre de familles font qu'il est plus difficile d'intégrer un jeune originaire d'Afrique noire qu'un jeune Français d'une autre origine »[134]. C'est une telle interprétation de la réalité qui permet à Sarkozy de matérialiser son projet d' « immigration choisie » une fois qu'il a été élu Président. D'autre part, sur le plan national, sa rhétorique sécuritaire ouvre la voie à la création de lois qui transforment les banlieues en espace panoptique. Par exemple, les regroupements de jeunes dans les halls d'immeubles sont interdits ; la surveillance constante des banlieues se fait sous l'œil de caméras sensées dissuader tout acte illicite. Comme dans la prison, le sentiment chez le banlieusard d'être observé constamment est supposé conduire ce dernier à se surveiller et à produire un comportement de « citoyen modèle ».

Au final, contrairement aux attentes de divers critiques, la résolution de la crise ne s'effectue pas sur la base d'une vraie recherche de solutions structurelles qui attaquent le mal à la racine. Le mal, ce n'est pas le banlieusard qui casse, mais les conditions de vie qui le placent dans une dynamique où l'acte de casser génère un

---

[134] Ces propos sont tenus dans une interview de Nicolas Sarkozy, le 17 novembre 2005, dans l'*Express*. Ils sont repris par Nasser Demiati dans son article « Nicolas Sarkozy, ministre de l'Intérieur et pompier-pyromane », in Laurent Mucchielli et Véronique Le Goaziou, p.70.

signifié autre. Le verbe « casser » devient sémantiquement productif. C'est un langage et un rappel que la banlieue lance à une France qui, au vu du traitement de certaines minorités, trahit les valeurs fondamentales de 1789. La liberté, l'égalité et la fraternité sont lettres mortes pour une partie de la population française. De façon littérale, le banlieusard qui casse est présenté comme un être déficient. Criminalisé, son espace devient plus réduit, à l'image de la plantation ou plus récemment de la ville coloniale sous le quadrillage de l'armée. La carte blanche dont les forces de l'ordre disposent traduit l'intention du politique d'aborder la question avec une mentalité coloniale. Pendant la colonisation française, la force est la langue de résolution des crises qui opposent colonisateur et colonisé. Les massacres de Thiaroye au Sénégal en 1944 et de Sétif en 1945 en Algérie en sont une illustration péremptoire. Car dans les deux cas, des colonisés qui manifestent pour réclamer leurs droits sont massacrés par l'armée française. Une analyse postcoloniale de cette crise permet de voir que ces massacres étaient *nécessaires* à une époque où le cri de liberté des colonisés pour l'indépendance s'amplifiait. Le colonisé devient un terroriste potentiel et les représailles collectives vont bon train.

Suivant le raisonnement de Foucault dans *Surveiller et punir*, la révolte des banlieusards est légitime. Il y a une relation d'équivalence sur la longue durée entre différents épisodes de révolte dans l'histoire française et celles des banlieues. Foucault nomme *illégalismes populaires* « tous les mouvements qui, depuis les années 1780 jusqu'aux révolutions de 1848 entrecroisent les conflits sociaux, les luttes contre les régimes politiques, la résistance au mouvement de l'industrialisation, les effets des crises économiques »[135]. Ces moments sanctionnent des rituels de prise de parole où les subalternes s'insurgent contre la dictature qui des nobles qui de la bourgeoisie. On peut étendre ces moments de révolte à l'esclavage, à la colonisation et à la France postcoloniale vu la similarité dans les formes d'expression des subalternes. Le peuple se révolte par « le refus de l'impôt, de la conscription, des redevances, des taxations ; la confiscation violente des denrées accaparées, le pillage des magasins et la mise en vente autoritaire des produits au « juste prix », les affrontements avec les représentants du pouvoir »[136]. Dans les colonies françaises, les

---

[135] Michel Foucault, *Surveiller et punir. Naissance de la prison*. Paris : Gallimard, 1975, p. 318.
[136] Ibid, p. 319.

colonisés utilisaient les mêmes formes de lutte pour dénoncer les mêmes injustices. En novembre 2005, les émeutes sont donc en continuité avec les mêmes *illégalismes populaires* dont le peuple français fait montre au 18ᵉ et au 19ᵉ siècle. La France des banlieues, pauvre, citoyenne à part entière, prend la parole pour dénoncer une injustice systémique.

En novembre 2005, face à la crise, le pouvoir réagit avec la même violence dans les banlieues où les policiers « opèrent à l'évidence dans une logique de punition collective et aveugle, et non d'arrestations ciblées. Objectivement, tout adolescent ou jeune adulte est directement menacé par les policiers »[137]. Cette chasse au banlieusard est la manifestation d'une « négrophobie » et d'une « arabophobie » orchestrées par le politicien. Cette phobie du Français ethniquement différent se trouve articulée chez trois hommes politiques des plus connus. Léon Blum, Jacques Chirac et Nicolas Sarkozy reproduisent un discours de racine unique »[138] qui a caractérisé le contact entre la France et ses colonies pendant des siècles, et aujourd'hui entre la France et ses ex-colonies. Ce rapport est basé sur le prédicat incontesté de la supériorité de la culture et de la civilisation françaises sur celles de ses anciennes colonies. La négrophobie de Blum se définit dans un contexte colonial alors que celle de Chirac et de Sarkozy sont articulées dans un contexte postcolonial, à un âge où la sensibilité et la passion que génère le débat sur l'Etat-nation et la race dans le monde nécessite plus de clairvoyance et de compassion de la part du politique. L'élection de Nicolas Sarkozy comme président de la République n'est pas surprenante. Dans des contextes international et national opportuns, l'ancien ministre de l'Intérieur maintenant président a trouvé la bonne formule pour être élu. En cela se révèle le génie politique. Mais, la passion pour les implications de son programme politique oblige tout regard objectif d'opérer un retour dans le temps afin de mieux l'interpréter. Prise dans la ferveur de sa campagne présidentielle, la majorité des Français adhère à une

---

[137] Mohammed Marwan, Laurent Mucchielli, « La police dans les "quartiers sensibles" : un profond malaise », in Sous la direction de Laurent Mucchielli et Véronique Le Goaziou, p. 109.

[138] J'emprunte ce terme à Glissant dans *Poétique de la Relation*. Selon lui, la *racine unique* est le mode sous lequel les civilisations européennes se sont propagées dans le monde : l'esclavage, la colonisation et le néocolonialisme aujourd'hui en sont la manifestation. La *racine unique* se propage en détruisant tout ce qui est différent sur son passage, imposant la pensée unique.

interprétation des plus dangereuses de l'Etat-nation. Comme le montrent beaucoup d'analyses, la campagne présidentielle divise la France, monte les communautés les unes contre les autres, sur des bases de race et de classe. Ces deux éléments complexifient le schéma classique de lecture du discours sur l'immigration. Le stéréotype selon lequel tous les Français Blancs seraient contre l'immigration n'est simplement pas vrai. Il y a des Français « de souche » qui sont pour ou contre, tout comme il y a des Français « de couleur » qui sont pour ou contre. Le statut et le niveau social intervenant, il y a bien des Noirs et des Arabes qui adhèrent au discours sarkoziste contre l'immigration. Les cas les plus patents sont l'artiste Faudel et la politicienne Rama Yade. Ils ont tous deux des origines africaines. Faudel aux origines algériennes fait une prestation sur les Champs Elysées lors de la victoire de Sarkozy aux élections présidentielles. Yade aux origines sénégalaises a fait partie du gouvernement de Sarkozy. A l'endroit de la France « de couleur », une analyse exhaustive des différents axes de la campagne présidentielle de Sarkozy cache une mission civilisatrice que ses prédécesseurs, de Gauche comme de Droite, permettent de circonscrire. A son arrivée, Sarkozy n'a eu qu'à trouver les moyens légaux, politiques et financiers pour la mettre en place.

Une mission civilisatrice new look

A quelque chose malheur est bon ! L'élection de Sarkozy comme président en France n'est point un phénomène isolé. Elle est la résultante d'éléments endogènes et exogènes qui doivent être sérieusement pris en compte. L'analyste objectif doit aussi mettre en exergue la singularité qui marque son élection au sommet de l'Etat français. Il brise le schéma traditionnel d'accès au pouvoir en France. Il n'est pas descendant de « gaulois ». Il est fils d'un immigré hongrois. En cela, le caractère iconoclaste de son élection est source d'inspiration. Dans quelles mesures son élection relève-t-elle d'une combinaison de facteurs internes et externes ? La date du 11 septembre 2001 et la juxtaposition de prises de positions politiques sur la longue durée, de 1980 à 2007, peuvent aider à la cerner.

Les attentats du 11 septembre 2001 à New York donnent indubitablement l'occasion aux politiciens des démocraties occidentales d'axer leur programme politique sur le volet sécuritaire et de le renforcer. Le traumatisme dont souffre le monde occidental permet l'articulation d'un discours qui, auparavant, était sporadique.

L'Islam, les Musulmans et l'invasion de l'Occident, le choc des civilisations, les étrangers, l'immigration et le chômage fondent dans un amalgame, deviennent des formules magiques, des combinaisons gagnantes pour beaucoup de politiciens qui savent en tirer profit. Aux Etats-Unis par exemple, ces sujets génèrent différentes positions que l'on voit se cristalliser autour des candidats à la présidence John McCain et Barak Obama. Lors des débats politiques toutefois, quand le sujet porte sur l'Islam, ces derniers s'abstiennent de tomber dans le schéma extrême-droitiste de diabolisation des Musulmans. D'ailleurs, une certaine frange de la Droite républicaine fait campagne sur un rapprochement entre Obama et l'Islam. Le fait que la mère de ce dernier ait été mariée à un musulman de son premier mariage, le fait qu'Obama ait passé quelques années de son enfance dans un pays musulman, l'Indonésie, qu'il y fut instruit, est monté comme un gage de fidélité d'Obama à l'Islam. Toutefois, avec son élection, on peut déduire que la majorité qui l'a élu rejette les vieilles stratégies de diabolisation de l'Autre, de l'amalgame et du bouc-émissaire du politicien classique. Le schéma syllogistique d'association d'Obama avec l'Islam via son père et l'Indonésie est débouté aux urnes. Qu'en est-il de la France ?

En France, il se produit un phénomène contraire. Excepté son adhésion à l'Europe et au néolibéralisme, il est possible d'avancer qu'avec Sarkozy, c'est une idéologie d'extrême-droite qui a été promue. Car il a instrumentalisé toutes ses thèses, de la même manière que Bill Clinton exploite le programme politique de la Droite pour être élu en 1992 : les thèmes comme la sécurité, la menace de disparition de l'identité française, l'invasion de la France par les étrangers, l'immigration, l'inadaptation des mœurs de certains Français, les Noirs et les Arabes, les Musulmans, le communautarisme, la montée de l'intégrisme et l'Etat de droit demeurent la pierre angulaire de la campagne électorale de Sarkozy. Mais ce succès politique est redevable à l'existence d'une unité discursive, émanant de la Gauche comme de la Droite, qui s'est cristallisée pendant la campagne présidentielle.

Comme je l'ai déjà signalé, dans *Du racisme français*, Odile Todner remonte jusqu'au 18e siècle pour dévoiler les traces d'une « négrophobie » chez les philosophes des Lumières. Cette « négrophobie » est savamment instrumentalisée par le politicien dans son articulation de la mission civilisatrice. Si l'on se cantonne toutefois à la période 1980-2007, on voit se mettre en place un discours contre les Noirs et les Arabes qui vivent dans l'espace de la banlieue.

« Droite, Gauche, même son de clairon »[139]

Pendant l'esclavage et la colonisation, la classe politique fait l'unanimité sur les politiques à mener et sur le traitement des esclaves et colonisés. On retrouve cette unanimité de la Gauche et de la Droite qui dans la façon de narrer l'habitant de la banlieue, qui dans la façon de régler le « problème » qu'il poserait pour la cohésion du tissu social français.

La période 1980-2007 est saillante de prises de positions politiques à l'encontre de la France « de couleur ». En 1981, François Mitterrand et le parti socialiste ont la majorité à l'Assemblée nationale. Cette hégémonie de la Gauche est capitale pour régler le problème des sans-papiers en leur octroyant la carte de résident. On retrouve toutefois une rhétorique anti Noir et anti Arabe chez des politiciens de Gauche comme de Droite. C'est par exemple le cas du Parti Communiste Français qui en 1981 lance une croisade contre un foyer de travailleurs pour défendre le « seuil de tolérance[140] » qui est dépassé. Trois ans plus tard, le Premier Ministre Laurent Fabius, socialiste, trouve une légitimité dans les questions que pose le leader du Front National, Jean-Marie Le Pen. Peut-être par stratégie politique pour semer la déconfiture au sein de la Droite qui a la majorité au sein de l'Assemblée nationale depuis 1986, sous Chirac comme Premier Ministre, François Mitterrand remet sur la table politique le débat sur le dépassement du « seuil de tolérance ». A son tour, l'ancien président Valérie Giscard D'Estaing (1974-1981), réitère la question de l'invasion de la France par les étrangers. Sur la même lancée, l'ancien Président Jacques Chirac (1995-2007) se rend célèbre par ses propos sur les Noirs dont les bruits et les odeurs seraient incompatibles avec le mode de vie français. Sans oublier les lois sponsorisées par les ministres de l'Intérieur comme Charles Pasqua,

---

[139] "11 : 30 contre le racisme". Jean-Francois Richet, Maître Madj (Assassin), Rockin' Squat (Assassin), Akhenaton (IAM), Arco & Mystik, Soldatfadas et Menelik, Yazid, Fabe, Rootsneg, Djoloff, Sleo, Kabal, Aze, Radikalkicker, Freeman (IAM), Stomy Bugsy & Passi (Ministère Amer). Cercle Rouge Productions, Crépuscule, 1997.

[140] Tahar Ben Jelloun articule bien ce concept dans son ouvrage intitulé *Hospitalité française*. Paris : Seuil, 1997.

Jean-Louis Debré et Nicolas Sarkozy dont j'ai déjà parlé antérieurement. Les commentaires sporadiques de divers membres de la classe politique laissent une unité de discours que Sarkozy rend lisible et urgente dans et à l'extérieur de l'espace de la banlieue. Cet espace construit comme l'incarnation d'un mode de vie anti français, de par le comportement de ses habitants noirs et arabes, est le terrain d'action de Sarkozy. Le discours sur la banlieue et les moyens mis en œuvre pour la reconquérir et la réintégrer à la nation française rappellent, comme je l'ai déjà suggéré, la colonie.

Corriger les déficiences de la banlieue

Quiconque qui s'est intéressé de près aux manifestations, aux « émeutes » de Novembre 2005 est alarmé quant à la qualité de l'interprétation qu'en fait la classe politique. Ses interventions, tous partis confondus, sont quasiment unanimes sur leur analyse de la « crise des banlieues » et surtout sur les moyens à mettre en vigueur pour rétablir ces espaces perdus par la République, espaces de non-droit, où la *sauvagerie* et la *barbarie* ont élu domicile. Ces deux termes doivent être analysés dans un contexte plus large.

Pendant l'esclavage, la capture de millions de Noirs destinés à la traite repose sur le prédicat que ces derniers n'ont pas d'âme et sont sauvages. Par le baptême et le travail, l'esclave se voit donner l'opportunité d'un rachat. Pour que ce rachat soit total, ce dernier doit passer sa vie entière à travailler pour son maître. La justification de la colonisation suit la même rationalisation. Le colonisateur juge qu'il est de son devoir de diffuser les Lumières jusqu'aux peuples non civilisés. Si l'Afrique est en grande partie le terrain de la praxis de la France, il faut rappeler la différence qui est faite entre les Arabes et les Noirs. Pour le colonisateur, l'Arabe est un *barbare* dont les civilisations anciennes doivent être rectifiées à la toise occidentale. L'Africain subsaharien est narré comme un être sans civilisation, donc *sauvage*, à qui le colonisateur fait don de sa civilisation. Les substantifs *sauvages* et *barbares* ont donc une portée qui transcende la crise des banlieues en novembre 2005. Toutefois, la classe politique en a fait son cheval de bataille pour légitimer une réponse musclée.

Le 26 janvier 2007 à Poitiers, le discours que prononce Nicolas Sarkozy, candidat aux élections présidentielles, frappe de par son portrait de la banlieue, de ses habitants et de leurs mœurs. En effet, ce dernier cristallise la banlieue comme un espace où l'on soumettrait et frapperait la femme, où l'on pratiquerait l'excision, où l'on pratiquerait la polygamie et les mariages forcés. Cette partie du discours de Sarkozy a pour fonction de réactiver un certain nombre de stéréotypes dans l'inconscient collectif français et, en pleine campagne électorale, de lui donner une tournure politiquement calculée. La majorité des habitants de la banlieue sont des citoyens français. Parler d'eux sous cet angle dysphorique conduit à plusieurs résultats. D'abord que toutes les personnes de la banlieue, même si elles sont françaises, sont les mêmes dans leur différence, c'est-à-dire leur bizarrerie ; ensuite que cette différence est aux antipodes du mode de vie français. Pendant la colonisation, le principe est que le mode de vie des Français est supérieur à celui des habitants des colonies. Et dans les colonies, le même écart existe entre les quartiers des Blancs et les quartiers des « indigènes ». Le thème de l'immigration occupe une place centrale dans la campagne présidentielle de Sarkozy. Le fait d'insister sur ces différences présupposées assure au candidat Sarkozy la sympathie et le soutien d'une bonne marge de la population aliénée sur la base économique. Le résultat escompté est que le commun des Français en arrive à la conclusion que dans la plupart des grandes villes hexagonales, vit une population française, venue d'Afrique et des Antilles, qui menace le tissu social français. Le fait qu'une bonne majorité de cette population soit musulmane joue en faveur du candidat Sarkozy dans un contexte post-11 septembre. La peur du musulman qui serait un terroriste potentiel est amplifiée par une presse qui, en gros, fait un traitement biaisé des événements internationaux ayant trait au terrorisme, mais aussi de tous les faits divers de la banlieue susceptibles de lier la « réalité » de la banlieue au discours de la Droite. La *sauvagerie* et la *barbarie* qui règnent en banlieue, se démontrent apparemment par la destruction de biens publics et privés, des agressions de personnes, la drogue, les incendies de voitures, les viols. Ces déviances sont toutefois corrigibles.

La compassion de la République ne peut souffrir l'existence de citoyens déficients. Il lui incombe donc de venir au secours de ces derniers, de les faire profiter, comme leurs parents et grands-parents dans les colonies, des Lumières. On peut donc lire dans les solutions préconisées par Sarkozy, une extension tacite du projet des Lumières : celui de mettre fin à l'obscurantisme prédominant dans certaines banlieues françaises. Dans le contexte de la crise de novembre 2005 où Sarkozy dit que les banlieusards montrent avec ostentation leur refus de faire partie de la nation française, il est impérieux pour le gouvernement de prendre les mesures légales musclées qui s'imposent pour sauver la banlieue. L'Etat joue ici un rôle que Todorov nomme celui de l'assimilateur, qu'il considère comme « celui qui veut modifier les autres pour qu'ils lui ressemblent ; c'est en principe un universaliste, mais il interprète habituellement la différence des autres en termes de manque par rapport à son propre idéal »[141]. Si la masse a un comportement anti républicain, ce n'est pas de sa faute. C'est que, externe à la nation, elle souffre d'un handicap qui est celui de ne pas avoir suffisamment intégré l'habitus français. Dans *La République du mépris : la métamorphose du racisme français dans la France des années Sarkozy*, Pierre Tevanian identifie cinq « registres » qui sont des domaines où l'Etat intervient de façon musclée pour donner l'exemple à la banlieue : « sécuritaire, féministe, laïque, mémoriel et libertaire »[142]. Je lui emprunte brièvement les registres « féministe », « laïque », « sécuritaire » et « mémoriel ».

On peut lier les registres féministe et laïque. Le premier se traduit par la caution sans condition que l'Etat amène au mouvement féministe « Ni putes ni soumises » dans sa croisade contre ladite subjugation de la femme dans les banlieues. L'objectif visé est de faire circuler dans et hors de la banlieue l'idée selon laquelle l'organisation « Ni putes ni soumises » véhicule l'image du devenir de la femme de la banlieue. Cette dernière est présentée comme un être en puissance et non en acte. Cela veut dire que son évolution serait incomplète. Elle souffrirait donc d'une déficience. Il y a une politique délibérée de sauver la femme de la banlieue, de la libérer du joug de l'homme qui restreint son cadre d'évolution, qui lui impose le voile, l'excision et la polygamie. Pour Tevanian, l'action du mouvement « Ni putes, ni soumises » est négative car elle conduit à une désolidarisation de la femme de la banlieue quant aux thèses féministes, en poussant potentiellement cette dernière à l'extrême. L'opération de sauvetage de la femme de la banlieue se solde par un échec, cette dernière rejetant l'image que la République veut lui imposer. Cette invitation à l'aliénation totale avorte, tout comme la leçon de laïcité à laquelle l'Etat invite la banlieue. Cela rappelle par exemple la solidarité des femmes envers les hommes et l'investissement de leur corps pour la

---

[141] Tzvetan Todorov, *Nous et les autres. La réflexion française sur la diversité humaine*. Paris : Seuil, 1989, p. 377.

[142] Pierre Tevanian, *La République du mépris : la métamorphose du racisme français dans la France des années Sarkozy*. Paris : La Découverte, 2007, p. 15.

cause nationale. Le rôle des femmes dans le film *Bataille d'Alger* est visible. Sous leur voile, elles transportent des armes et des bombes qui servent à déstabiliser l'hégémonie du colonisateur. Même si l'ordre séculaire que le colonisateur veut instaurer vise aussi à « libérer » la femme, le sentiment d'agression étrangère que ces dernières ressentent se transforme en solidarité avec le présumé oppresseur, ici l'homme algérien, contre le colonisateur français. Ce phénomène se vérifie aujourd'hui en Irak et dans d'autres endroits du Moyen orient où, depuis 2002, l'idéologie néoconservatrice américaine de diffusion de la démocratie connaît des revers humains et économiques que l'on ressent encore en 2011.

La loi du 15 mars 2004 est le résultat d'une longue croisade menée par le politique contre le port du voile à l'école publique, car signe ostentatoire d'une appartenance religieuse. Pour les défenseurs de la laïcité, cette loi représente un moment de civisme que la France, via le gouvernement de droite, appuyée en fait par la classe politique entière, donne à une partie de sa population aux mœurs déficientes. La loi de 1905, cristallisant le divorce entre Eglise et Etat, est l'argument évoqué par les détracteurs du voile pour le voir à jamais interdit à l'école. A travers l'affaire du voile, il faut lire une métaphore. Dans ce contexte post-11 septembre, derrière le voile, le commun des citoyens lit l'Islam qui n'a pas bonne presse dans les pays occidentaux. Certains le construisent comme symptomatique de radicalisme religieux, d'intégrisme voire de terrorisme. Toujours est-il qu'à travers cette loi, le gouvernement de cette période a une attitude paternaliste envers les banlieusards, leur dictant les conditions de fréquentation de l'école républicaine. Mais avec du recul, peut-on lire cette loi comme anti laïque ? Et si par son existence elle matérialisait tout le contraire de son objectif ? Remontons à la genèse de la laïcité au 19e siècle pour y voir plus clair. L'argument des détracteurs du port du voile n'est-il pas en porte-à-faux avec l'objet même de la laïcité ?

L'argument de Tevanian selon lequel la loi sur l'interdiction du voile dénature le sens propre de la laïcité est défendable. Il y a trahison du but originellement recherché dans l'application du concept à l'école :

« L'école laïque telle qu'elle s'est historiquement construite et imposée sur la base des lois 1880-1886, et dans l'esprit de la loi de 1905, est une école sans transcendance ni sacrée, attentive à la « neutralité » des personnels enseignants et des contenus enseignés, mais n'accordant pas d'importance particulière aux vêtements ou aux signes religieux portés par les élèves, et s'abstenant d'entrer dans le domaine proprement théologique de l'interprétation des signes »[143].

Ce que la laïcité vise est donc la formation de l'intellect, l'immersion de l'élève dans un cadre cosmopolite pour que ce dernier, par son libre-arbitre, soit capable de se former sa propre conscience, d'acquérir les outils intellectuels pour interpréter le monde. Dans cette logique, le port de signes religieux répond au critère cosmopolite qui seul peut rendre compte de la diversité des religions, des idées, des coutumes et des valeurs dans l'espace scolaire. Purger l'espace de la salle de classe de diversité est nier cette possibilité même et favoriser une seule interprétation du monde ou pensée unique. Cette loi exclut au lieu d'inclure.

Que dire du registre « sécuritaire » ? Par registre « sécuritaire », on entend l'ensemble de la machine juridique enclenchée par les gouvernements de gauche et de droite depuis les années 1970, mais particulièrement depuis les lois Pasqua de 1993 jusqu'à aujourd'hui, pour réduire l'immigration à zéro, mettre en place l'*immigration choisie*, faire la chasse à l'immigré clandestin sur le territoire français, exercer des contrôles au faciès légalement couverts par le plan Vigipirate[144], les difficultés éprouvées par tout Français désireux d'accueillir un étranger d'Afrique du nord ou d'origine subsaharienne, les injonctions faites à tout accueillant de surveiller son hôte. Cette politique d'enfermement du Français « de couleur » et de l'étranger « de couleur » prend une forme plus aiguë dans les banlieues. Dans les chapitres précédents, j'ai souligné le quadrillage des banlieues par la police, les descentes intempestives de la police dans les maisons, l'arrestation et la déportation d'Africains du nord et de l'ouest sans procédure légale appropriée. On peut y ajouter l'enfermement des mineurs et la pénalisation des parents par les lois Perben 1 et 2, les lois Sarkozy de 2002 et 2006, les contrôles d'identité à répétition, la loi Sarkozy de 2003 interdisant le stationnement dans les halls d'immeuble, la loi du 23 février 2005 sur le rôle « positif » de la colonisation. Bref deux ans après les événements de novembre 2005,

---

[143] Ibid., p. 39.
[144] Le plan vigipirate est l'ensemble des mesures de sécurité consécutives aux attentats de l'été 1995, dans le métro de la Cité et sur la place de l'Etoile à Paris. Le plan se remarque par la présence significative de l'armée dans les gares, les aéroports, -bref les endroits hautement fréquentés par le public.

le bilan que Tavanian fait sur les leçons tirées par le gouvernement de cette crise est négatif et laisse déjà en augurer d'autres. En effet, si d'un côté il y a enfermement des minorités colorées intra-muros et extra-muros, la vraie question qu'aurait dû générer la crise des banlieues est occultée : le racisme systémique qui maintient Noirs et Arabes au bas de l'échelle sociale. Les discriminations à l'embauche, au niveau de l'emploi, au niveau des logements, à l'entrée des boîtes de nuit, au niveau de l'école ne sont que théoriquement admises. Enfin si j'analyse la violence symbolique générée dans un autre type d'invisibilité prescrite comme pré-requis à l'intégration, on se rend compte qu'elle efface la mémoire de l'histoire des Français « de couleur ».

L'intérêt que les banlieusards ont pour le pays d'origine des parents, des grands-parents, que je montrerai dans le dernier chapitre du livre, a une fonction cathartique. Cette identification au pays d'origine des parents, au *bled*, a pour fonction de mettre fin à la quête de paternité dont souffre l'habitant de la banlieue né en France, qui a grandi en France et qui se voit relégué dans une position de citoyen de seconde zone. J'ai énuméré plusieurs domaines où il fait l'objet de discriminations. Si, depuis les années 1980, la musique est le terrain où s'exprime le plus cette recherche du père, cette quête a pris une tournure politique depuis quelques années. Consciente du fait qu'elle n'a aucune représentation politique, la France « de couleur » prend la décision de conter elle-même sa propre histoire, de défendre ses propres intérêts. Cette offensive se traduit par la création de plusieurs types d'organisations et de mouvements dont le but est de défendre les intérêts des Français « de couleur » et de dénoncer toutes formes d'abus contre eux. L'on est loin en effet des années où S.O.S racisme avait le monopole de la défense des minorités. Aujourd'hui, par exemple, le Conseil Représentatif des Associations Noires (CRAN), l'Appel des Indigènes de la République, les collectifs « devoir de mémoire » sont des entités solidaires les unes des autres qui utilisent les avancées technologiques tel l'internet pour témoigner des expériences quotidiennes de la France « de couleur ». L'offensive prise par ces organisations a un impact sur le terrain politique. Elles ont sans doute eu un rôle décisif sur la loi de 2001 qui reconnaît l'esclavage comme crime contre l'Humanité. Leur réaction est de même sans précédent lorsque Sarkozy veut faire passer une loi reconnaissant le rôle positif de la colonisation. Le but visé par ces différentes organisations est d'avoir une visibilité qui passe par la reconnaissance de l'histoire des minorités dans le récit national. Cela doit se traduire par des faits de mémoire qui valident les contributions que les colonies ont apportées à la France. Tavanian souligne la nécessité d'accompagner cette validation par des moyens tels que des documentaires télévisés, des monuments, des jours fériés, l'intégration des noms de grands hommes Noirs et Arabes qui ont marqué l'histoire, même si leurs actions sont allées à l'encontre des intérêts de la Monarchie ou de la République française. Il s'agit donc d'un appel pour que la France prenne ses responsabilités par rapport à la totalité de son histoire, surtout celle qui va du 15ᵉ siècle à aujourd'hui.

Cette quête est toutefois loin de se matérialiser au vu de la censure gouvernementale sur certaines aspirations que nourrissent les organisations de défense des minorités. Le discours de Sarkozy à l'Université Cheikh Anta Diop de Dakar le 26 juillet 2007, qui brille par son paternalisme, laisse lire chez ce dernier la ferme intention d'étouffer certains aspects du combat des organisations de défense des minorités. Avancer qu'il faut effacer le passé en Afrique est une injonction indirecte que Sarkozy lance à la diaspora africaine, plus particulièrement celle qui vit en France. Il affirme qu'il n'entend point remettre en question le récit national où les minorités arabes et noires ont un rôle honteux. Ou bien qu'il préfère le laisser narrer par « une corporation qui est très majoritairement blanche et qui - faut-il y voir un lien ? - n'a jamais brillé par sa curiosité pour l'esclavage et la colonisation, du moins, pour ces processus historiques *tels qu'ils ont été vécus par les esclaves et les colonisés* »[145].

A travers les réponses du gouvernement dans les registres « féministe », « laïque », « sécuritaire » et sur la question de la mémoire, il y a un facteur commun : celui de la gestion de la différence par la pensée unique. Les réponses des gouvernements qui se sont succédé entre 1980 et 2007 ne se distancient pas de la logique de traitement du colonisé. Ce dernier est sommé de s'assimiler. La même sommation est donnée au banlieusard à qui le politicien, avec la complicité de la presse, continue d'assigner les mêmes déficiences qu'à son père, son grand-père, son arrière-grand-père, ses aïeux. Il est pris entre deux feux. D'un côté, il se voit sommer de s'intégrer ; d'un autre, une imagerie réitérée via les discours des politiciens, des médias et de certains sociologues véhicule l'idée qu'il ne peut appartenir à la

---

[145] Pierre Tevanian, *La République du mépris : la métamorphose du racisme français dans la France des années Sarkozy*. Paris : La Découverte, 2007, p. 60.

nation pour des raisons foncièrement culturelles. Lors des manifestions de novembre 2005, la classe politique entière cautionne une réponse coloniale à la crise sur le plan pratique, et sa réponse sur le plan théorique reflète sa réticence à remettre en question l'assimilation, mode d'appartenance à la nation qui était la pierre angulaire de la mission civilisatrice française. Pour la Gauche aussi bien que la Droite françaises, la résolution de la crise, au niveau théorique, doit passer par une leçon civique qui initie les jeunes au concept de la République. Pour Laurent Fabius, politicien de gauche, par exemple, il est question que « les jeunes gens et les jeunes filles de France apprennent ce qu'est l'intérêt général, ce qu'est la laïcité »[146]. Pour lui donc, le cri des banlieusards traduit leur extranéité à la nation qui résulte de leur carence en civilisation française. Fabius, socialiste, réinvestit le schéma colonial dans l'espace postcolonial français en traitant le banlieusard comme l'ex-esclave ou le colonisé sommés d'éradiquer leur différence culturelle pour appartenir à la nation. L'appartenance à la nation doit par conséquent se faire sous l'angle de « l'injonction à l'intégration », sacrifice obligatoire par lequel le colonisé faisait son entrée dans la nationalité, sacrifice obligatoire que le banlieusard doit faire aujourd'hui, signifiant un gage de fidélité à la nation.

En m'inspirant de la gestion de la crise des banlieues de novembre 2005, j'ai tenté d'appuyer la thèse de la manifestation d'une « négrophobie » et d'une « arabophobie » chez l'homme politique dans sa façon de narrer la banlieue. Peut-on se baser sur cette crise et son traitement par la classe politique pour en faire une vérité historique ? Dans l'optique de Braudel, non. Il est intellectuellement maladroit de se baser sur la ponctualité d'un phénomène pour en faire une vérité historique. Cela est toutefois possible si le chercheur est capable de suivre la manifestation récurrente du phénomène considéré sur la longue durée. Pour ce qui me concerne, il s'agit de voir comment cette « négrophobie » et cette « arabophobie » s'inscrivent à travers les siècles. Pour ce faire, on peut remonter jusqu'à la période post-abolition afin de réitérer la nature du discours politique sur les anciens esclaves et leurs descendants.

---

[146] Véronique Le Goaziou, « La classe politique française et les émeutes : une victoire de plus pour l'extrême droite », in Sous la direction de Laurent Mucchielli et Véronique Le Goaziou, p. 49.

L'inscription de la « négrophobie »
et de l'« arabophobie »
dans le discours politique après l'esclavage

Dans la question de l'esclavage, de sa fin et des mesures qui sont prises pour marquer sa fin, les cas américain et français sont intéressants à analyser. Aux Etats Unis, l'esclavage prend fin par coïncidence avec la fin de la guerre civile. Le sud, qui refuse de mettre fin à l'esclavage, veut se séparer du nord pour qui la conservation de l'union des Etats-Unis était plus urgente que la fin de l'esclavage. La mission des soldats du nord, les Yankees, qui ont pris d'assaut les Etats du sud est primordialement de sauvegarder l'union. Le discours de la fin de l'esclavage se matérialise par un nord qui triomphe et impose sa loi aux Etats du sud. La fin de la guerre civile en 1865 correspond à la fin de l'esclavage aux Etats Unis. Cette version officielle de l'histoire veut que la fin de l'esclavage soit inscrite au centre du récit de la guerre civile. Elle en serait le motif même, alors que certains critiques avancent que la cause principale de la guerre civile est la sauvegarde de l'union. Dans ce cas, il y aurait falsification de l'Histoire. Selon cette perspective, l'intention d'abolir l'esclavage n'est que secondaire. Toujours est-il qu'à la fin de la guerre civile, les esclaves sont libérés. Est-ce à dire que les esclaves sont désormais des citoyens de plein droit ? D'un point de vue général, cela n'est pas le cas sur l'ensemble du territoire américain. La fin de l'esclavage ne se traduit pas par la mise en place de mesures concrètes pour la mobilité sociale du Noir. Sinon, le combat de W.E.B Du Bois, de Marcuse Garvey, des panafricanistes, de Malcolm X, de Martin Luther King et des Black Panthers ne se justifierait pas. Car leur lutte part du constat que la libération des esclaves n'a produit qu'une citoyenneté d'apparat. Une forme de racisme systémique fait suite à l'esclavage[147]. Parmi les esclaves qui n'ont d'autre choix que de rester dans le sud, peu sont ceux qui ont reçu un lopin de terre ou à qui le lopin de terre a

---

[147] Lors d'une conférence qu'elle a donnée dans mon université, Humboldt State University, Angela Davis a parlé de ramifications de l'esclavage aux Etats-Unis au vingt et unième siècle, dont les signes les plus évidents sont le manque ou niveau d'instruction des Noirs qui est très bas, l'empoisonnement à petit feu des ghettos par l'alcool, la drogue, la disponibilité des armes, l'assistance publique et l'incarcération massive des Noirs qui laissent les familles dysfonctionnelles, sans figure de père nécessaire à la stabilité des enfants.

144

permis de se hisser dans l'échelle sociale[148]. Les esclaves qui quittent le sud dans l'espoir d'une vie meilleure au nord restent des citoyens de seconde classe dans les grandes villes où ils deviennent la chair à canon de la Révolution industrielle. Les usines ne changent pas sensiblement leurs conditions de vie. La décennie 1960 est un tournant dans l'histoire des droits des Noirs aux Etats-Unis. En effet, ils obtiennent leurs droits civils en 1964 et leur droit de vote en 1965, après une longue période de luttes. La question est de savoir si ces droits signifient enfin l'accès à la terre promise par Martin Luther King dans son fameux poème « I Have a Dream ». Je tenterai d'y répondre après analyse des conséquences de l'esclavage dans le système français.

Comme tous les manuels d'histoire français l'articulent, l'esclavage est aboli en 1848 par Victor Schoelcher. D'un point de vue officiel, les anciens esclaves sont désormais des citoyens avec les mêmes droits que les Français de la métropole. Dans les îles, les terres appartiennent en bonne majorité aux Blancs, le taux de chômage y est beaucoup plus élevé qu'en métropole, les infrastructures en place sont insuffisantes pour le résorber. Bref il est tentant de dire qu'aux yeux du politique, la perception exotique des Antilles perdure toujours. C'est un portrait romantique des Antilles qu'une partie de la fiction coloniale contredit avec force détails. A titre d'exemples, *Cahier d'un retour au pays natal*, *La rue cases-nègres*, *Chronique des sept misères* contrastent avec la vision carte postale des Antilles qui caractérise la littérature bourgeoise coloniale. En métropole, les statistiques sur la situation économique et sociale des domiens en île de France par exemple sont alarmantes. Dans *La fracture sociale*, Françoise Vergès rappelle le décalage qu'il y a entre le discours politique post-abolition et la pratique. L'abolition n'est pas suivie d'une réelle politique d'intégration des habitants des départements d'Outre-Mer dans la République. Ces derniers sont toujours au bas de l'échelle socio-

---

[148] Un exemple très connu pour illustrer ce point est la côte géorgienne dans le sud des Etats-Unis. A l'aube de l'année 1865, à la fin de la guerre civile américaine donc, le général Sherman donne l'ordre de distribuer 40 hectares et une mule à des familles noires émancipées pour les aider à démarrer dans la société. Après l'assassinat d'Abraham Lincoln, cet ordre est révoqué par Andrew Johnson qui redonne ces terres à leurs anciens *propriétaires*. Aujourd'hui, l'expression "40 hectares et une mule" est le titre de la compagnie de production du célèbre cinéaste américain Spike Lee pour critiquer les manquements du gouvernement fédéral vis-à-vis des Noirs quelques décennies après les droits civils et les droits de vote.

économique et occupent des emplois subalternes. Vergès avance comme argument les conclusions du Bureau pour le développement des migrations selon lesquelles « Les Antillais sont massivement employés dans les services publics, surtout en Ile-de-France, mais dans les postes les moins qualifiés… Contrairement aux idées reçues, cette immigration ne va pas de soi et les services sociaux constatent, du moins en région parisienne, que les difficultés des familles des Domiens sont tout à fait identiques à celles que rencontrent tous les immigrés en France »[149]. Bien que cette citation aille dans le sens de mon argument, elle est tout de même problématique dans sa façon de signifier la mobilité des Antillais des îles vers la France. L'installation des Antillais en France pour des raisons économiques n'équivaut guère à une « immigration », mais à une migration qui s'opère dans l'espace national. Les Antilles sont une extension du territoire national français. Le terme « immigration » est applicable par exemple aux Africains des anciennes colonies qui viennent en France après l'indépendance de leur pays.

L'observation des cas américain et français mène à une conclusion unique. Qu'il est douteux de dire que 1848, année officielle de l'abolition de l'esclavage en France, 1865 pour les Etats Unis, et les droits civils et de vote de 1964 et 1965 soient effectivement les années de la libération des Noirs. Les textes de fiction que j'ai analysés tendent à montrer que les abolitions ouvrent plutôt la voie à une autre forme d'asservissement qu'un discours officieux émergeant de la banlieue, le *Conscious Rap* et le *Underground Hip Hop* articulent sur la place publique. C'est enfin se poser la question de savoir si la manière de percevoir le Noir et l'Arabe par la société française a été déconstruite. La presqu'élection de Jean-Marie Le Pen aux élections présidentielles en 2002, et l'élection de Nicolas Sarkozy comme Président en 2007 montrent la profondeur de l'internalisation des stéréotypes dans l'inconscient collectif. Dans un sens, le politicien s'avère être de connivence avec le peuple dont la majorité applaudit la politique. Dans l'histoire française des 20e et 21e siècles, les discours de trois hommes politiques permettent de noter la réinscription d'une

---

[149] Françoise Vergès, « L'Outre-Mer, une survivance de l'utopie coloniale républicaine », in Sous la direction de Pascal Blanchard, Nicolas Bancel et Sandrine Lemaire. *La fracture coloniale. La société française au prisme de l'héritage colonial.* Paris : La découverte, 2005, p. 72.

mentalité coloniale dans la France postcoloniale : Léon Blum, Jacques Chirac et Nicolas Sarkozy.

Léon Blum, dont le nom est intrinsèquement associé au front populaire au 20ᵉ siècle, est un écho du discours raciste et racialiste qui a servi à légitimer la colonisation. Sa vision politique au lendemain de la première Guerre mondiale traduit la volonté de voir une France qui investit toutes ses ressources pour conserver son empire. Sa caution de l'opération coloniale ne fait l'objet d'aucun doute. Elle s'inscrit pleinement dans l'idéologie de l'exportation des Lumières jusque dans les profondeurs de l'empire. Ses propos sont sans ambiguïté : « Nous admettons le droit et même le devoir des races supérieures d'attirer à elles celles qui ne sont pas parvenues au même degré de culture et de les appeler aux progrès réalisés grâce aux efforts de la science et de l'industrie... Nous avons trop d'amour pour notre pays pour désavouer l'expansion de la pensée, de la civilisation françaises »[150]. Le cadre historique permet de mieux comprendre les raisons officieuses de ce devoir de diffusion des Lumières. D'un côté, la France est en compétition avec l'Angleterre, l'Allemagne et d'autres puissances en Europe. D'un autre côté, le concept américain de la Nouvelle Frontière, concept consécutif à la conquête totale de l'ouest américain, préfigure une ère où les Etats-Unis adoptent une politique interventionniste dans le monde en vue de propager aussi leur idée de la démocratie. En Europe, la défaite de la France face à la Prusse en 1871 à Sedan doit être effacée par la Renaissance d'une France à partir des colonies. Le discours sous-jacent est que cette Renaissance fait abstraction de la race qui disparaît au nom de l'empire. « Effacée » chez Léon Blum, l'origine raciale devient problématique chez Jacques Chirac dans une France postcoloniale et désormais pluriethnique. La carrière de ce dernier, fondateur du RPR, maire de Paris de 1977 à 1995 et enfin président de la République fort de deux mandats, est ponctuée d'une « négrophobie » et d'une « arabophobie » ouvertement affichée. Je me permets de reprendre mot pour mot la citation d'Odile Todner dans *Du racisme français : Quatre siècles de négrophobie* où elle cite Jacques Chirac lors d'un discours le 19 Juin 1991, articulant sa préférence pour les immigrés d'origine judéo-chrétienne en France :

---

[150] Odile Todner, *Du racisme français. Quatre siècles de négrophobie.* Paris : Les arènes, 2007, p. 195.

« Notre problème, ce n'est pas les étrangers, c'est qu'il y a overdose. C'est peut-être vrai qu'il n'y a pas plus d'étrangers qu'avant la guerre, mais ce n'est pas les mêmes et ça fait une différence. Il est certain que d'avoir des Espagnols, des Polonais et des Portugais travaillant chez nous, ça pose moins de problèmes que d'avoir des musulmans et des Noirs. [...] Comment voulez-vous qu'un travailleur français qui travaille avec sa femme et qui, ensemble, gagnent environ quinze mille francs, et qui voit sur le palier à côté de son HLM, entassée, une famille avec un père de famille, trois ou quatre épouses et une vingtaine de gosses, et qui gagne cinquante mille francs de prestations sociales sans naturellement travailler... Si vous ajoutez à cela le bruit et l'odeur, eh bien le travailleur français sur le palier il devient fou. Et ce n'est pas être raciste que de dire cela... »[151].

Chirac prend en charge maints stéréotypes sur les « Noirs » et les « Arabes » pour continuer d'inscrire un dualisme « nous », Français, Européens, Blancs, civilisés, contre « eux », les Noirs et les Arabes, dont les mœurs seraient inadaptées à celles du Blanc. Nicolas Sarkozy, dans le même ordre d'idées, fait de la question de la race de certains immigrés son leitmotiv de campagne présidentielle. J'en ai amplement parlé lorsqu'il s'est agi de la gestion politique de la crise des banlieues en novembre 2005. Cette discussion ne couvre qu'un seul volet de sa politique intérieure de l'immigration. D'autre part, sa tournée effectuée en Afrique francophone après son élection rappelle fort celle de De Gaulle en 1958 au nom de la Communauté. Il courtise l'allégeance des Africains à la France via la Francophonie. Ce modèle, que la Guinée dirigée par Sékou Touré est la première à rejeter, allait pérenniser le paternalisme français dans les ex-colonies. Ce paternalisme est réactivé par Sarkozy lors de sa visite après son élection comme président de la République le 26 juillet 2007, dans son discours à Dakar, ancienne capitale de l'Afrique Occidentale Française. Il s'inscrit dans une veine révisionniste dont nombre de politiques et d'universitaires ont fait montre en France plus particulièrement ces 20 dernières années. Sarkozy se lance dans une reconstruction de l'histoire de l'esclavage, de la colonisation et du pourquoi du « sous-développement » en Afrique.

Le président français est en effet constant dans sa tentative de proposer un récit différent de l'Histoire de l'esclavage et de la colonisation. Son allocution à l'Université Cheikh Anta Diop de

---

[151] Ibid., p. 18.

Dakar, qui provoque des réactions houleuses, sépare le passé du présent. L'effet est systématiquement séparé de la cause. Dans cette démarche qui défie le rationalisme, comment expliquer objectivement la présence en France de minorités d'origine ouest africaine, nord-africaine et antillaise ? Comment expliquer le fait que ces derniers vivent dans l'isolation et la précarité dans les banlieues ? Peut-on continuer à expliquer cette réalité par de vieux stéréotypes tels la paresse, la propension au crime dont la littérature coloniale et les films abondent tant ? Vis-à-vis de l'esclavage, Sarkozy avance que le fils ne doit pas être blâmé pour le crime du père. Son intention est visiblement de déresponsabiliser le peuple français d'aujourd'hui quant aux crimes commis par celui d'hier. C'est donc commercialiser l'idée que la France du 21e siècle n'a aucune responsabilité par rapport à la situation de l'Afrique d'aujourd'hui. Les trois siècles d'esclavage, les soixante-seize années de colonisation et les quarante-huit ans de néocolonialisme ne seraient qu'une abstraction. Mieux, la colonisation version Sarkozy est une version romancée qui consiste à la lire sous un angle positif, comme Léon Blum. Les deux hommes politiques se rejoignent dans leur légitimation de la colonisation. Le projet de loi de Sarkozy visant à faire l'éloge des bienfaits de la colonisation en est une illustration. D'un côté Sarkozy, politicien qui se substitue à l'historien, explique le sous-développement africain par le fait que l'homme africain n'est pas assez entré dans l'histoire »[152]. Ce discours a eu des retombées notoires auprès de plusieurs intellectuels africains du continent et de la diaspora dont les propos de l'historien Djibril Tamsir Niang mesurent toute l'essence :

« Les propos du président de la République ont tranché nettement avec ceux de ses prédécesseurs. Ces voyages des présidents français en Afrique ont toujours eu pour but de renforcer la coopération entre l'ancienne métropole et les Etats issus du démembrement de l'empire. La courtoisie était toujours au rendez-vous dans ces visites très protocolaires. Mais le discours du président Nicolas Sarkozy relèverait plus de l'ethnologie avec vocation à l'endoctrinement que de science politique. Manifestement le président de la République - bien qu'il s'en défende - était venu dans l'intention arrêtée de faire la leçon aux Africains en

---

[152] Dans une interview Jacques Chirac, ancien président de France, prend le contre-pied de Sarkozy en avançant que l'Afrique est entrée dans l'histoire la première. Chirac ne fait qu'articuler un fait prouvé depuis très longtemps.

stigmatisant leurs défauts et autres tares qui font d'eux des attardés, lents de s'embarquer dans le train de la modernité »[153].

Le discours du chef de l'Etat réitère le paternalisme de la métropole envers ses anciennes colonies. A y voir de plus près, l'interprétation de Sarkozy va à l'encontre du colonisateur et remet en question sa propre compétence dans sa mission civilisatrice. Si l'Afrique n'est pas entrée dans l'histoire, il incombe de se poser des questions sur la politique menée par les puissances qui s'étaient fixées comme devoir de l'y faire entrer entre 1884 et 1962, donc pendant 76 ans. Est-ce admettre que la mission civilisatrice est un échec ?

En gros, l'allocution de Sarkozy reflète cette tendance chez les décideurs politiques à construire ou prolonger des mythes fondateurs en sélectionnant méticuleusement des événements sensés faire circuler ces mythes sous un angle romantique. Dans l'histoire du 20e siècle français, le thème de la collaboration par exemple fait toujours couler beaucoup d'encre. Chez les historiens, le débat va toujours bon train de savoir si la collaboration française avec l'Allemagne nazie fait partie de l'histoire de la République. Car l'acceptation de la délation comme comportement adopté par une bonne majorité de la population ternit l'histoire de la République. En revanche, la Résistance, les tribulations des soldats qui se battent aux côtés des troupes anglaises, américaines et africaines sont à célébrer. Ce n'est pas rendre service aux générations actuelles que de les maintenir dans une mémoire historique méticuleusement sélectionnée qui conduit à un antagonisme entre les descendants de la majorité et les descendants des minorités qui ont été prises pour cibles à un moment donné de l'histoire de l'humanité. L'esclavage, la colonisation tout comme la collaboration font partie intégrante de l'histoire de France. C'est factuel. Reconnaître enfin que l'esclavage est un crime contre l'Humanité en 2001 n'est qu'un début. Il doit s'ensuivre une réelle politique qui s'attaque aux disparités qui existent entre la majorité et les minorités. Il en est de même pour l'esclavage aux Etats-Unis où il est presque tabou d'en parler dans les salles de classe. Dans un pays où le système éducatif n'est pas centralisé, il revient à chaque établissement de définir son programme. Cela veut dire que même si les dirigeants politiques avaient la volonté ferme d'inscrire l'enseignement de

---

[153] Djibril Tamsir Niane, « L'homme noir culpabilisé », in *L'Afrique répond à Sarkozy. Contre le discours de Dakar.* Paris : Phillipe Rey, 2008, p. 359.

l'histoire de l'esclavage dans les programmes, le fait que le système scolaire soit décentralisé rend l'exécution de cette tâche difficile et fait de la connaissance de l'Histoire par les citoyens un phénomène sporadique. Le pire s'avère lorsque le politique se charge du choix du contenu des manuels scolaires. Cela est le cas en Arizona où le gouverneur Jan Brewer vient d'accepter le passage d'une loi qui légalise le délit de faciès pour lutter contre l'immigration illégale ; une autre mesure élimine l'enseignement des *Ethnic Studies*, discipline universitaire qui met l'accent sur l'histoire des minorités et leur contribution dans l'édification de la nation. L'obtention des droits de vote et des droits civils par les Noirs, et aujourd'hui l'élection d'Obama comme président, peuvent saper l'argument selon lequel l'esclavage a des ramifications dans la société américaine du 21ᵉ siècle. Les statistiques sur le nombre d'élèves noirs qui ne franchissent pas le cap du secondaire, le taux de chômage alarmant au sein de la population noire et latino, le taux d'instruction faible au sein de la population noire[154] permettent toutefois d'en fonder l'argument, même si les Etats-Unis sont visiblement devant la France dans les domaines de la représentation et de la promotion des minorités. Par exemple, un appareil légal existe depuis longtemps pour les plaintes ayant trait à toutes formes de ségrégations. *La discrimination positive* existe dans le but de *réparer* le déséquilibre qui existe entre minorités et majorité dans tous les domaines : concept du quota dans l'acceptation dans les universités, le domaine de l'emploi et bien d'autres domaines. Pour ma part, tandis que l'existence des quotas signifie la reconnaissance d'une injustice, il s'agit d'œuvrer à leur éradication. Les minorités doivent être au premier plan de cette bataille quotidienne car l'histoire a montré que seuls leurs sacrifices, appuyés par des sympathisants de la majorité, ont changé le cours de l'histoire. Les minorités ne doivent pas attendre que la majorité change les lois de bon cœur. Elles doivent se battre pour obliger les lois à changer dans le sens de la justice pour

---

[154] Le recensement de 1998 sur le taux d'instruction entre Noirs et Blancs révèle qu'à cette année-là, 29% des Blancs ont obtenu la licence contre 14% des Noirs. Au niveau du secondaire, chez les adultes âgés de 25 à 29 ans, 93% des Blancs ont fini le lycée, contre 89% des Noirs. Dans le domaine de l'emploi, en décembre 2009, 16,2% des Noirs étaient au chômage contre 9% des Blancs. Constituant 14% de la population américaine, les Noirs composent 40% de la population carcérale, et sont derrière les Blancs et les Latinos en matière d'instruction, d'emploi, de propriété de domicile et de santé. La disparité est considérable. Représentant 5% de la population mondiale, les Etats-Unis *abritent* 25% de la population carcérale mondiale.

tous. Il existe encore des contradictions dans les pays qui ont pratiqué l'esclavage. Dans les grandes métropoles comme celles de Paris, Chicago, Los Angeles, New York, la Philadelphie et Atlanta, les races vivent séparées, séparation imputable justement à l'histoire de l'esclavage dont l'ombre resurgit ouvertement ou subtilement. C'est donc dire que la France et les Etats-Unis, bien qu'ayant des réponses différentes vis-à-vis de l'esclavage, n'ont pas assez pris les devants pour mener une réelle politique de réconciliation raciale. Cette politique doit commencer par une restauration de l'identité des Noirs et des Arabes qui passe par l'enseignement de leur histoire. Il y a une perméabilité entre la représentation des Noirs et celle des Arabes. Leur présence, ainsi que la présence des descendants d'esclaves et d'immigrés nord et ouest africains en France, a une genèse, honteuse certes, mais qui doit être acceptée car factuelle et suffisamment expliquée aux générations actuelles. Les littératures coloniale et postcoloniale jouent un grand rôle dans la correction de cette déficience en métropole. En effet, elles nous enseignent que les esclaves, les colonisés ont toujours narré leur histoire. Et aujourd'hui, leurs descendants poursuivent cette tradition. Le chapitre qui suit remonte dans le passé pour retracer cette tradition.

PARTIE III

QUAND LE SUBALTERNE PARLE

Chapitre VI :
UNE ECRITURE DE RESISTANCES
DANS L'ESPACE COLONIAL

L'étape suivante de ce livre laisse la parole à la banlieue. Une grande part de ce projet a consisté à laisser s'exprimer le discours officiel français et à analyser ses différents modes de représentation de l'esclave, du colonisé et du banlieusard. Cette narration sera contrastée par un discours officieux, émergeant des banlieues et n'ayant aucune valeur d'autorité aux yeux du journaliste et du politicien. Ici la banlieue, prise comme concept, sera étendue à la période coloniale où une littérature de résistances s'est façonnée. Les tactiques diurnes et nocturnes de défense du colonisé, calculées ou improvisées, sont de plusieurs sortes. D'entrée, j'explorerai comment l'utilisation de plusieurs types de langues fonctionne comme une *littérature mineure*, subvertissant ainsi la langue française et l'ordre colonial par extension. Ensuite, j'analyserai l'aspect pluridimensionnel du marronnage. Pour désamorcer la colonisation mentale dont souffre le sujet colonial, la remise en question de la religion du colonisateur s'avère fondamentale, au même titre que l'école dont l'objectif initial est détourné. Enfin, j'étudierai le projet d'écriture de l'Histoire coloniale par le colonisé qui, dans une certaine mesure, constitue un discours postcolonial avant la lettre.

C'est en particulier par la musique que j'analyserai comment la tradition de marronnage se réinscrit dans la France postcoloniale. La musique produite par des descendants de colonisés et d'esclaves, en France, en Afrique de l'ouest et aux Etats-Unis aujourd'hui, fera l'objet d'une étude approfondie. L'objectif visé est de rompre avec une tradition où la voie du subalterne est en général filtrée ou « parasitée » par celle de l'occupant. Dans les romans de la bourgeoisie coloniale, le colonisé fait partie du décor. Sa prise de parole n'est mise en scène que pour accentuer sa *sauvagerie* ou *sa barbarie*. Plutôt que de pérenniser cette tradition dans la France postcoloniale, il est maintenant question de laisser le subalterne se (re)présenter lui-même. Ce procédé permettra de court-circuiter le mode d'institution du pouvoir qui est une prérogative de l'élite. En

France et dans toutes les anciennes colonies françaises, seule l'élite a droit à la parole. Mon propos est résumé par Jacques Dewitte quand, réfléchissant sur la parole dans la société, il avance qu'

> « elle n'incombe pas uniquement ni prioritairement aux dirigeants ; elle consiste en une initiative libre qui peut surgir en n'importe quel lieu de la société qu'il est impossible de déterminer *à priori*. Le lieu exact où, dans la société, une telle parole peut être prononcée ne doit pas, à mon sens, être déterminé *à priori*. Il est important de le souligner afin de récuser tout à la fois l'idée qu'une telle parole ne pourrait provenir que des sphères supérieures - excluant qu'elle puisse émaner d'un simple citoyen - et l'idée inverse qu'elle ne pourrait venir que de la base »[155].

Cette auto représentation sera étudiée via la littérature coloniale, le cinéma et trois genres musicaux populaires dans la banlieue : le rap, le hip hop et le reggae en France, aux Antilles, en Afrique de l'ouest et aux Etats-Unis. Les chansons auxquelles je ferai référence ont pour objectif de montrer que quoique censurée, une tradition de marronnage existe sur la longue durée dans les villes coloniales et aujourd'hui dans les banlieues.

A l'école primaire et secondaire en Afrique de l'ouest, la plupart des manuels traitant des causes qui ont conduit à la décolonisation mettent l'accent sur l'apport des intellectuels du mouvement de la négritude. A telle enseigne que l'élève africain a une connaissance téléguidée sur les causes de la décolonisation. La masse des colonisés n'est pas représentée. Le discours officiel ne célèbre et cristallise que les hommes en général et quelques femmes des plus illustres. M'écartant du discours officiel, il semble que la fiction porte un jugement plus objectif sur la question des facteurs qui mènent à la décolonisation. Par discours officiel, j'entends l'Histoire du colonisé qui est écrite par la France dans les manuels d'Histoire. La fiction offre un tableau plus complémentaire de la décolonisation au sens où elle rend justice au colonisé en lui accordant une place plus judicieuse dans l'Histoire. Dans ce sens, elle se veut dépositaire des différentes stratégies développées par ce dernier dans sa lutte quotidienne pour la libération de son peuple. Je réitérerai certes l'action des intellectuels, mais mettrai plus l'accent sur l'utilisation de la langue, de la religion, de la politique, des coutumes et de la violence *positive* par les

---

[155] Jacques Dewitte, « Appeler un chat un chat », in *La République brûle-t-elle ? Essai sur les violences urbaines françaises*. Paris : Editions Michalon, 2006, p.175.

intellectuels et le commun des colonisés, comme techniques de défense qui méritent d'être prises en considération. Mes observations mèneront à l'exploration de l'initiative d'écriture de l'Histoire de la colonisation par le colonisé, histoire sous-représentée, notamment dans les programmes scolaires français. Je suggérerai plusieurs romans qui montrent comment ces différentes tactiques revisitent la version officielle de la colonisation. En corrigeant cette version le colonisé, à travers la fiction, cherche à créer un espace de souveraineté à sa propre histoire, donc de refléter les insuffisances du discours officiel.

Manipuler la langue du colonisateur

Dans la littérature africaine de résistance, le rôle central de *Batouala* n'est plus à conter. En effet, publié en 1921, on peut lire ce roman de René Maran comme un ouvrage qui joue un rôle capital dans l'avènement de la négritude. Le type de résistance qu'introduit *Batouala* est articulé en deux étapes. Après avoir fait montre d'une maîtrise parfaite de la langue française, le colonisé l'utilise comme arme en la retournant contre le colonisateur. Le combat d'Aimé Césaire, de Léopold Senghor et de Léon Gontran Damas, fondateurs canonisés de la négritude, est à lire sous cet angle.

Parmi les différents types de tactiques développées par le colonisé, le renversement de la langue du colonisateur s'avère un outil utile pour porter un coup dur au système colonial. Frantz Fanon, dans *Peau noire, masques blancs*, dans le chapitre intitulé « Le noir et le langage », démontre que la maîtrise du français par le colonisé confère à ce dernier un grand pouvoir. « Il y a dans la possession du langage une extraordinaire puissance »[156], reconnaît-il. Seulement dans le contexte où j'exploite cette citation, il ne s'agit pas de la puissance de la langue française, mais de celle des langues africaines qui donnent au colonisé un pouvoir certain sur le colonisateur. C'est donc la langue natale du colonisé qui, par sa simple traduction littérale en français, déstabilise le colonisateur, permettant au colonisé d'inventer le colonisateur. Par exemple, le sobriquet donné au commissaire de police pour signifier son long cou interminable dans *Le vieux nègre et la médaille* de Ferdinand Oyono, « Gosier d'oiseau », est un exemple pertinent pour débuter l'exploration du lexique dont on affuble le

---

[156]Frantz Fanon, *Peau noire, masques blancs*. Paris : Seuil, 1971, p. 14.

colonisateur. La langue du colonisateur est utilisée comme une « langue mineure » qui, selon Gilles Deleuze et Félix Guattari, « n'est pas celle d'une langue mineure, mais celle qu'une minorité fait d'une langue majeure »[157]. Ce jeu dont la langue française fait l'objet mène à une déterritorialisation du français à cause des glissements de sens qui s'opèrent entre la langue française et la langue du colonisé, du sens littéral au sens métaphorique. Par exemple, en français, l'expression « Gosier d'oiseau » a un sens dénotatif, c'est-à-dire qu'il ne signifie qu'une partie du corps de l'animal. Dans le texte toutefois, le colonisé, à partir de sa langue, fait fonctionner l'expression mise en apposition à un niveau connotatif. Au final, l'expression est une métonymie signifiant le commissaire, représentant du pouvoir du colonisateur, bref l'Autre dont l'apparition implique toujours la méfiance de la part des colonisés.

Le renversement de la langue française permet d'avoir un ascendant sur l'Autre et cet aspect est bien démontré dans *Une vie de boy*. Presque chaque personnage blanc perd de sa valeur et de son autorité sous le coup du pouvoir de la langue de l'indigène. La femme du commandant, madame Salvain, désirée par tous les Blancs de la ville, perd de sa beauté aux yeux de la population locale. Elle se fait remarquer par son « gros derrière en as de cœur »[158]. La femme du docteur dans le roman est décrite comme « une pâte violemment lancée contre un mur »[159], ce pour décrire son physique filiforme, mais aussi pour communiquer que son physique est aux antipodes du canon esthétique local, qui est ici valorisé. La description la plus porteuse de sens dans le roman est celle qui joue sur les stéréotypes. Les indigènes déplorent le fait que la femme du commandant soit pour des « incirconcis »[160]. De même, il y a phénomène de déterritorialisation résultant du manque de transparence du substantif qui a un sens autre dans la communauté indigène. La portée culturelle de ce nom, qui crée en fait une classe, mérite d'être élucidée. Pour qui mesure l'importance de la circoncision dans beaucoup de cultures africaines, le substantif « incirconcis » est calculé. La circoncision marque une étape dans la vie. Elle sanctionne le passage de l'âge

[157] Gille Deleuze, Félix Guattari, *KAFKA. Pour une littérature mineure*. Paris : Minuit, p. 29.
[158] Ibid., p. 47.
[159] Ibid., p. 76.
[160] Ferdinand Oyono, *Le vieux nègre et la médaille*. Paris : Julliard, 1956, p. 85.

adolescent à l'âge adulte. Avec cette forme d'initiation, viennent les responsabilités au sein de la communauté, mais aussi et surtout la notoriété. Bourdieu, dans *Ce que parler veut dire*, décode le sens de la circoncision. Elle est un rite qui institue la différence. « Il [ce rite] dit : cet homme est un homme - sous-entendu, ce qui ne va pas de soi, un vrai homme. Il tend à faire de l'homme le plus petit, le plus faible, bref le plus efféminé, un homme pleinement homme, séparé par une différence de nature, d'essence, de la femme la plus masculine »[161].

Selon cette économie, il y a une ségrégation double fonctionnant contre la femme, mais aussi contre tout homme qui est en âge d'être circoncis et qui ne l'est pas. Cela explique le rejet du personnage Toundi dans *Une vie de boy*. Ce dernier, parce qu'il rejette la circoncision, se voit ostracisé par sa communauté et sa famille. Il finit sa vie à la mission chrétienne. Par conséquent, qualifier les colonisateurs d'« incirconcis » annule leur valeur au sein de la communauté qu'ils ont conquise. Le communiquer en français par le biais d'une traduction littérale à partir de la langue du colonisé permet à ce dernier de non seulement remettre en question la masculinité revendiquée par le colon, mais aussi de déconstruire le mythe de supériorité construit autour de sa personne.

Une réaction que cette redéfinition du colonisateur peut amener chez le lecteur est le rire. Ce rire est aussi largement partagé par le colonisé qui l'utilise pour exorciser ses souffrances. Dans une certaine mesure, le rire peut avoir la même fonction que les contes pendant les veillées des esclaves dans les plantations à l'époque de l'esclavage. Les contes racontés pendant la nuit permettent de transcender les souffrances quotidiennes à un moment où l'esclave n'est pas en contact avec le maître. Au contraire, chez le colonisé, le rire se déclenche au contact du colonisateur, acte qui transfère le pouvoir du colonisateur vers le colonisé. A titre d'exemple, je propose d'analyser le signifié du rire dans le film *Chocolat* de Claire Denis.

Clairement, les habitants de la localité de Mindif, localité camerounaise pendant la colonisation, vivent sous la tutelle française. Leurs habitations jouxtent celle du commandant français. Ce dernier vit dans une grande maison, avec sa femme et sa fille, alors que les indigènes vivent dans la promiscuité. L'équilibre des forces est en faveur du colonisateur dans la mesure où les indigènes sont les

---

[161] Pierre Bourdieu, *Ce que parler veut dire. L'économie des échanges linguistiques*. Paris : Fayard, 1982, pp. 123-124.

serviteurs du commandant. Il y a un boy pour les tâches à l'intérieur de la maison, un cuisinier et des femmes de ménage. Ces dernières, situées au niveau le plus bas dans la hiérarchie, sortent momentanément de leur position subalterne par le rire dirigé à l'encontre des Blancs. Ce rire est concentré sur le corps du colonisateur que l'œil du colonisé désarticule et tourne en dérision. C'est l'impression qui est donnée à travers la description d'un Anglais qui est en train de prendre sa douche. Le point de vue est celui d'une femme de ménage indigène accompagnée de la fille du commandant. Ce dernier est parti en mission, laissant sa femme entre les griffes des autres colonisateurs. Ou simplement de tous les mâles. De l'extérieur, la femme de ménage observe, à travers une fenêtre, l'invité anglais prenant sa douche. Elle dit tout bas en riant : « S'il a des poils sur les épaules, il a des poils aux fesses. Ton Anglais [à la fille du commandant], il est plus beau quand il est habillé. Tu as vu ses jambes, ma fille, on dirait des brindilles »[162]. Comme dans *Le vieux nègre et la médaille*, cette focalisation sur le corps du colonisateur permet de minimiser son pouvoir. Le rire n'est qu'un aspect dans le processus de démystification du colonisateur. Par ailleurs, *Batouala* contribue à cette déconstruction de façon plus substantielle.

Dans *Batouala*, le degré de violence du style a un objectif : arriver à la démystification d'une tradition reposant sur la suprématie de la couleur blanche et de l'homme blanc. Dans *Le code noir*, Louis Sala-Molins démontre la centralité du discours européocentrique dans la légitimation de l'esclavage et de la colonisation. Le premier chapitre montre que la malédiction de l'homme noir trouve sa justification dans la Bible. *Batouala* va ainsi contre le discours européocentrique de deux manières. D'une part en démontant le prédicat de la puissance et de l'infaillibilité du Blanc. Par exemple, peut-être pour expliquer la facilité avec laquelle les Allemands ont envahi la France, le Blanc y est synonyme de « tendreté et faiblesse »[163]. D'autre part, si les Africains sont des sauvages, le narrateur articule l'argument que cette sauvagerie n'est pas exclusive à l'Africain. En effet, la 2e Guerre mondiale est présentée comme un théâtre d'anthropophagie animé par les Occidentaux. Si le public occidental est convaincu de la sauvagerie de l'Africain, la boucherie de la guerre place désormais l'homme blanc sur le même pied que l'Africain. Cette idée sera reprise et

---

[162] Claire Denis, *Chocolat*. France, Cameroon, 1988.
[163] René Maran, *Batouala*. Paris : Albin Michel, 1921, p. 37.

exploitée par Aimé Césaire dans *Discours sur le colonialisme*. Certes la langue permet de défaire l'Autre, elle permet aussi de mettre en place un système de collaboration horizontale, de colonisé à colonisé. *Ville cruelle, France nouvelle, romans des mœurs algériennes* et *Le mont des genêts* en sont une illustration pertinente.

Déterritorialiser la langue du colonisateur

Dans *Ville cruelle* de Mongo Béti, la langue du colonisé permet de duper le commissaire témoin d'un crime commis par des indigènes. Nous sommes en présence d'une déterritorialisation totale caractérisée par une opacité entre le colonisateur et le colonisé. Si en traduisant la langue du colonisé en français il y a « risque » de compréhension de la part du colonisateur, ce risque est évité quand l'échange verbal entre colonisés se fait dans leur langue natale. Ce court-circuitage total de la langue française fonctionne efficacement dans *Ville cruelle*. La scène se passe pendant la colonisation. Quelques mécaniciens noirs en voiture ont renversé un piéton blanc, ce qui justifie l'arrivée du commissaire blanc et ses gardes régionaux noirs sur les lieux de l'accident. Toutefois, les coupables évitent la prison en s'enfuyant, avec la complicité des gardes. Ces derniers, profitant d'un moment d'inattention du commissaire, soufflent aux mécaniciens de s'enfuir dans leur propre dialecte. Dans *Le mont des genêts*, la langue du colonisé sert à galvaniser tout un village contre l'occupant français.

Ce roman situe le lecteur à un moment historique très critique dans les rapports entre la France et l'Algérie, Octobre 1954. Le personnage Chéhid, ami des Français le jour et leur ennemi la nuit, est une sorte de chef spirituel dans la mesure où, à partir d'un café qu'il tient en ville, il incite la jeunesse à la révolte. C'est fièrement qu'il rappelle la valeur et surtout le courage de son père qui a dirigé une grève contre les colons. Face à l'administration française qui voulait que le village de son père travaille le jour de l'Aïd, ce dernier, par le biais d'un discours prononcé en berbère, réussit à dresser tout le village contre l'Administration française.

Du côté antillais, nous assistons à un militantisme pour la libération du créole dans *L'exil selon Julia* de Gisèle Pineau. L'action dans ce roman se passe en partie à Paris, où est arrivée Man Ya, d'origine martiniquaise. Son fils l'y a invitée pour passer d'heureuses vacances. A la fin du roman, c'est l'effet contraire qui se produit. Man Ya regrette d'avoir quitté la Martinique, sa terre natale. La résistance linguistique dont elle est le vecteur passe par le parasitage de l'espace parisien. Elle refuse de parler aucune langue autre que le créole, à l'opposé des enfants de son fils qui se croient *sauvés de l'enfer* parce qu'ils ont grandi en France, loin de l'indigence qui prévaut aux Antilles et que nul n'a mieux décrite qu'Aimé Césaire dans *Cahier d'un retour au pays natal*. Toutefois, le créole finit par triompher à la fin du roman et ce triomphe prend forme à travers le retour de la famille en Martinique. Ce retour correspond à l'émancipation du créole car il est la langue par laquelle le peuple antillais exprime son essence. La voix de la narratrice, petite-fille de Man Ya, le chante : « Il [le créole] dit les humeurs et le temps, les commerces, l'amour et ses yeux, le quotidien, la rage et l'excès. Il est dans les chansons. Il rend la monnaie, il injurie et toise, et courtise »[164].

Dans le même ordre d'idées, je propose d'analyser un autre mode de langage utilisé contre l'administrateur français : la musique dans *Une vie de boy* où l'administrateur est forcé de louer les services d'un joueur de tamtam pour donner des instructions aux autres villages environnants. Le double jeu dont fait montre le batteur de tamtam est intéressant. Il transcrit des messages qui sont contraires à ceux que l'administrateur lui dicte. Au contraire, ses messages avertissent les populations locales quand le danger est imminent. Il se sent à l'aise dans sa duplicité car pour lui, « Il est toujours facile de mentir à un Blanc »[165]. En tant que maillon entre colonisateurs et colonisés, l'interprète se situe à un niveau critique qui lui donne la possibilité de jouer le rôle de « parasite » ou de *trickster* par rapport au système colonial. Anny Dominique Curtius, dans son article intitulé « Le grand blanc de Lambaréné de Bassek Ba Kobhio : Lorsque la traduction d'une mentalité coloniale perd son sens », montre comment, par le biais de la sous-traduction, l'interprète peut porter un coup dur à la mentalité coloniale. La scène sur laquelle son article porte est un moment particulier dans le film : l'attroupement des colonisés autour du missionnaire, le Grand Blanc, pour la leçon d'évangélisation. Ce dernier, pour encourager les colonisés au travail, veut faire traduire par l'interprète que loin d'être une garantie de salut, le sacrifice de Jésus sur la croix doit être suivi de façon active, c'est-à-dire par le travail. Le sujet général est donc la motivation des colonisés au travail. L'ignorance de la langue locale par le Grand Blanc donne une

---

[164]Gisèle Pineau, *L'exil selon Julia*. Stock, 1996, p. 244.
[165]Ferdinand Oyono, *Une vie de boy*. Paris : René Julliard, 1956, p. 46.

marge de manœuvre à l'interprète. Conscient des stéréotypes sur le manque d'intelligence et la paresse toutefois rectifiable des Noirs, l'interprète court-circuite l'idéologie coloniale en communiquant un message différent de celui qui lui a été dicté. En fait, le message va plutôt dans le sens de l'application littérale du stéréotype. C'est l'interprétation que fait Anny Dominique Curtius de cette scène : « Quant à l'interprète, c'est par le biais de l'exégèse du sermon du Grand Blanc qu'il propose aux gens de Lambaréné de vivre la plénitude du stéréotype comme pratique postcoloniale de démarginalisation. Puisqu'on vous dit que vous êtes illettrés, fornicateurs, ivrognes, par conséquent irresponsables, eh bien soyez-le »[166].

Dans *Grenouilles du mont Kimbo*, le tamtam a une fonction similaire, la communication codée, mais il est utilisé à d'autres fins. Dans ce roman de Paul Niger, un système de lutte armée se met en place pour mettre fin au colonialisme. Le jeune Mustapha, venant d'un pays du nord anonyme, est descendu jusqu'au sud pour aider d'autres pays africains à avoir une indépendance digne de ce nom. Il fait partie d'une société secrète, bien armée, qui est sur le point de lancer l'assaut contre les Blancs. L'instrument utilisé pour donner l'assaut est le tamtam. C'est une fois aux abords du mont Kimbo, lieu luxueux de résidence des Blancs, que Mustapha reçoit l'ordre d'attaquer envoyé par le chef de la révolution, le personnage nommé l'Etudiant. L'aspect linguistique est en prise directe sur la liberté d'expression, mais d'autres formes de résistance se développent dans l'espace colonial.

Le devoir de violence

Le dictionnaire *Robert* réduit le marronnage à la fuite de l'esclave dans l'optique de vivre en liberté. Dans le contexte de l'esclavage et de la colonisation, j'élargis le marronnage à tout acte de résistance, à l'intérieur de la plantation et de la colonie, ou à l'extérieur, dont le but ultime est d'affecter l'hégémonie du maître ou du colonisateur. Toutefois, il faut remonter jusqu'aux bateaux de transport des esclaves, appelés *négriers*, pour retracer la genèse du marronnage.

---

[166] Anny Dominique Curtius, « The Great White of Lambarene by Bassek Bakobhio : When Translating a Colonial Mentality Loses its Meaning » in FLS, French and Francophone Literature and Film in/and Translation, vol. XXXVI, pp.115-130, 2009.

Maryse Condé, dans *La civilisation du bossale*, ajoute les suicides pendant la traversée de l'Atlantique, les désertions d'esclaves, les empoisonnements du bétail des maîtres ou les avortements à la liste des actes de marronnage. Le marronnage suit donc une longue tradition qui se perpétue pendant la période coloniale. Une des formes en est l'entrée dans le maquis, c'est-à-dire la décision consciente du colonisé de passer d'un espace visible, contrôlé par le colonisateur, à un espace invisible, contrôlé cette fois par le colonisé. Tout comme la montagne pendant l'esclavage, le maquis est perçu par l'autorité comme une zone de non-droit, non-transparente, fréquentée par lesdits « ennemis de la civilisation. » Cet espace est vital pour le colonisé car c'est à partir de là qu'il s'organise militairement pour combattre le colonisateur. La Révolution haïtienne dirigée par Toussaint Louverture est un cas édifiant à ce sujet. Pendant la colonisation, les mêmes tactiques sont utilisées par les indigènes pour déstabiliser le système colonial. C'est dans *Le mont des genêts* et *Le nègre et l'amiral* que le maquis a un poids considérable.

Dans le premier roman, le personnage Chéhid, qui est contre l'Occident, trouve insuffisante la réponse politique des Algériens dans leur lutte pour se défaire du joug français. Ainsi plaide-t-il pour le terrorisme auprès des jeunes dont il est le guide. Plutôt que d'adhérer au P.P.A, le Parti du Peuple Algérien, Chéhid conseille aux jeunes, en particulier le jeune Omar, d'entrer dans le maquis pour y faire la préparation militaire. Pour ce faire, il faut « distribuer des tracts, cribler les murs de slogans et enseigner l'abc de la Révolution dans les bas-fonds »[167].

C'est la même décision que prennent les personnages Amédée et Rigobert dans *Le nègre et l'amiral*, roman qui se situe pendant la 2e Guerre mondiale. La Martinique est sous l'occupation allemande. Un appel est lancé à toute la population de venir défendre le drapeau tricolore français. Toutefois, une partie de la population déserte. C'est le cas des personnages Amédée et Rigobert. A part qu'ils sont tous les deux Antillais, rien n'unit à priori ces deux personnages. L'un est mulâtre, instruit, parle le français et le latin et a un avenir assuré. Cet optimisme s'explique par le moment historique. C'est une époque où la classe des mulâtres dirige la Martinique après le « départ » des colons blancs. L'autre, Rigobert, est noir, non instruit et communique

---

[167]Mourad Bourboune, *Le mont des genêts*. Paris : Julliard, 1962, p. 186.

par le créole. Néanmoins, face au danger, les deux personnages ont les mêmes réflexes de survie.

Le père d'Amédée est arrêté par les Allemands pour franc-maçonnerie alors que les lois de Vichy en interdisent la pratique. Craignant de connaître le même destin que son père, Amédée trouve refuge dans un espace que son père lui a toujours interdit de fréquenter : le Morne Pichevin. A l'image de la Kasbah, il est défini comme un « repaire de nègres sans foi ni loi »[168]. Là, il se sent en sécurité, loin de l'ennemi.

Quant à Rigobert, son esprit rebelle lui vaut la prison. Il s'échappe et déserte. Sa désertion peut se lire comme une forme de rébellion contre deux systèmes : celui qui a réduit son peuple à l'esclavage pendant des siècles, le système français, et celui contre lequel la France lui demande de prendre les armes, l'Allemagne. Son marronnage se manifeste à travers la pyromanie et les embuscades. En effet, d'une part, il met le feu au champ de canne de l'Habitation d'Acajou, comme un Arabe le fait avec le champ de Portal dans *France nouvelle, roman des mœurs algériennes* ; d'autre part, il attaque un camion de ravitaillement destiné à approvisionner en vivres la population blanche. Pour échapper à l'ordre colonial, Rigobert trouve finalement son épanouissement au sein d'une communauté maquisarde. Là, il se fait initier aux secrets de la forêt. Le marronnage de Rigobert prend tout son sens dans son intention de se réfugier à la Dominique.

Les espaces de déconstruction du pouvoir colonial

Dans l'espace urbain après le maquis, les cafés et les bars sont d'autres lieux de résistance. Qu'ils soient légaux ou clandestins, les cafés et bars jouent le rôle de l'arbre à palabres qui, dans la tradition africaine, est une institution à partir de laquelle se définissent les lois coutumières. C'est le centre à partir duquel se génère le pouvoir exécutif, législatif et judiciaire. Dans le cadre colonial, ce sont des lieux de passe-temps certes, mais aussi des endroits où se mène une réflexion sur l'état de la colonie. En général fréquentés par les indigènes, et parfois par les étrangers épousant la cause des indigènes, les cafés et bars donnent l'occasion aux indigènes non seulement de critiquer l'administration coloniale, mais de décider des stratégies à

---

[168]Raphaël Confiant, *Le nègre et l'amiral*. Paris : Grasset, 1988, p. 136.

déployer pour lutter contre le système colonial. Bourdieu insiste sur l'importance de ces lieux publics qui échappent à la censure du dominant sur le dominé. Ces espaces non officiels sont hautement ritualisés. Ils servent à « procurer aux participants un sentiment de liberté par rapport aux nécessités ordinaires, de produire une atmosphère d'euphorie sociale et de gratuité économique à laquelle la consommation d'alcool ne peut que contribuer »[169]. Les cafés ou bars procurent un sentiment de camaraderie, un sentiment *d'être de la même famille*, entre colonisés qui, sous l'effet de l'alcool, se sentent libres de parler du colonisateur. Cette fonction de liberté et d'euphorie que procurent certains espaces publics ne passe pas inaperçue dans maints romans.

France nouvelle, roman des mœurs algériennes présente le café comme un lieu de solidification de la foi musulmane et du militantisme contre le Christianisme. Régulièrement les fidèles se rencontrent dans le café de Lounès, légalement ouvert. Le narrateur décrit l'ambiance qui y règne :

> « On y causait très longuement, s'étalant sur tous les sujets : des tholbas lisaient le Coran, on critiquait les mœurs et les lois chrétiennes ; on se racontait ce que publiaient les journaux français. Et quand passaient des marabouts, on les y suivait en pèlerinage et l'on y demeurait en commun des journées entières, les prières exaltant les ferveurs religieuses, les lectures conseillant la résignation devant les épreuves, les promesses des marabouts annonçant le triomphe des Fidèles quand viendrait l'heure, à la voix de Dieu »[170].

Dans *Le vieux nègre et la médaille*, le bar est aussi un lieu de résistance. Dans ce roman de Ferdinand Oyono, l'économie est sans conteste entre les mains de la population blanche. L'impossibilité d'avoir un commerce privé pour les indigènes est stipulée par la loi. Par exemple, il est interdit à la population locale de consommer des alcools locaux, notamment l'Arbi. Le personnage Méka est un exemple de la menace de sanction qui pèse sur l'indigène : « Il craint d'aller en prison si le commandant sait qu'il a bu un peu d'alcool indigène »[171], dit le narrateur. Malgré ce contrôle, le personnage Mami

---

[169] Pierre Bourdieu, *Langage et pouvoir symbolique*. Paris : Fayard, 1982, p. 146.
[170] Ferdinand Duchêne, *France nouvelle, roman des mœurs algériennes*. Paris : Calmann-lévy, 1903, p. 169.
[171] Ferdinand Oyono, *Le vieux nègre et la médaille*. Paris : Julliard, 1956, p. 18.

Titi, une femme, ne craint pas d'ouvrir son bar clandestin, régulièrement fréquenté par la population locale. De même, c'est le seul espace que les indigènes ont à leur disposition pour discuter de la politique menée par les Français dans la colonie. Parmi les sujets discutés dans ces lieux de résistance, la violence n'est pas écartée. Cette violence est d'ordre politique et physique. Ce constat conduit à mettre l'emphase sur la violence comme réponse du colonisé.

Ce qui est intéressant n'est pas la violence en tant que force physique dirigée à l'encontre du colonisateur. Plutôt, l'intérêt est de suivre le raisonnement qui conduit à la légitimation de la violence comme force dirigeable contre le colonisé. Cette violence se rationalise suivant une rhétorique religieuse et idéologique. Un certain nombre d'exemples sont disséminés dans *Le mont des genêts* de Mourad Bourboune, *France nouvelle : roman des mœurs algériennes* de Ferdinand Duchêne et *La lézarde* d'Edouard Glissant.

Les deux premiers romans fonctionnent de façon complémentaire. Si l'un théorise la violence, l'autre la met en pratique. Dans *Introduction à une poétique du divers*, spécifiquement dans la partie intitulée « Culture et Identité », Edouard Glissant démontre la centralité du mythe fondateur dans l'Histoire pour d'abord créer la genèse d'une société et légitimer ensuite son universalisation : « Il est important que le mythe fondateur s'ancre dans une genèse et comporte deux moteurs : la filiation et la légitimité, qui en garantissent la force et en supposent la fin : la légitimation universelle de la présence de la communauté »[172]. Si c'est le modèle suivi par l'expansion coloniale française et d'autres civilisations, c'est la même démarche qu'adopte le personnage Chéhid dans *Le mont des genêts* pour convaincre son public de la nécessité de lutter contre l'occupant. Ici, l'occupant n'est pas seulement la France, mais l'Occident chrétien et les Algériens qui collaborent avec lui. Chéhid fait un amalgame entre l'année 1830 et l'identité algérienne, dont l'évolution aurait été freinée brusquement par les Occidentaux. L'amalgame s'avère jouer un rôle clé dans la construction de la filiation entre le passé et le présent dans la mesure où tout Algérien peut effectivement identifier cette année-là, 1830, comme celle d'une rupture ou identité algérienne et Islam, étroitement construits, subissent le même préjudice. L'année 1830 symbolise le début de l'agression étrangère. Ainsi la restitution ou réparation de la

---

[172] Edouard Glissant, *Introduction à une poétique du divers*. Montréal : Presses de l'université de Montréal, 1996, p. 47.

rupture engendre la légitimité de la lutte. Lutter contre l'occupant signifie se battre pour débarrasser l'Algérie de l'élément qui a interrompu momentanément l'évolution de son identité. Ainsi l'articule-t-il :

> « L'Islam a été la source vivifiante qui a permis à tout un humanisme de naître, à la civilisation de s'enrichir ; en 1830 encore, la religion était l'âme de la nation algérienne. L'envahisseur a bloqué sa marche, l'a tuée dans sa sève en proscrivant l'étude de la langue. Et maintenant, il veille sur les restes délabrés de ce grand corps en ruine pour les maintenir et nous [les Algériens] enferrer dans nos propres contradictions. On fabrique en série des croyants analphabètes avec un Coran dénaturé. La Mosquée les endort »[173].

Pour cette raison, il prône un Islam actif dont la manifestation est plus perceptible dans *France nouvelle, roman des mœurs algériennes*. En effet, la phase militaire y est déclenchée. La voix du fakir, un ascète prêchant la guerre sainte dans la rue, ne laisse aucun doute sur la connotation violente de la religion. Il s'adresse à tous les Algériens : « Quittez votre patrie et combattez les infidèles ! Allez combattre pour la foi, vous en serez récompensés ! Levez-vous donc, ô musulmans, vrais fils de Dieu, maîtres du monde ! En avant, mes frères, en avant ! Levez-vous à l'appel de Dieu ! »[174]. Le rapport direct entre la lutte et la foi est assez évident. Il s'agit d'une initiative que tout musulman digne de ce nom doit entreprendre. C'est un devoir de violence, une guerre sainte. Ce raisonnement a une résonnance contemporaine dans l'espace que les Etats-Unis ont délimité pour mener la guerre contre le terrorisme : le Moyen Orient. L'Amérique éprouve beaucoup de difficultés à pacifier l'Irak aujourd'hui à cause de la contre offensive des membres d'Al Qaeda. L'appel lancé par ses différents lieutenants aux musulmans du monde entier de venir y combattre l'infidèle depuis 2001 n'est pas resté vain. En effet, s'identifiant à la cause irakienne qu'Al Qaeda présente comme une agression contre l'Islam, des jeunes de divers continents se portent volontaires en joignant l'organisation pour lutter contre l'armée américaine. Par la décision d'Obama de *quitter* l'Irak pour l'Afghanistan, ce dernier a, pendant sa campagne électorale, présenté ce transfert comme le vrai terrain où les Etats-

---

[173] Mourad Bourboune, *Le mont des genêts*. Paris : Julliard, 1962, p. 156.
[174] Ferdinand Duchêne, *France nouvelle, roman des mœurs algériennes*. Paris : Calmann-Lévy, 1903, p. 197.

Unis doivent mener la lutte contre le terrorisme. Car c'est dans ce pays que se cacherait Ben Laden, numéro un d'Al Qaeda, qui a orchestré les attentats du 11 septembre 2001. En Afghanistan, les Talibans réunis recyclent les mêmes tactiques utilisées par Al Qaeda pour faire face aux forces de l'OTAN. Dans le roman *Grenouilles du mont Kimbo*, l'idéologie politique justifie le recours à la violence. L'action est à considérer dans le contexte de la Guerre Froide.

Le mécontentement des paysans qui ont le sentiment de payer trop d'impôts n'est qu'une des raisons qui justifient la formation d'une société secrète. Cette société est dirigée par le personnage nommé l'Etudiant, formé à Prague et revenu dans son pays pour le libérer du colonialisme. Parmi les membres de cette société, Mustapha est l'un des plus réactionnaires. Ce dernier est imprégné d'idéologie communiste, sous l'influence de l'Etudiant. En effet, Mustapha, à la tête du syndicat des employés et ouvriers des plantations, passait ses nuits à lire « des ouvrages concernant le syndicalisme, le marxisme, l'économie politique, les doctrines, les philosophes, Hegel, congrès communistes, Présence Africaine »[175]. A la fin du roman, sa décision de prendre les armes pour attaquer la population blanche s'ancre dans une logique marxiste. C'est le moment où le prolétariat triomphera de la bourgeoisie, le colonisé du colonisateur, tournant qui ne peut se matérialiser que via le soulèvement populaire. Le roman *La lézarde* tient la même rhétorique.

La révolte trouve toute sa légitimité via le personnage Mathieu qui, ovationné par ses compagnons de lutte, condamne la politique assimilationniste française : « Que c'est cela le plus criminel : quand on vole à un peuple son âme, qu'on veut l'empêcher d'être lui-même, qu'on veut le faire comme il n'est pas. Alors, il faut qu'il lutte pour ça. Et le fruit à pain est amer »[176]. Dans cette citation, il faut remarquer la métaphore créée à travers le fruit à pain. Il peut signifier le combat à mener par l'Antillais pour se faire accepter comme membre à part entière de la société française. Ce combat prend son plein sens dans le roman dans la mesure où un groupe de jeunes lutte politiquement, et aussi par la violence, pour une meilleure représentation des pouvoirs locaux antillais. L'assassinat du personnage Garcin s'inscrit dans la perspective du devoir de violence

---

[175] Paul Niger, *Grenouilles du mont Kimbo*. Paris : Maspero/ Présence Africaine, 1964, p. 71.
[176] Edouard Glissant, *La lézarde*. Paris : Seuil, 1958, p. 227.

pour empêcher la reproduction du système colonial qui s'est fait sur la base d'une distribution inégale des terres après l'abolition de l'esclavage. Garcin, Français, désire obtenir les terres de vingt planteurs en bordure de la rivière, la Lézarde. Pour ce faire, il peut compter sur un représentant de la loi qui le rassure de la faisabilité de son projet : « Ne plaisantez pas Garcin. Un décret suffira. Cent mètres en profondeur sur chaque rive appartiennent au gouvernement [français]. C'est ça, le décret »[177]. Comme en Algérie, la loi est utilisée pour exproprier les petits propriétaires terriens. Par l'assassinat de Garcin, le système de corruption porteur de disparités entre Noirs et Blancs aux Antilles se voit directement visé. Ce dernier exemple sur la violence physique laisse voir en filigrane une autre violence qui a trait à la religion. Le Christ est contesté dans l'espace colonial. L'on assiste à la résurgence des religions et coutumes africaines qui ont été étouffées.

Le Christianisme en otage

Pendant l'esclavage, l'exercice de religions autres que la religion catholique est formellement interdit. La même politique est menée pendant la colonisation. Toutefois, force est de constater le retour en puissance des religions africaines dans beaucoup de romans coloniaux, que ce soit aux Antilles, en Afrique de l'ouest ou du nord. L'interdiction de pratiquer les religions africaines n'empêche pas leur expression, phénomène qu'Edouard Glissant décrit comme un « Lieu clos, parole ouverte »[178]. Si Glissant se réfère à la plantation comme un lieu clos au sens où l'esclave ne peut sortir de la plantation que sur autorisation de son maître, une forme que cette fermeture prend dans l'espace colonial est la loi qui rend impossible au colonisé de pratiquer sa propre religion. La parole devient ouverte dans l'espace colonial car la loi échoue dans son effort d'étouffer la manifestation des croyances africaines ou antillaises. Quelques romans mettent en exergue cette ouverture.

S'il y a un thème qui est récurrent dans la littérature coloniale, c'est celui de la critique de la religion chrétienne. La démystification du Christianisme, du moins de ceux qui s'en font les messagers, est une étape nécessaire pour mieux faire l'apologie des coutumes du

---

[177] Ibid., p. 94.
[178] Edouard Glissant, *Poétique de la relation*. Paris : Gallimard, 1990, p. 77.

colonisé. *Le pauvre Christ de Bomba* est l'un des romans qui ont le mieux reflété cette mise en question du messager du Christianisme.

Clairement, le Révérend Père Saint, surnommé R.P.S. dans le roman, admet l'échec de son entreprise d'évangélisation dans cette partie du Cameroun. Son but initial était de guider les Africains en les menant sur la bonne voie, c'est-à-dire la voie chrétienne. Au passage, il faut remarquer la continuité rhétorique entre deux époques séparées par trente sept années : l'esclavage et la colonisation. De la même façon que l'on convertit les esclaves pour sauver leur âme, le même discours est reproduit par le R.P.S. quant aux indigènes. C'est la raison pour laquelle il utilise tous les moyens pour que les Africains abandonnent leurs propres coutumes, jugées barbares et arriérées, et qu'ils embrassent la religion chrétienne. Toutefois, la résistance à laquelle il fait face le conduit à la réalisation de la nature démesurée et insensée de son entreprise. La résistance des indigènes prend un caractère passif et actif. D'une part, ces derniers refusent par exemple d'entretenir les églises, de venir aux travaux de réfection, de répondre aux convocations du Père et de payer le denier du culte ; d'autre part, ils défient les lois du Christianisme par le simple fait de pratiquer la polygamie. A un moment donné, le R.P.S. se rend compte que la plupart des indigènes qui se sont convertis en ont pris l'initiative non par conviction, mais par ruse pour éviter d'être amenés manu militari aux travaux forcés. La preuve est que ces mêmes Chrétiens pratiquent l'animisme en cachette. Le bilan du séjour du missionnaire est donc négatif ou positif selon le point de vue. Pour la France, il s'agit d'une perte notoire, face à la résistance des indigènes que le Père souligne vers la fin du roman : « Comment faire accepter la monogamie à un homme d'ici, ou l'abstinence sexuelle avant le mariage d'autant que les relations sexuelles et avoir un enfant, surtout un garçon, avant le mariage y est une valeur ? »[179]. La mission civilisatrice à laquelle il croyait, perd de son caractère sacré à la fin du roman où le Père fustige le fondement de sa mission. Il fait par contre l'apologie des cultures africaines. Dans une discussion avec un administrateur sur la validité de l'opération civilisatrice, il lance à son interlocuteur : « une religion, pour n'avoir ni Bible ni Coran, pour n'avoir inspiré aucune politique de conquête, peut n'en être pas moins réelle »[180]. Les

---

[179] Mongo Béti, *Le pauvre Christ de Bomba*. Paris : Présence Africaine, 1956, p. 205.
[180] Ibid., pp. 50-51.

coutumes africaines demeurent aussi validées que la religion du colonisateur à la fin du roman.

Dans *Va-t-en avec les tiens !* de Christine Garnier, un espace souverain est créé pour les coutumes africaines. Le roman a une fonction pédagogique et une fonction d'initiation. De même, le Père missionnaire y essuie une défaite car ses efforts pour éradiquer la sauvagerie – les coutumes africaines – chez la narratrice s'avèrent vains. La défaite est notoire d'autant que la narratrice, Doéllé, est métisse, à priori plus facile à civiliser, vu qu'elle le serait déjà à moitié. Son père, qu'elle ne connaît pas, serait d'origine portugaise. Toutefois, son rejet par les Blancs, qui la voient comme un objet sexuel, la conduit à se redéfinir dans un monde où elle est déboussolée. Les propos qu'elle tient au lecteur quant à la signification de l'initiation tiennent de l'anthropologie :

« Chez nous [en Afrique], tout garçon est censé mourir au cours de l'initiation, qu'il subit vers l'âge de quinze ans. Il doit oublier son enfance, dès qu'il est mis en contact avec les pouvoirs magiques émanant des ancêtres. On rase sa tête, on le baigne dans l'eau froide, on brûle son pagne, on l'oblige à sauter des obstacles, pour bien lui faire comprendre qu'on le sépare de sa vie passée. Il est fouetté, il dort par terre sans natte, il est réveillé la nuit pour subir des épreuves compliquées, tout en apprenant de la bouche des anciens les traditions, les chants et les danses »[181].

Doéllé offre une vision cohérente de sa culture, qu'elle valide comme conception de l'univers africain : aussi la met-elle sur le même pied que le Christianisme. En effet, elle trouve un dénominateur commun entre le Christianisme et sa propre culture. Cette analogie culturelle est exprimée dans la réponse que la narratrice donne au missionnaire qui la traite de sauvage pour l'avoir surprise à donner à manger aux morts dans un cimetière :

« Une sauvage, vraiment ? Une barbare ? Dans les missions, on raconte aux noirs que les familles de France dépensent tout leur argent à la Toussaint pour fleurir leurs cimetières d'œillets et de chrysanthèmes. La religion catholique admet donc que les Défunts de la Métropole aiment le parfum des œillets et des chrysanthèmes ? Eh bien ! Si vos morts ont un

---

[181]Christine Garnier, *Va-t-en avec les tiens!* Paris : Grasset, 1951, p. 183.

nez pour sentir, souffrez que nos morts, à nous, aient des dents pour manger ! »[182].

Dans *La lézarde*, le vieux guérisseur est un personnage non négligeable parce qu'il sert de maillon entre les Antilles et l'Afrique. Dans un certain sens, il incarne la mémoire collective car il initie les jeunes à une histoire qui s'efface au fil des générations. Dans le roman, il y a deux catégories de jeunes : ceux qui veulent effacer tout lien avec l'Afrique et ceux qui veulent le garder. D'ailleurs, ces derniers voient la lutte politique pour une meilleure représentation des Antillais en étroite continuité avec l'œuvre des marrons, résistants à l'esclavage. La mort du vieux guérisseur, qui coïncide avec la victoire politique après les élections de 1945, est perçue sous le même angle. L'avis du personnage Mathieu, un des jeunes Antillais luttant pour être député, est plein de sens : « Il est parti notre nègre de Guinée ». Et le narrateur de poursuivre :

> « Mais la seule soudaine animation prouvait qu'il n'était pas parti. Il était plus présent que jamais, il était redescendu des bois où depuis l'an de tuerie et de grand arrivage 1788 sa famille avait tenu. Avec lui, la terre des Ancêtres pénétrait enfin l'âme commune. Chacun tournait le regard vers la case invisible dans les bois (les jeunes surtout, car les aînés avaient tellement appris à oublier qu'ils ne ressentaient au fond d'eux qu'une sourde inconnue tristesse)… On pouvait dire qu'il avait gagné son combat, le vieux guérisseur, le vieux marron… »[183].

Cette citation montre que le narrateur ne trouve aucune contradiction entre le passé et le présent. Dans le roman, Mathieu et ses amis savent conjuguer l'esprit de lutte des marrons avec l'instruction qu'ils ont reçue à l'école républicaine. Ainsi utilisent-ils une nouvelle arme pour améliorer les conditions de vie du peuple antillais. *Vodou, roman de mœurs martiniquaises* de Louis-Charles Royer met en exergue la présence de l'Afrique d'une autre manière. Le roman initie le lecteur au vodou, d'origine béninoise, que la loi du colonisateur n'a pas réussi à éteindre dans les îles. Cette pratique ancestrale sert à faire avorter le dessein du personnage Gérard, Français, dont la famille, d'origine nantaise, a fait fortune dans la traite des esclaves. En visite en Martinique où il tombe amoureux d'Hortense, une métisse qu'il veut

---

[182]Ibid., p. 195.
[183] Edouard Glissant, *La lézarde*. Paris : Seuil. 1958, p. 217.

épouser, son projet échoue à cause de la jalousie du moissonneur Jioule, sorcier réputé. Les détails sur la cérémonie du vodou ont aussi valeur d'initiation :

« Sanglé dans une tunique écarlate qui lui [Jioule] descendait jusqu'aux pieds, le nègre gigantesque paraissait encore grandi. Dans sa lente ascension vers l'autel, il s'appuyait sur une haute canne enguirlandée de cadavres de serpents. Jioule prit place sur l'estrade ; un cortège de femmes, drapées dans des voiles blancs, s'avança… Alors s'amena une cohorte de nègres escortant un taureau noir recouvert d'une cape pourpre. La bête renâclait, se faisait tirer… Enfin l'animal fut hissé sur l'autel. Les chanteuses s'étaient levées et formaient, autour de la bête, une guirlande blanche qui ondulait au vent. Elles avaient repris leurs chœurs ; mais l'obsédant cantique était devenu un champ d'allégresse qu'accompagnait le sourd ronflement des tambours. Pliant sous leur faix, deux nègres pénétrèrent dans l'enceinte, portant un tronc d'arbre creusé qu'ils déposèrent au pied du taureau. Un éphèbe nu s'avança, une épée nue tendue horizontalement sur ses bras maigres. Les torches faisaient de l'arme comme le glaive flamboyant d'un démon exterminateur. Jioule saisit l'épée et l'enfonça d'un seul coup au cœur du taureau »[184].

Dans le roman, Hortense et le taureau meurent exactement au moment où Jioule enfonce l'épée dans le cœur de l'animal. L'animisme va bon train la nuit, cohabitant avec le Christianisme pratiqué le jour. Ici la notion de feinte ou de *camouflage* est à observer de très près car l'ancien maître cohabite avec l'ancien esclave dans l'illusion que ce dernier, baptisé, est débarrassé des coutumes de ses ancêtres africains. A l'arrière-plan de cette citation, il semble que le narrateur dévoile l'échec de l'article 3 du *Code noir* qui interdit l'exercice de toute religion autre que la religion catholique, apostolique et romaine. Cette forme d'auto défense ne signifie toutefois pas le boycott de la culture occidentale. Bien au contraire, cette valorisation du passé va de pair avec la fréquentation de la culture occidentale dont le vecteur principal est l'école républicaine. Cette nouvelle arme, embrassée par les jeunes générations, est assez populaire comme stratégie de lutte dans les romans coloniaux aux Antilles et en Afrique. La résistance radicale et ouverte des anciens esclaves est remplacée par la notion de

---

[184] Louis-Charles Royer, *Vodou. Roman des mœurs martiniquaises*. Paris : Les Editions de France, 1944, p. 228.

syncrétisme. Ce concept semble plus efficace car il sous-entend l'application de la sagesse du passé aux vicissitudes du présent.

L'école : un « mal nécessaire »[185]

L'école fait l'objet de controverses dans certains romans. La question à laquelle la génération qui a connu la colonisation est confrontée est de savoir quelle attitude adopter vis-à-vis de l'école française. Dans maints romans, après une opposition farouche des colonisés, l'école finit par être considérée comme une arme vitale qui peut conduire le colonisé à sa propre libération. Dans les années 1960, l'expérience des Pères Fondateurs de la négritude a inspiré beaucoup d'écrivains. L'impact que Léopold Sédar Senghor, Aimé Césaire et Léon Gontran Damas ont eu sur le monde intellectuel est inestimable. Dans une certaine mesure, ils ont été les porte-parole non seulement des colonisés africains, mais de tous les peuples opprimés sur terre. Aimé Césaire ne fait que le rappeler quand il affirme être « la bouche des malheurs qui n'ont point de bouche, ma voix la liberté de celles qui s'affaissent au cachot du désespoir »[186]. Dans *Cahier d'un retour au pays natal*, Césaire semble conscient que l'ancien schéma de lutte contre le colonisateur, vertical, qui consiste pour le peuple noir à se battre en solo contre le monde blanc qui est l'institution, a ses limites. Ce schéma vertical est remplacé par un schéma horizontal qui consiste en une alliance avec tous les peuples sous une quelconque forme d'oppression. Cela implique une ouverture qui transcende la notion de race. C'est ce dont le poète fait montre en s'identifiant aux Juifs et aux Indiens dans son *Cahier*.

L'instrumentalisation de l'école est le propos principal dans *L'aventure ambiguë*. Cheikh Hamidou Kane y problématise le concept de la fréquentation de l'école dans une société musulmane. L'arrivée des Blancs avec leurs écoles est perçue comme une menace quant à la stabilité du monde de la tribu des Diallobé, groupe ethnique du Mali en Afrique de l'Ouest. Le jeune Samba Diallo est pris entre deux factions : l'une en faveur de l'envoi des jeunes à l'école des Blancs, l'autre y étant défavorable. Samba Diallo, suivant une longue

---

[185] Cette expression est empruntée à Senghor dont la fameuse phrase "La colonisation est un mal nécessaire" avait fait l'objet de critiques acerbes de la part d'intellectuels africains.

[186] Aimé Césaire, *Cahier d'un retour au pays natal*. Paris : Présence Africaine, 1983, p. 22.

tradition, fréquente l'école coranique. Pour son maître, l'école française conduit à la perte de Dieu. Néanmoins, il n'est pas certain de faire le bon choix en créant un bastion entre les jeunes et l'école française. Le narrateur souffle au lecteur le dilemme auquel le maître est confronté. Réfléchissant sur la question, il conclut :

« Si je leur [les jeunes] dis d'aller à l'école nouvelle, ils iront en masse. Ils y apprendront toutes les façons de lier le bois au bois que nous ne savons pas. Mais en apprenant, ils oublieront aussi. Ce qu'ils apprendront vaut-il ce qu'ils oublieront ? Si je ne dis pas aux Diallobé d'aller à l'école nouvelle, ils n'iront pas. Leurs demeures tomberont en ruines, leurs enfants mourront ou seront réduits en esclavage. La misère s'installera chez eux et leurs cœurs seront pleins de ressentiments... »[187].

La question est finalement tranchée par la Grande Royale, personnage féminin respecté au sein de la communauté, sœur du chef de la tribu des Diallobé. Pour elle, il ne s'agit pas d'une question de se distancier de Dieu, mais de pousser le peuple à aller dans le sens de l'Histoire. La réponse de la Grande Royale est pertinente :

« L'école étrangère est la forme nouvelle de la guerre que nous [la tribu des Diallobé] font ceux qui sont venus, et il faut y envoyer notre élite, en attendant d'y pousser tout le pays. Il est bon qu'une fois encore l'élite précède. S'il y a un risque, elle est la mieux préparée pour le conjurer, parce que la plus fermement attachée à ce qu'elle est. S'il y a un bien à en tirer, il faut que ce soit elle qui l'acquière en premier »[188].

Clairement, le peuple ne doit pas se cantonner dans le passé, mais évoluer et se battre avec les nouvelles armes qui sont à sa portée. C'est le meilleur moyen de sortir de l'esclavage, signifiant ici la domination du colonisateur. Dans le roman, c'est ainsi que Samba Diallo est un des tout premiers à fréquenter l'école française, ce qui le mène jusqu'à Paris pour poursuivre ses études supérieures. La clairvoyance dont fait montre la Grande Royale est réitérée dans *Ville cruelle*.

Le jeune Banda est conscient du déséquilibre des forces qui existe entre les Noirs et les Blancs, les uns vivant dans l'opulence, habitant des quartiers chic, contrôlant l'économie, les autres dans l'indigence, habitant les bidonvilles. A la fin du roman, il y a une prise de

---

[187] Cheikh Hamidou Kane, *L'aventure ambiguë*. Paris : Julliard, 1961, pp. 48-49.
[188] Ibid., p. 52.

conscience manifeste chez Banda quant au rapport des forces et comment remédier à ce déséquilibre. Il y a une démarcation patente entre la génération de Banda et celle de ses parents. La mère de Banda reconnaît bien dans la génération de son fils celle qui va apporter le changement dans les conditions de vie de leurs parents, changement apporté grâce à l'école. Par suite de l'invitation des Blancs, elle se souvient qu'

> « ils [les enfants] sont allés dans leurs écoles ; ils ont appris à parler leur langue, à discuter avec eux, à faire des calculs sur des feuilles de papier, tout comme eux. Ils font marcher des machines terribles qui abattent les arbres, creusent les routes, ils roulent dans les camions à des vitesses infernales. Ils font tout ce que font les Blancs. Alors ils ne veulent plus être tenus pour de simples domestiques, pour de simples esclaves comme leurs pères, mais pour des égaux des Blancs »[189].

Le dilemme posé quant à la fréquentation de l'école des Blancs dans *L'aventure ambiguë* est dépassé dans *Ville cruelle*. Il faut noter que l'imitation est un des modèles populaires comme moyen de se libérer du colonisateur. La critique postcoloniale n'a pas manqué de soulever la question de l'authenticité de la lutte du colonisé dans la mesure où sa méthode de lutte est calquée sur le modèle du colonisateur. La nécessité de prendre en compte le contexte oblige à valider l'utilisation de l'école contre le colonisateur. Dans le domaine antillais, j'utiliserai deux références sur l'école car elle a une fonction différente dans chacune d'elles.

La première est le roman *Le nègre et l'amiral*. Ce choix se justifie par le fait qu'il suit le parcours identitaire d'un jeune Antillais. Par voie métaphorique, c'est le parcours de tous les théoriciens de la négritude, mouvement pour la défense du peuple noir fondé à Paris par Aimé Césaire de la Martinique, Léon Damas de la Guyane et Léopold Sédar Senghor du Sénégal.

Dans l'histoire, le jeune Amédée vit mal l'identité que son père lui a imposée depuis qu'il est tout petit. On lui défend de fréquenter les Noirs et de parler le créole. Pendant des années, il joue le jeu. Bon élève, il parle le français et le latin. Ce sont ses bons résultats scolaires qui le conduisent à Paris où son expérience rappelle justement celle des fondateurs de la négritude. Il est en métropole, espace construit

---

[189]Mongo Béti, *Ville cruelle*. Paris : Présence africaine, 1954, p. 151.

comme le cœur de la Civilisation. Pourtant, jamais il ne s'en est senti si éloigné. Il s'ennuie dans les cours sur la civilisation occidentale. Dans la capitale, il fait la rencontre de Claude Mc Kay et d'un Martiniquais qui a participé à l'élaboration de *Légitime Défense* en 1932. Les rencontres d'Amédée l'amènent à se réconcilier avec lui-même et à résoudre ses contradictions identitaires. Il se définit comme Noir. Cette vérité lui est révélée via la découverte du tableau de Géricault, *Le Nègre*, hésitant entre le grand mirage blanc et la tendresse du giron. S'identifiant pleinement au personnage du tableau, il se rend compte que malgré son mimétisme de la société blanche, il ne sera jamais considéré comme un Blanc. C'est un moment clé dans le roman car c'est l'instant où il décide de retourner en Martinique et d'assumer pleinement sa culture : « Il est temps de rentrer au pays ! C'est la certitude qui s'impose à moi au moment où je tourne la clef de mon appartement. Je n'ai pas envie de devenir le nègre de Géricault, ni de Marcel, ni d'Antoine, ni d'aucun de ces traîne-savates coloniaux qui hantent la capitale française de leur foulée d'hommes sans racine »[190].

La deuxième référence est le film *Rue cases-nègres*. Si *Le nègre et l'amiral* peut être lu comme un mouvement de repli sur soi, le film adopte une démarche double. Il est mouvement vers l'Autre, le Français, et aussi enracinement dans la culture d'origine, la culture africaine. Syncrétisme culturel. Si le roman *La rue cases-nègres* de Joseph Zobel défend une indépendance suivant le modèle africain dans les années 1960, l'Etat nation, Euzhan Palcy dans son film *Rue cases-nègres* propose un schéma différent. Les racines du personnage y sont sauvegardées au sein de la République française de façon harmonieuse. Pour ce faire, l'école française et le personnage Médouze sont complémentaires.

L'univers dans lequel vit José et sa grand-mère est celui de la plantation, au début du 20e siècle. Même si l'époque est postérieure à l'abolition de l'esclavage, il semble que l'esprit de cette époque-là persiste après l'abolition. Les travailleurs, analphabètes, sont à la merci de leur patron qui leur verse un salaire dérisoire. Après l'abolition, ils sont comme condamnés à demeurer sur la plantation car ils ne sont pas armés pour en sortir. L'arme qui peut les aider à quitter la plantation est l'école. C'est la raison pour laquelle la grand-mère de José, qui travaille à la plantation, fait des sacrifices pour que

---

[190] Raphaël Confiant, *Le nègre et l'amiral*. Paris : Grasset, 1988, p. 200.

ce dernier fréquente assidument l'école des Blancs. D'ailleurs la première phrase que José apprend à l'école ne laisse aucune ambiguïté sur l'enjeu que représente l'école : « L'instruction est la clé qui ouvre la deuxième porte de notre liberté »[191], phrase que le maître fait recopier aux élèves. A travers cette leçon, il y a une prise de conscience que l'abolition de l'esclavage n'est qu'une première étape dans l'émancipation du peuple antillais. Un des messages du film est clair : si les Antillais veulent arriver à briser le racisme systémique qui se met en place via les barrières socio-économiques séparant Blancs et Noirs après l'abolition, c'est par l'école. C'est par ce biais que José acquiert l'habitus vital pour son intégration dans la société française, tout en gardant une forte conscience de l'origine de ses ancêtres. Il réussit brillamment au certificat d'études, tente le concours de l'Ecole des Bourses avec succès, ce qui l'amène à déménager à Fort-de-France, capitale de la Martinique. Par son déplacement de la plantation vers Fort-de-France, il négocie un espace pour son peuple qui veut aussi jouer un rôle considérable dans la destinée des Antilles françaises. Plutôt qu'un décentrement, son mouvement vers Fort-de-France correspond à une démarginalisation qui peut mieux se comprendre au vu de l'impact du personnage Médouze sur José. En effet, comme je le développerai dans les pages suivantes, c'est lui qui initie José à l'Afrique. A la fin du film, le départ de José de la plantation ne doit pas se lire comme une éradication de la plantation. Il s'agit de la reconnaissance du fait qu'il quitte physiquement la plantation, phénomène inévitable et naturel, ce qui préfigure l'entrée des Antilles dans la modernité. La plantation, rue cases-nègres, vit désormais à l'intérieur de José qui confie au spectateur qu'il déménage à la capitale avec sa rue cases-nègres. La perception de l'école comme un moyen d'ascension sociale et d'intégration est aussi partagée dans quelques romans d'Afrique du nord. L'un d'eux est *L'eau souterraine* de Paul et Victor Marguerite.

Sans doute, le rapport des forces inégal entre Français et Algériens rend impossible la reprise du pouvoir par les Algériens défaits en 1830. Cela, le père d'Aïcha, un des personnages saillants du roman, ne l'a que trop bien compris. C'est la raison pour laquelle il décide de se battre avec l'arme que lui tend le colonisateur. Plutôt que de prêcher le repli dans le maquis et la prise des armes contre les Français, il utilise sa fille dans l'optique de pouvoir jouer un rôle significatif dans la

---

[191] Euzhan Palcy, *Rue cases- nègres*. Martinique, 1983, 107 minutes.

nouvelle Algérie. Il la met à l'école française où elle commence à fréquenter un officier français avec qui elle se marie. Ce lien donne au père la possibilité de se faire attribuer une fonction sociale. Sa collaboration avec les Français lui donne accès au commandant supérieur qui l'utilise comme médiateur entre lui et la communauté arabe. Cette politique calculée est fidèlement rapportée par le narrateur : « Si-Salem, bon joueur, gardait à sa fille l'espèce d'une reconnaissance qu'il pouvait avoir pour un enjeu, bien placé jadis, et qui lui avait apporté ce qu'il en espérait. Par ce mariage [celui de sa fille à un militaire français] qu'à force de politique il était parvenu à faire accepter comme un sacrifice par ses coreligionnaires, il avait donné à la France un gage évident de sincérité »[192].

A travers les exemples cités, l'on constate le dilemme que l'école française a posé au sein des colonies, surtout en Afrique du nord et de l'ouest ; d'autre part, il semble y avoir consensus sur la perception que l'école demeure un outil précieux que le colonisé peut retourner contre le colonisateur, aux Antilles, en Afrique de l'ouest et du nord. Cette décision d'embrasser l'école, loin de signifier la perte d'une identité, ne serait qu'une décision guidée par le bon sens. Aujourd'hui plus que jamais, il est critique de le réitérer à l'heure où l'on parle de chocs des civilisations. L'invasion de l'Irak par les Etats-Unis, mais surtout la nature des difficultés que les Américains ont pour accomplir leur mission au Moyen-Orient, conduit certains critiques à poser le prédicat de l'incompatibilité entre l'Islam et le Christianisme. Ce discours qui polarise est une amplification de la rhétorique de Nicolas Sarkozy en France sur la question de savoir si les coutumes et religions des immigrés ne constituent point un obstacle à leur intégration. Ce mode de pensée conduit à une radicalisation et une polarisation du monde dont les conséquences sont imprévisibles. Cela se voit au Pakistan, en Iran, au Bengladesh, en Irak, en Inde, au Kenya, en Somalie où l'intégrisme est galopant et tourné contre l'Occident. Le souci de déconstruire cette division inventée par les radicaux de toutes parts constitue même la pierre angulaire de la tournée récente du président Barak Obama au Moyen-Orient et de son discours historique au Caire. L'objectif de son allocution sans précédent est de décrisper et de dépolariser le monde, de défaire l'image des Etats-Unis que le monde a développée sous Georges Bush et de présenter les Etats-Unis non plus comme gendarme du monde,

---

[192] Paul et Victor Marguerite, *L'eau souterraine*. Paris : Félix Jouven, 1903, p. 193.

mais comme géant qui désormais veut que ses rapports avec le reste du monde soient basés sur le respect et non la diplomatie du cowboy.

J'ai fait allusion à la négritude et à ses fondateurs. Ce mouvement s'est manifesté sous des formes politiques, culturelles et littéraires. Je vais maintenant mettre l'accent sur un genre d'écriture qui est une forme de négritude chez les auteurs coloniaux. Il consiste à définir un espace de souveraineté pour l'Histoire des colonies. Pendant des siècles, précisément de l'esclavage à la deuxième moitié du 19ᵉ siècle, l'histoire des colonies a été écrite par le colonisateur. Les travaux anthropologiques de Frobénius au 19ᵉ siècle influencent les fondateurs de la négritude de façon significative. Ces derniers, ainsi que d'autres écrivains, se lancent dans l'écriture de l'Histoire de l'esclave et du colonisé non seulement dans les romans, mais aussi dans les films et pièces de théâtre. Cette stratégie constitue le dernier point de l'exploration des tactiques de défense dans l'espace colonial.

Le colonisé se re-présente

Le projet d'écriture de l'Histoire est évident dans le film *Rue cases-nègres*. L'histoire des esclaves est transmise via la tradition orale dont le vieux Médouze se fait le dépositaire. Ostracisé jusqu'à sa mort dans le film, sa seule amitié est le jeune José, né dans la plantation comme lui. Toutefois, contrairement à Médouze, vieux, condamné à vivre dans la plantation, José est en voie d'intégration grâce à l'école française. Le contact entre les deux personnages s'avère positif pour le plus jeune. En effet, le vieux, se sachant près de la mort, initie le jeune non seulement à l'Histoire de ses ancêtres africains, mais aussi à la sienne, antillaise, riche de valeurs. Loin des livres scolaires qui font un compte-rendu édulcoré de l'esclavage, Médouze raconte les conditions de capture de ses ancêtres en Afrique, de leur arrivée aux Antilles et de leur vente au marché des esclaves en passant par les conditions de transport. A la fin du film, José est initié à une conception du monde qui est africaine, circulaire, selon laquelle le corps retourne en Afrique après la mort, contrairement à la conception linéaire occidentale. « C'est quand je serai mort, que mon vieux corps sera là-dessous [sous la terre], que j'irai en Afrique »[193], lui explique Médouze lors d'une veillée. Il faut mesurer l'importance des veillées qui initient le spectateur à « une littérature orale, qui circule de

---

[193] Euzhan Palcy, op. cit.

plantation à plantation, voire d'île en île »[194] et qui permet la naissance d'une identité commune chez les esclaves.

D'autre part, Médouze introduit José à l'univers des marrons dont les défis continus au système esclavagiste ont conduit à la libération des esclaves. Par exemple, il évoque la révolte de Saint-Pierre où des marrons sont descendus des mornes avec des bâtons, des fusils pour attaquer les Békés [les Blancs]. Son récit oral est captivant : « Lorsque les Nègres voyaient les Blancs trembler, s'enfermer dans leurs belles maisons et mourir, c'est comme ça que l'esclavage est fini »[195]. Ce discours constitue un défi par rapport à l'Histoire officielle qui donne une autre version de l'abolition de l'esclavage. Dans les manuels d'Histoire, l'abolition est présentée comme une suite logique du siècle des Lumières dont Victor Schoelcher est le vecteur ultime. L'abolition serait la manifestation et le don du projet universaliste de l'esprit de liberté qui, après les Antilles, se serait répandu sur le sol africain. En évoquant l'action des marrons, le vieux Médouze donne plus de poids à une Histoire non écrite car elle contredit l'histoire telle qu'elle est construite par l'Occident. Aujourd'hui encore, la controverse quant aux facteurs qui ont conduit à l'abolition divise le monde des historiens. C'est le cas aussi pour Toussaint Louverture dans la pièce de théâtre *Monsieur Toussaint*.

Un des projets d'Edouard Glissant dans cette pièce semble être de restituer à Toussaint Louverture toute la place qui lui revient dans l'Histoire. L'auteur lève le voile sur la mauvaise gestion de l'île et l'ambition démesurée qui vont mener Louverture à sa perte. A la fin, piégé par le général français Brunet, il est capturé puis exilé en France où il meurt de froid en prison dans le Jura. Ironiquement, c'est par sa mort qu'il entre vraiment dans l'Histoire. A partir de ce moment, il devient une inspiration pour toutes les autres colonies qui désirent se libérer de la tutelle française. Par la mort, Toussaint Louverture passe dans l'immortalité. Aimé Césaire réinscrit son combat dans *Cahier d'un retour au pays natal* :

> « Ce qui est à moi aussi : une petite cellule dans le Jura, une petite cellule, la neige la double de barreaux blancs, la neige est un geôlier blanc qui monte la garde devant une prison. Ce qui est à moi, c'est un

---

[194] Maryse Condé, *La civilisation du bossale*. Réflexion sur la littérature orale de la Guadeloupe et de la Martinique. Paris : L'Harmattan, 1978, p. 7.
[195] Euzhan Palcy, op. cit.

homme seul emprisonné de blanc, c'est un homme seul qui défie les cris blancs de la mort blanche (TOUSSAINT, TOUSSAINT LOUVERTURE), c'est un homme seul qui fascine l'épervier blanc de la mort blanche »[196].

Si d'un côté la citation mentionne les conditions de détention de Toussaint Louverture, d'autre part, il y a récupération de son œuvre. C'est un héros non seulement pour le peuple haïtien, mais pour le peuple noir, étant le premier dont la résistance au Blanc s'est soldée par la liberté. Boubakar Boris Diop utilise de même la littérature pour inscrire à jamais l'héroïsme des combattants africains qui ont participé aux deux guerres mondiales aux côtés des Alliés contre les Nazis.

Si l'apport des tirailleurs sénégalais dans les deux guerres est assez généralement connu, le public reste relativement ignorant quant à un épisode particulier impliquant les soldats français et africains. La pièce *Thiaroye terre rouge* le relate. L'histoire est racontée du point de vue d'un colonisé. L'adaptation filmique qu'Ousmane Sembène en a faite est longtemps restée censurée au Sénégal. L'action se passe en 1944 au camp de Thiaroye. Thiaroye est une localité située à quelques kilomètres de Dakar, capitale du Sénégal. C'est dans ce camp que sont parqués les soldats de l'ouest africain vers la fin de la 2e Guerre mondiale. Dans la pièce, un des thèmes évoqués est celui du sacrifice des villageois africains ayant « envoyé » leurs enfants se battre pour la France. La mise en relief du verbe « envoyer » permet de soulever la question sur les conditions du recrutement des tirailleurs. Dans la pièce, les tirailleurs sont capturés et enchaînés avant d'être conduits au front. Par ailleurs, le personnage Naman donne une idée des mauvais traitements dont les soldats africains font l'objet après la guerre, malgré les promesses de la France d'améliorer leurs conditions de vie, mais aussi de les rémunérer pour avoir pris part au conflit. Ce dernier est le porte-parole des troupes africaines qui exigent leur dû. L'exaspération monte d'un cran quand les soldats décident de se rendre chez le général Modiano pour réclamer leur paye. Craignant une mutinerie générale, ce dernier ordonne le massacre de tous les soldats. Cet épisode colonial est resté dans l'ombre pendant des années. La pièce met la lumière sur cette tragédie, conséquence du manquement de la France à ses promesses d'avant-guerre. Cette

---

[196] Aimé Césaire, *Cahier d'un retour au pays natal*. Paris : Présence africaine, 1983, p. 25.

version représente le point de vue du colonisé. Toutefois, le rapport de la hiérarchie militaire semble défendre le point de vue que la France n'a eu d'autre choix que de procéder à ce massacre collectif, seul moyen pour elle de soigner son image ternie par la défaite face à l'Allemagne. Concernant les mêmes faits, voici un extrait du rapport du général de Périer :

« Les causes profondes de mutinerie sont celles qui ont amené le changement de mentalité de nos troupes noires en général et des ex-prisonniers en particulier [certains tirailleurs étaient prisonniers en Allemagne]. Il y a eu notre défaite et certaines défaillances ... Aux yeux du noir qui n'est pas dénué de tout sens critique, le Blanc a perdu de son prestige. Pour les prisonniers, quatre ans de captivité doivent être considérés comme quatre ans de propagande allemande ou autre, à base de dénigrement de l'armée française et de ses cadres »[197].

Quelques remarques. D'une part, le général ébranle le stéréotype classique sur le manque d'intelligence des Noirs. Reconnaître que le Noir n'est pas dénué de sens critique revient à admettre qu'il n'est pas sauvage et bête, ce qui contredit le support théorique de la mission civilisatrice. D'autre part, la participation des Africains à la guerre est un moment clé dans la prise de conscience du peuple noir. Avoir vu le Français courir, pleurer et mourir dans la guerre mène à la déconstruction de tout le mythe qui avait été élaboré autour de l'homme blanc. Dès lors, le colonisé se voit psychologiquement en rapport d'égalité avec le colonisateur, fait qui joue en faveur du colonisé dans l'articulation de son droit à la liberté.

Jean Pélégri, dans *Les oliviers de la justice*, restitue l'histoire des rapports entre la France et ses possessions d'Afrique du Nord, ici l'Algérie. Son point de vue est intéressant dans la mesure où c'est un Français qui fait un diagnostic de la présence française en Algérie avant et après la guerre. Peut-on en déduire qu'il fait preuve de plus d'objectivité ? Son analyse rejoint celle de Boubakar Boris Diop dans *Thiaroye terre rouge*. Datée du 1er juin 1958, le journal du narrateur dans *Les oliviers de la justice*, après une longue observation des rapports entre Français et Algériens, légitime la révolution dirigée contre les Français. De même, la France est fustigée pour avoir manqué de tenir les promesses faites aux Arabes et aux Kabyles après

---

[197] Serge Bilé, *Noirs dans les camps Nazis*. Monaco : Le serpent à plumes, 2005, p. 54.

1945. Avec le temps, l'espoir d'un retour merveilleux en Algérie demeure une illusion pour les soldats algériens. Le narrateur rectifie l'Histoire officielle en réinscrivant le rôle critique des Algériens dans l'issue du 2ᵉ conflit mondial : « La guerre de 1945 était gagnée et par les Arabes et par les Kabyles »[198]. Ainsi sème-t-il le doute sur le discours officiel selon lequel les Alliés, la France, l'Angleterre et les Etats-Unis, ont gagné seuls la guerre. Toutefois, le bilan de l'après-guerre est négatif en Algérie. Par exemple, il y a une ségrégation au niveau du versement des pensions entre Français et Algériens, les meilleures terres sont toujours détenues par les Français. Bref c'est un retour au statu quo après la guerre, ce qui alimente une haine à l'encontre des Français. Le narrateur, un Français, prend le parti des Algériens lorsqu'il accuse la France d'être de mauvaise foi vis-à-vis de ses colonisés. Il accuse la France, à la Zola dans l'Affaire Dreyfus. A titre d'exemple, au sujet de la torture, le narrateur défend la position que cette pratique existe depuis longtemps, mais que l'on ne va s'en émouvoir que si les Européens sont torturés. En somme il épouse sans réserve la cause algérienne et la lutte des indigènes pour le respect de leurs droits. Les dernières pages du narrateur le réitèrent : « Une grande nuit s'annonce pour l'Algérie qui préparait l'apparition du soleil au bout du tunnel »[199]. Le narrateur, et peut-être l'auteur, demeure entièrement optimiste quant à l'émancipation de l'Algérie. La nuit est une métaphore de la guerre d'Algérie, passage obligé pour aboutir au soleil, synonyme d'indépendance.

Dans cette partie, j'ai tenté de montrer les différentes méthodes d'expression du colonisé dans un climat de censure systémique. Les différents exemples que je cite illustrent une évolution dans les stratégies de résistance du subalterne. Sans pour autant discréditer son efficacité, il faut reconnaître que la résistance radicale a fait son temps et est remplacée par d'autres tactiques dignes du *trickster*. Le colonisé a un caractère protéen, qui mue en fonction des circonstances. Cette résistance existe depuis longtemps dans le domaine de la littérature. J'explore maintenant un autre domaine dans lequel s'inscrit la lutte des minorités, la musique, et qui est le champ d'expression de la néonégritude. Dans les banlieues africaines, françaises et américaines, le rap, le hip hop et le reggae sont des outils par lesquels une nouvelle forme de négritude, la néonégritude se fait jour. La néonégritude est la

---

[198]Jean Péligri, *Les oliviers de la justice*. Paris : Gallimard, 1959, p. 197.
[199]Ibid., p. 274.

voix des descendants d'esclaves et de colonisés en France, en Afrique et aux Etats-Unis qui, par la musique, fustigent l'Etat-nation tel que célébré par l'Occident. Les styles musicaux que j'analyserai sont le rap, le hip hop et le reggae. Par ces trois genres musicaux, les artistes qui sont issus des ghettos français, américains et africains tiennent un discours qui partage des traits avec le mouvement de la négritude des années 1920. A priori, le lecteur voit dans la néonégritude une reprise de la négritude. La suggestion est claire. Cependant, à voir l'origine sociale, le langage, la langue et l'audience de la néonégritude, le lecteur constatera des différences foncières entre la négritude et la néonégritude. Dans la partie suivante, je me focalise sur les similarités et les différences entre les deux mouvements, mais aussi sur quelques figures proéminentes de la néonégritude ainsi que ses différents champs d'expression en Afrique, en France et aux Etats-Unis.

Chapitre VII :
LA NEONEGRITUDE
ET SES CHAMPS D'EXPRESSION

Origine, audiences, langues, langage et aspirations

La néonégritude fait automatiquement penser à la négritude. L'historique de la négritude n'est plus à faire aujourd'hui. Tout élève francophone qui franchit le cap du lycée a entendu parler de Léopold Senghor, de Léon Damas et d'Aimé Césaire. Evidemment, la négritude implique plus que ce triumvirat qui figure en tête de liste dans le discours officiel de la décolonisation. Les sacrifices des masses sont passés sous silence. Dans ce livre, j'ai essayé de donner la voix aux masses en explorant des auteurs inconnus dans le mouvement de la négritude. La néonégritude est justement une continuation de cet effort sous un angle différent. Avec un recul de quelques décennies, on peut avancer aujourd'hui que la négritude était une affaire d'intellectuels qui étaient les anciens élèves de la France. Ces derniers, qui venaient des colonies, étaient sélectionnés par la France pour venir continuer leurs études supérieures en métropole. A terme, ils devaient servir de relai au colonisateur dans les colonies. Senghor, Damas et Césaire méritent toute la place qui leur est accordée dans la mémoire collective. Toutefois, la canonisation de ces derniers ne doit pas empêcher le critique actuel de remettre en question leur allégeance au colonisateur après la décolonisation. Il incombe aux générations actuelles de célébrer les sacrifices des anciens certes, mais aussi de réfléchir sur les insuffisances du mouvement de la négritude pour ne pas les répéter. Il ne serait pas faux d'avancer que la négritude était un mouvement fermé, qui se voyait investi de la même mission que celle de l'élite française pendant les Lumières. Convaincue de sa supériorité sur les masses non instruites, l'élite avait pour devoir de guider les masses. Cette élite intellectuelle africaine représentait une minorité avant et après les indépendances. Ces derniers communiquaient en français et en étaient fiers, ce qui signifie que toute personne non-initiée à la langue française était de facto exclue de leur message. Les pionniers de la négritude faisaient partie d'un système philosophique élitiste et paternaliste articulé pendant les Lumières. Même si les intellectuels africains et antillais rejetaient foncièrement maintes caractéristiques des Lumières, il n'est pas sûr que ces derniers n'aient pas réinscrit inconsciemment le paternalisme des Lumières envers les masses qu'ils étaient censés représenter. Dans leur action politique aux Antilles et en Afrique, l'élite au pouvoir en 1960 a pu être victime du syndrome du roi Christophe dans *La tragédie du roi Christophe*. Dans cette pièce, le roi Christophe, aveuglé par sa passion de développer son peuple, finit par l'asservir. Serait-ce le cas pour l'élite africaine et antillaise ? Le bilan que la jeunesse africaine fait sur les cinquante années d'indépendance des colonies est négatif. Le pessimisme a pris le dessus sur l'euphorie engendrée par l'accès à la « liberté ». Des critiques comme Ousmane Sembène ont très vite tiré la sonnette d'alarme. Dans son film *Le mandat*, il souligne l'arrogance de l'élite sénégalaise – il faut entendre par là africaine – dans sa façon de représenter les masses analphabètes. Le fossé qui existe entre l'élite et les masses est bien représenté dans le film. L'élite vit dans les quartiers spacieux anciennement occupés par le colonisateur, a le même train de vie que l'ancien colonisateur, s'exprime en français, est opulente alors que les masses vivent dans les banlieues, dans la promiscuité, dans la déchéance financière, n'a pas accès à la même éducation que l'élite. Fréquentant les écoles privées en Afrique jusqu'au baccalauréat, les enfants de l'élite font leurs études supérieures à l'étranger. Ce schéma est organisé pour que les enfants de l'élite du moment deviennent la future élite. On pourrait parler de mépris de l'élite envers les masses. Les rapports entre les masses et l'élite sont basés sur le service. L'habitant de la banlieue se déplace en ville pour aller servir l'élite. Ce fossé socio-économique est très important pour cerner une grande différence entre la négritude et la néonégritude.

Si la négritude est née dans un milieu « aisé », avait pour audience un public restreint et « cultivé » et avait le soutien de barrons de la littérature française comme Jean-Paul Sartre et André Breton, la néonégritude, en Afrique, en France et aux Etats-Unis, est la voix d'une frange de la population vivant dans les ghettos et qui a le sentiment de vivre en situation de colonisation interne. Les artistes de rap, de hip hop et de reggae en sont issus et parlent au nom des habitants des ghettos qui n'ont aucune représentation politique. Même si la néonégritude vise, comme la négritude, la fin de l'impérialisme occidental, la néonégritude est différente sur plusieurs points. D'abord, comme je l'ai déjà souligné, c'est un mouvement qui est né dans les quartiers défavorisés africains, français et américains. A la différence des intellectuels de la négritude au pouvoir qui étaient des modérés, la néonégritude est un mouvement radical dans sa façon d'analyser les défis de l'Afrique et d'envisager sa libération. La Révolution pour assainir la classe politique africaine corrompue n'est pas écartée. L'audience de la néonégritude va au-delà des intellectuels et concerne bien plus les masses. En Afrique, aux Etats-Unis et en France, la langue que les artistes utilisent pour communiquer avec leur audience est accessible aux masses. En effet, en Afrique, les artistes utilisent les langues nationales pour, d'une part, critiquer les décideurs politiques, mais aussi pour conscientiser et mobiliser les masses contre le pouvoir. Les artistes s'investissent donc sur le terrain politique et redéfinissent le schéma classique d'exécution des campagnes électorales. Dans le passé, la langue de communication pendant les campagnes politiques était celle du colonisateur. Dans les villes, les candidats faisaient souvent face à des foules de citoyens pour qui le discours des politiciens était ésotérique. Dans les campagnes, les villageois se voyaient offrir des « cadeaux » pour voter pour tel ou tel candidat. Les artistes de la néonégritude cassent ce schéma politique en s'interposant entre les masses et le politicien. Aujourd'hui, les artistes communiquent avec les masses par les langues nationales qui sont plus parlées que la langue du colonisateur. Avec une chanson ou un album, le message de l'artiste va plus vite que celui du politicien et atteint un public plus large que celui du politicien qui communique en français. Le capital politique de la néonégritude n'est donc pas à négliger. Aux Etats-Unis et en France, les artistes noirs et arabes investissent aussi le champ politique, *parasitant* ainsi le langage du politicien traditionnel. C'est que les minorités noires et arabes ne veulent pas laisser croire que leurs voix électorales sont acquises d'avance. L'on se souvient par exemple de l'action politique des artistes noirs et latinos contre la réélection de Georges Bush ou pour l'élection de Barack Obama. En France, aux Etats-Unis et en Afrique, les descendants d'esclaves et de colonisés ne s'identifient plus au langage de l'élite sortie du moule bourgeois. Les artistes discréditent l'élite qui ne défend que ses intérêts en se re-présentant[200] à perpétuité.

---

[200] J'utilise exprès le verbe "re-présenter" sous cette forme pour signifier la candidature à perpétuité des leaders et les fraudes électorales qui portent les mêmes

Par leur musique, les artistes veulent amener le changement par le bas, c'est-à-dire la libération populaire. Dans la perspective de Robert Young, la lutte des artistes s'inscrit dans la postcolonialité, un langage qui « menace le privilège et le pouvoir. [La postcolonialité] refuse de reconnaître la supériorité des cultures occidentales. Son programme radical est d'exiger l'égalité et le bien-être pour tous les êtres humains sur cette terre »[201]. La lutte des artistes est donc à lire dans la perspective du mouvement altermondialiste qui transcende le concept de race pour définir comme préoccupation principale, l'élévation de toute l'humanité dans la dignité. Les albums que j'analyse dans ce chapitre montrent justement le processus de maturation du discours de la néonégritude. Ce discours est une critique nationale, continentale et globale et les thèmes qui préoccupent la néonégritude sont, eux-aussi, variés : le traitement des minorités noires en France et aux Etats-Unis, l'invention d'une nouvelle identité chez les minorités, la fustigation des lois de l'immigration en France, le retour aux sources africaines, le néocolonialisme et sa sous-traitance par les chefs d'Etat africains, les travers de la mondialisation. J'analyse la fonction de styles musicaux tels que le rap, le reggae et le hip hop dans la France postcoloniale, dans l'Amérique post-droits civils et dans l'Afrique postcoloniale. J'avance l'argument que les textes des artistes africains, français d'origine africaine et africains-américains sont pédagogiques et méritent leur place dans le discours universitaire. Pour ce faire, il faut oser dépasser certaines idées acquises sur le rap, le reggae et le hip hop pour faire une analyse structurale de la fonction engagée de ces genres musicaux dans le discours politique.

Dans les chapitres précédents, mon intention était de dégager quelques différences fondamentales entre la négritude et la néonégritude. Les albums que j'analyse permettent d'aller plus en profondeur dans ces différences. Ces albums regroupent les trois styles de musique. Je les ai choisis pour leur pertinence et leur valeur dans le discours postcolonial : *11 : 30 contre le racisme, DISTANT RELATIVES, Présidents d'Afrique, Le bilan, Frenchy Ragga Dancehall 2, 113 degrés, Best of Supreme NTM* et *Paris sous les*

---

au pouvoir. Le dénominateur commun dans plusieurs pays africains est que ce sont les mêmes qui sont au pouvoir depuis plus de 40 ans. Le continent regorge d'exemples.

[201] Robert J.C. Young, *Postcolonialism. A Very Short Introduction.* New York : Oxford University Press, 2003, p. 7. (Ma traduction).

bombes. Pourquoi le rap, le hip hop et le reggae ? Parce qu'ils sont des stratégies inventées par les minorités qui vivent dans les marges de la société en France et aux Etats-Unis pour s'exprimer, armes de lutte dont s'inspirent les artistes africains issus des banlieues. Mes choix sont légitimés par une école qui reconnaît la place du rap, du hip hop et du reggae dans le discours universitaire. Cette école est née aux Etats-Unis et en Jamaïque. Dans ce qui suit, je vais explorer l'influence que le rap, le hip hop américains et le reggae jamaïcain opèrent sur les artistes issus des banlieues françaises et africaines.

La percée du rap, du hip hop et du reggae dans le discours universitaire

« Le racisme républicain peut se définir comme l'incapacité d'admettre l'hypothèse - et plus encore l'incapacité d'admettre l'existence - de l'immigré ou du « jeune issu de l'immigration » en tant que sujet politique, porteur d'une parole et d'une pratique politique propres »[202].

L'influence que le rap, le hip hop et le reggae produits aux Etats-Unis et en Jamaïque ont chez les artistes des banlieues françaises et africaines est de nos jours indéniable. S'inspirant de ces styles musicaux, les artistes des banlieues françaises et africaines adaptent les thèmes aux réalités des banlieues de l'Hexagone et de l'Afrique postcoloniale. C'est le rap, le hip hop et le reggae qui feront ici l'objet d'une analyse plus poussée, plus particulièrement le sous-genre musical dénommé *Conscious Hip Hop* ou *Underground Hip Hop*[203] aux Etats-Unis. Ce sous-genre musical est à distinguer du *Commercial Rap* ou du *Gangsta Rap*[204] qui ont des propos différents. Comme le

---

[202] Pierre Tevanian, *La République du mépris. Les métamorphoses du racisme dans la France des années Sarkozy*. Paris : La découverte, 2007, p. 13.

[203] L'on voit le lien fortement suggéré entre "underground railroad" et "underground Hip Hop". La première expression fait allusion au long tunnel qu'empruntaient les esclaves du sud pour s'échapper vers le nord ; la deuxième fait allusion à la lutte des descendants d'esclaves, qui vivent dans les ghettos aujourd'hui, pour mettre fin à leur condition de citoyens

[204] Le terme souffre d'une dénaturation. Au début de l'année 1987, l'appellation "Gangsta Rap" était le titre que réclamait le groupe "Niggers With Attitude" de la banlieue de Los Angeles. Ce groupe était perçu par le FBI comme le groupe de rap le plus dangereux du monde à cause de sa rhétorique incendiaire. Les membres de ce groupe dont Ice Cube, Easy E et Dr. Dre inscrivaient dans leurs chansons le militantisme des Black Panthers, mouvement nationaliste noir des années 1960. Par

nom l'indique, le rap commercial prône l'accumulation du matériel. L'accent est mis sur les voitures de luxe, les chaînes en or, les diamants. Le terme anglais qui désigne ce phénomène est le *Bling Bling*[205]. Aujourd'hui, le *Gangsta Rap* inscrit dans le corps social une culture de l'environnement carcéral : par la tenue vestimentaire, les tatouages, l'affiliation à un gang, les armes. Le contact entre cette culture de la prison et la population des ghettos est tragique. Il y a danger dès lors qu'une partie de la population non instruite, dépourvue sur le plan matériel, interprète littéralement cette culture de la prison à laquelle elle a accès dans les clips vidéo ou les CDs. Ces clips mettent en scène le luxe auquel les minorités n'ont pas accès. Cette violence symbolique génère un besoin légitime d'accès à la richesse à tout prix. Sans défense, les habitants des ghettos américains sont un terrain fertile à la promotion du rap commercial et du *Gangsta Rap*. Minorités noire et latino deviennent victimes d'une idéologie autodestructrice à court et à long terme. Le désir d'accès rapide au rêve américain, que les clips vidéo projettent quotidiennement sur des chaînes américaines comme BET ou MTV, génère des actes illégaux. Dans un pays où les longues peines de prison servent à donner l'exemple, l'on se retrouve avec un fort taux d'emprisonnement des Noirs et des Latinos qui composent la majorité de la population carcérale. Les corporations américaines qui s'intéressent à la musique produite par les minorités font plus la promotion du rap commercial ou du *Gangsta Rap*. Ce blitz médiatique aux dépens du *Conscious Rap* mène à une fissure au sein de la minorité noire. Cette rupture s'effectue sur deux plans : la génération et la classe.

Comme le remarque Michael Eric Dyson dans son livre *Know What I Mean ? : Reflections on Hip Hop*, la génération des Noirs qui a lutté pour les droits civils et le droit de vote dans les années 1960 se désolidarise radicalement de la génération hip hop qu'elle voit comme ingrate vis-à-vis de ses prédécesseurs. Aussi la génération contemporaine de Noirs qui fait partie de la classe moyenne s'associe-t-elle avec celle des années 1960 pour fustiger la génération hip hop,

---

le "Gangsta Rap", les artistes voulaient exposer au reste du monde l'état de colonisation interne que vivent les ghettos américains. L'attention que le public américain porte sur ce genre de rap force l'entrée du "Gangsta Rap" dans ce que l'on nomme "mainstream media".

[205] Cette expression récente a été inventée par l'artiste « Little Wayne » qui vient de la Lousiane.

plus particulièrement celle qui s'est investie dans le rap commercial ou le *Gangsta Rap*. En quoi est-ce que ces genres de rap se distinguent du *Conscious Rap* ou *Underground Rap* ?

Le *Conscious Rap* se distingue des autres genres pour plusieurs raisons. Il est la manifestation d'un genre de rap qui résiste à l'impérialisme des grandes corporations musicales. Comme le souligne Dyson, « les rappeurs conscients ne se vantent pas de joailleries exorbitantes, d'un nombre excessif de femmes ou de voitures onéreuses. Les rappeurs conscients parlent d'injustice raciale, de brutalité policière, d'incarcération abusive, de prisonniers politiques, de pauvreté galopante, d'inégalités radicales dans le domaine de l'éducation, et de plus »[206]. Les rappeurs conscients, dont Public Enemy, Mos Def, X-clan, Wyclef Jean, Lauryn Hill, se posent comme critiques sociaux, prenant le relais des pionniers de la négritude qui se voyaient comme défenseurs des sans-voix. Un lien est apparent entre la mission des chantres de la négritude et celle des rappeurs conscients. Ceux-ci parlent au nom des colonisés ou des personnes vivant en situation de colonisation, ceux-là au nom de groupes ethniques vivant en situation de colonisation interne : les minorités noire ou latino enfermées dans les ghettos aux taux élevés de chômage, de violence, de vente et de consommation de drogues, de prostitution, d'alcool, de crimes et d'incarcération. L'engagement des rappeurs conscients n'est toutefois pas isolé. Il est en effet la continuité d'un activisme dont des mouvements tels que le *Black Arts Movement* ont fait montre dans les années 1960.

Le *Black Arts Movement*, BAM, connaît ses lettres de noblesse entre les années 1965 et 1975. Ses adhérents croient en un lien direct entre la moralité et l'esthétique. Cette esthétique est directement informée par la politique et l'histoire de la lutte des Noirs pour la liberté. Le champ politique où les Noirs se battent contre l'inégalité dans la répartition des ressources en matière d'éducation, contre les inégalités sur les plans économique et social, contre différentes formes de racisme, est le terrain de prédilection du *Black Arts Movement*. En s'inspirant des techniques de lutte du BAM, le rap conscient manifeste un tribut vis-à-vis de la génération des années 1960 qui a lutté pour les droits civils. Les stratégies de lutte du passé trouvent leur légitimité

---

[206] Michael Eric Dyson, *Know What I Mean ? Reflections On Hip Hop*. New York : Basic Civitas Books, 2007, p. 66. (Ma traduction).

dans le présent. Les thèmes que développe le rap conscient méritent une attention plus sérieuse.

La filiation du hip hop avec le BAM n'est pas le seul argument pour prendre le rap et le hip hop conscient au sérieux. Aux Etats-Unis plus que partout ailleurs, le hip hop jouit d'une notoriété académique. Depuis quelques années, il fait l'objet d'études exhaustives au niveau de l'enseignement supérieur. Il est enseigné dans plusieurs universités américaines prestigieuses telles que Harvard et l'Université de Pennsylvanie[207].

Ces quelques exemples accentuent le fait que le rap et le hip hop ont aujourd'hui une prestance locale, régionale, nationale et mondiale qui mérite un regard plus attentif de la part des universitaires. Le rap et le hip hop américains ont conquis tous les continents et deviennent le vecteur par lequel « la diaspora noire commence à coloniser même des monuments culturels européens. Elle commence à coloniser ce qui d'habitude est au colonisateur. Elle commence à se réapproprier et à recoloniser des voix, des sources et identités qui se trouvent loin de sa sphère d'influence »[208]. Dans cet ordre d'idées, le rap et le hip hop français et africains ne font point exception. D'une part, les artistes s'inspirent du modèle américain pour l'adapter au contexte hexagonal et africain, exerçant pleinement le rôle de baromètre social. D'autre part, le rap et le hip hop n'échappent pas au phénomène de la mondialisation. Des alliances notoires se créent entre des artistes français d'origine africaine, des Africains et Africains-Américains dans la lutte contre le néocolonialisme. Pour reprendre Dyson :

> « la musique hip hop est importante précisément parce qu'elle met la
> lumière sur la politique contemporaine, l'histoire et la race. Au mieux, le
> hip hop donne une voix à la jeunesse noire marginalisée que nous n'avons

---

[207] L'un des pionniers dans ce domaine est Michael Eric Dyson surnommé *l'intellectuel du hip hop*, professeur de sociologie à l'université Georgetown. Sur la côte ouest des Etats-Unis, sont réputés Todd Boyd de l'Ecole des Arts du Cinéma de l'Université de Californie du Sud, Deborah Wong de l'Université de Californie à Riverside, qui couvre le hip hop asiatique. Marcyliena Morgan, de l'Université de Stanford, fait des recherches sur le hip hop à Cuba. Ces universitaires ont recours à l'interdisciplinarité pour analyser et interpréter le hip hop, comme à la sociologie, la politique, l'économie, le journalisme, les études américaines, les études transatlantiques, l'histoire, la littérature comparée, la linguistique et bien d'autres disciplines.

[208] Michael Eric Dyson, *Know What I Mean ? Reflections On Hip Hop*. New York : Basic Civitas Books, 2007, p. 48. (Ma traduction).

pas l'habitude d'entendre sur de tels sujets. Tristement, les aspects illuminés du hip hop sont passés sous silence par des critiques qui veulent satisfaire une frustration contre la culture de la jeunesse noire, sont très en colère et trop paternalistes pour écouter et apprendre »[209].

Dyson place le hip hop dans la même tradition que plusieurs genres musicaux inventés qui, au-delà de l'amusement du public, trouvent leur place dans la lutte pour les droits des minorités. C'est le cas du jazz, du blues, du gospel et du R & B. Je suggère une analogie entre la voix du rappeur et celle du conteur dans les plantations. La voix de ce dernier équivaut à un « acte de survie »[210], un lieu de mémoire de l'expérience des esclaves, mais elle sert aussi à déconstruire la propagande de la littérature bourgeoise qui légitime l'esclavage aux yeux du public occidental. Cette littérature est un « leurre »[211] qui cache les réalités de la plantation à l'opinion publique. Dans la France, l'Amérique et l'Afrique contemporaines, la voix de l'artiste joue la même fonction. Dans la France contemporaine, c'est par le biais de l'oralité que l'artiste court-circuite la propagande du politicien qui diabolise les ghettos et criminalise leurs cris ; en Afrique, l'artiste utilise son micro pour dénoncer le néocolonialisme et la malgouvernance. Pendant l'esclavage et aujourd'hui, l'expression orale est une des armes de combat utilisées.

Pour Michael Dyson, le rap et le hip hop, perçus d'emblée comme cacophoniques, intègrent toutes les figures de style dignes de la poésie occidentale. Ces genres musicaux n'ont pas besoin de passer par le filtre de la bourgeoisie occidentale pour être validés, comme ce fut le cas pour la négritude promue par des intellectuels français comme Breton et Sartre. Non seulement méritent-ils une promotion au titre d'art, mais ils véhiculent un message dont la substance peut servir à faire avancer le débat sur l'Etat-nation, à améliorer les rapports entre majorité et minorités et à mettre en place une épistémè qui soit différente de celle imposée par l'Occident à travers le monde. Désormais le subalterne, frustré d'être toujours "parlé", parle lui-même.

---

[209] Ibid., p. XVI.
[210] Edouard Glissant, *Poétique de la Relation*. Paris : Gallimard, 1990, p. 82.
[211] Ibid., p. 84.

Un engagement multidimensionnel

Mon objectif dans cette partie est de laisser la banlieue s'exprimer librement. Cette prise de parole se matérialise rarement dans la mesure où c'est en général le politicien, le sociologue, le journaliste qui se chargent de cette fonction. Par le rap, le hip hop et le reggae, on cède le podium aux artistes issus des banlieues africaines, françaises et américaines pour les écouter nous conter *leur* banlieue, pour nous donner *leurs* propres versions de la banlieue. Le style d'expression de ces artistes s'écarte du mode d'expression défini par la bourgeoisie. Les artistes intègrent le verlan, des tournures lexicales opaques que seuls ceux qui sont initiés au langage de la banlieue sont capables de bien comprendre. La communication est parfois codée. Les textes sont de temps en temps vulgaires.

Le rap, le hip hop et le reggae francophones subissent aussi les influences du reggae et du dance hall ou ragga, deux genres musicaux qui ont tous les deux pris genèse en Jamaïque. D'une part, le rap et le hip hop intègrent des thèmes récurrents dans le reggae comme la prise de conscience identitaire noire, la négritude, la révolution sociale et culturelle, l'amour, la paix, qui sont des thèmes diasporiques et globaux. Le reggae comme musique de résistance tel qu'il est connu dans les années 1970 a une vocation universelle ; d'autre part, le rap et le hip hop francophones problématisent, à l'image du dance hall né dans les années 1980 en Jamaïque, les ghettos. Les problèmes soulevés sont : la vie dans le ghetto, la pauvreté, la dépravation matérielle, la violence policière et la violence politique. Outre la critique des conditions économiques contemporaines, le dance hall critique des formes de violence qui remontent à l'esclavage. La race en est le fondement. En cela, le rap et le hip hop français ont un dénominateur commun avec le dance hall. C'est la conclusion que l'on tire de cette citation :

« The pervasive cultural dichotomy that Brathwarte identifies as the result of slavery and creole society has endured and persists in contemporary postcolonial Jamaica with the « high culture » of the predominantly brown or lighter-skinned educated, middle class being polarized against the « low culture » of the predominantly black or darker-skinned « unwashed » masses of the inner cities of Kingston, St. Andrew, St. Catherine and the lower classes of Jamaïca. The Dancehall encompassed the thrust for economic sustenance on behalf of dispossessed Jamaicans; the creation of a voice for the voiceless; and a bid for survival and escape from the poverty-stricken lifestyles of the inner cities of Kingston and St. Andrew »[212].

Le rap et le hip hop français incarnent les mêmes problématiques dans les chansons que j'analyserai : la vie de la banlieue, le fossé social sur la base de la race, la diabolisation du rap et du hip hop par l'élite, la pauvreté et la brutalité policière. La vulgarité, le codage du langage dans le hip hop et le rap français, bref leur opacité partielle, n'empêchent pas le contenu d'émerger. Contrairement à l'œil bourgeois qui exige la transparence et condamne d'office ce qui ne l'est pas, il s'agit de dépasser cette sorte de tyrannie pour refléter le sens des textes et d'élargir le contexte dans lequel ils sont nés pour en déceler la substance. Au 20e siècle, l'avènement du dadaïsme, du surréalisme, de la négritude, de l'existentialisme, de l'absurde et du nouveau roman est une réaction contre le sentiment d'un terrorisme qui émerge de l'hégémonie bourgeoise, héritée de la noblesse, dans la définition de la Haute Culture. Ces différentes philosophies sont une réaction contre une certaine façon d'interpréter le monde. La poésie de la fin du 19e siècle est un point de départ significatif de l'insurrection intellectuelle et artistique contre la rigidité des règles du passé. Cette insurrection commence par la remise en question du mouvement réaliste. Ce réalisme est loin d'être la réalité. C'est en tout cas l'une des leçons des structuralistes qui avancent qu'un phénomène, quel qu'il soit, ne peut mieux être appréhendé que si l'on sonde les causes qui l'ont fait naître. La musique des banlieues est l'effet de causes que les artistes nous aident à explorer dans cette partie. De la même façon, il est possible d'avancer que le langage que les artistes des banlieues utilisent conteste un certain ordre établi. Leur art est à lire dans le sillage de mouvements qui l'ont précédé. Cet art est porteur de sens et est symptomatique d'un malaise que les minorités ethniques et les classes défavorisées vivent dans la France postcoloniale, l'Afrique postcoloniale et l'Amérique post-droits civils. La parole qui émerge de la banlieue est celle d'une France qui ne possède pas, d'une Afrique qui ne possède pas et d'une Amérique qui ne possède pas. Les langues utilisées pour communiquer les maux de ces franges de la société qui ne possèdent pas ont une fonction significative.

---

[212] Donna P. Hope, *Inna di Dancehall. Popular Culture and the Politics of Identity in Jamaica.* University of the West Indies Press, 2006, p. 9.

Il y a beaucoup à dire sur les langues qu'utilisent les artistes pour exprimer le malaise des cités ou quartiers. Le concept de transgression s'applique bien à eux car ils utilisent le créole, l'arabe, le wolof pour déterritorialiser la langue française. Pourquoi parler de transgression ? Le contexte colonial et postcolonial peut édifier le lecteur.

La pierre angulaire de l'opération coloniale française est l'école. Le succès de l'*assimilation* dépend du degré d'éradication des langues locales dans les colonies. La littérature coloniale francophone abonde de textes où les langues nationales, souvent ravalées au rang de dialectes, sont censurées par la loi. S'exprimer par ces langues dans un contexte scolaire, en classe, provoque souvent la raillerie de la part des autres élèves et est synonyme de manque de civilisation. Les élèves qui commettent la faute de parler leur langue maternelle sont sévèrement punis par les maîtres. Cette censure continue même après la décolonisation[213]. Néanmoins, au vu de la situation actuelle, la politique linguistique française pendant la colonisation a été un échec dans la mesure où dans toutes les anciennes colonies, seule une minorité est alphabétisée en français. Au Sénégal par exemple, le wolof est parlé par plus de 90% de la population alors que moins de 40% maîtrisent le français. L'on peut aussi rétorquer que l'*assimilation* a été un succès parce que les langues nationales ne sont toujours pas étudiées au niveau primaire ou secondaire. Cela est possible à l'université à titre optionnel.

Si l'on prend en compte l'histoire, l'acte de parler sa langue maternelle dans un contexte scolaire colonial constitue un acte de rébellion, de marronnage. Quand les artistes des banlieues font aujourd'hui le choix délibéré de s'exprimer en créole, en wolof ou en arabe, on peut y lire un tribut à l'endroit des parents, la reprise d'une forme de marronnage qui émerge dans le contexte de la plantation et de la ville coloniale. Qu'expriment-ils à travers la langue de leurs

---

[213] Dans les années 80 où je fréquente l'école primaire au Sénégal, il est formellement interdit de parler wolof en classe et pendant la récréation dans la cour de l'école. L'élève surpris en train de parler le wolof ou toute autre langue maternelle est puni. Il est condamné à porter un *symbole*, un collier avec un gros os en guise de décoration. Cette punition prend fin dès que le porteur du symbole surprend un autre élève à parler wolof, auquel cas il le passait à ce dernier. A la fin de la journée, la punition passe alors du collectif à l'individuel. Celui qui finit avec le symbole doit rentrer chez lui et, pour le lendemain, copier un certain nombre de fois qu'il ne parlera plus jamais le wolof ou sa langue maternelle dans la cour de l'école.

ancêtres ? L'histoire des ancêtres venus d'Afrique ressuscite dans des morceaux comme « 11 : 30 contre le racisme », « Fiers d'être Nèg'Marrons », « Etre un homme », « l'Africain », « The Roots » et « Africa Must Wake Up ».

L'identification à l'Afrique dans toute sa « laideur »

Le dénominateur commun entre « 11 : 30 contre le racisme », « Fiers d'être Nèg'Marrons », « Etre un homme », « l'Africain », « The Roots » et « Africa Must Wake Up » est que toutes ces chansons opèrent un retour aux sources, l'Afrique, sous un angle différent. Pourquoi ce besoin de retour aux sources similaire à celui des pionniers de la négritude ? Il peut être interprété comme la résultante de l'échec de la quête de paternité que les descendants d'esclaves, de colonisés et d'immigrés ont connu dans l'Hexagone, mais aussi aux Etats-Unis. Le sentiment d'être rejetés, de se voir fermer l'entrée dans la nation a pour résultat un intérêt croissant pour l'interdit, le tabou : le pays d'origine des parents, des grands-parents et des ancêtres qui passent inaperçus dans la narration de l'histoire de la métropole et du pays de l'oncle Sam. C'est par le biais de la langue de l'ancien colonisateur que les minorités ethniques se voient exclues de la nation. Julia Kristeva explique l'invisibilité des minorités par ces mots :

> « ces autochtones [les Français] ne vous [les Noirs et les Arabes] parlent jamais de vos proches - eh oui ! des proches d'autrefois et d'ailleurs, innommables, enterrés dans une autre langue [la langue française]. Ou bien ils y font allusion avec une telle distraction, avec un tel mépris désinvolte que vous finissez par vous demander si ces parents existent vraiment et dans quel monde fantôme d'un monde souterrain »[214].

Dans les années 1980 et 1990, les jeunes de la banlieue à ascendance noire et arabe vivent une situation de double orphelinat vu l'invisibilité des parents d'une part et le rejet des enfants d'autre part. De ce deuil, naît une solidarité envers les parents résultant du fait que « les autres [la France] vous signifient que vous ne comptez pas parce que vos parents ne comptent pas, qu'invisibles ils n'existent pas »[215]. Aux Etats-Unis, la génération d'Africains-Américains qui est jeune pendant la lutte pour les droits civils, adolescente pendant les années

---

[214] Julia Kristeva, *Etrangers à nous-mêmes*. Paris : Gallimard, 1988, p. 36.
[215] Ibid., p. 35.

1980 et adulte aujourd'hui ne se fait plus d'illusion sur le rêve américain. La nécessité d'une paternité, d'une filiation, devient impérieuse à mesure que les jeunes générations ont accès à l'histoire de leurs parents par des circuits parallèles à l'école ou à l'université. Etant donné que leur histoire est marginalisée, les jeunes y ont accès par le biais des parents ou grands-parents à la maison, d'ouvrages non enseignés à l'école, l'internet et aussi le rap, le reggae et le hip hop conscient. L'Afrique comble aujourd'hui un espace identitaire insoupçonné. C'est ce que les chansons « 11 : 30 contre le racisme », collectif de 19 artistes d'origine africaine, « Hijo de Africa » de Solaar, « Fiers d'être Nèg' Marrons » du groupe Nèg' Marrons, « L'Africain » de Tiken Jah Fakoly, « The Roots » de Didier Awadi et de Dead Prez et « Africa Must Wake Up » de Damian Marley, Nasir Jones et Keinan Warsame représentent.

« 11 : 30 contre le racisme » a une portée historique qu'il importe de souligner. Le morceau célèbre l'une des rares fois où la diaspora africaine en France, réunie, transcende les divisions construites par le colonisateur pour parler d'une même voix afin de dénoncer l'*indigénisation* dont elle fait l'objet. Ce projet est donc historique si on se rappelle que pendant la colonisation, la loi hiérarchise sciemment Antillais, Africains du nord et de l'ouest en octroyant des statuts différents à ces derniers. Par exemple, après l'abolition de l'esclavage, si les Antillais sont promus au rang de citoyens français, ce n'est pas le cas pour tous les Africains. En Afrique du nord et de l'ouest sous contrôle de la France, seule une minorité a la *citoyenneté* française, cela voulant dire qu'ils ont les mêmes droits que les Français métropolitains. La majorité a la *nationalité*, cela signifiant simplement qu'elle vit dans un territoire contrôlé par la France. La loi française crée une hiérarchie composée de citoyens de première et de seconde zone. « 11 : 30 contre le racisme » en soi est une fustigation de cette politique du diviser pour mieux régner. Le retour aux sources est mieux articulé dans le morceau « Fiers d'être Nèg' Marrons ».

Le choix par ce groupe de se faire appeler Nèg' Marrons traduit d'entrée le degré de désidentification des artistes par rapport à la nation. Dans l'histoire de l'esclavage, les marrons sont connus pour leur refus du système esclavagiste et leur *terrorisme* qui revêt plusieurs formes : empoisonnement du bétail des maîtres, désertion des plantations pendant la nuit, attaque armée et mise à feu des plantations pour paralyser l'économie bourgeoise. En adoptant leur nom, le groupe Nèg' Marrons réinscrit l'activisme des marrons dans le présent et se désolidarise du récit national français. Les artistes se définissent par leur extranéité à la nation française et se rattachent à la terre d'origine de leurs ancêtres : l'Afrique. Le mot « nègre » est lavé de son sens péjoratif, de sa laideur, pour se voir donner un sens mélioratif. C'est ce que le refrain de la chanson exprime sans complexe : « Fiers, fiers, fiers, fiers, fiers, fiers d'être Nèg'Marrons »[216], refrain qui est répété quatre fois. Les artistes ressuscitent l'expérience des marrons dont le rôle dans l'histoire de l'abolition est élidé de la version officielle. Sporadiquement représentée voire marginalisée dans les manuels scolaires, cette histoire mérite d'être rappelée aux descendants : « Les coups de fouet et les coups de bâton, la souffrance endurée dans les champs de coton ont fait pousser en moi une graine de mauvais garçon, ont fait de moi un homme fier d'être un Nèg Marron »[217]. Le passage par cette expérience quand bien même elle serait honteuse, l'acceptation de son vécu, est une étape initiatoire nécessaire pour l'acceptation de soi. Pendant et après l'esclavage, la couleur blanche devient un instrument de promotion dans l'échelle sociale. En premier vient le Blanc, suivi du Mulâtre et enfin le Noir. Cette hiérarchie est démystifiée et déconstruite par les artistes qui créent une coalition entre l'Afrique et la diaspora africaine : « Le soleil m'a donné la plus belle couleur de peau. Nègre et fier de l'être, regarde-moi comment j' suis beau. Mulâtre ou noir d'ébène, on vient tous du même bateau »[218]. Le schéma colonial vertical qui crée des alliances entre les Métis ou quelques Noirs avec les Blancs qui ont la mainmise sur l'institution, porteurs d'une division au sein de la race noire, est annulé par un schéma horizontal, permettant une alliance entre toutes les couleurs au sein de la race noire. Un rapprochement se crée entre l'Afrique et les Antilles. L'esclavage n'a pas réussi à oblitérer l'Afrique chez les artistes. Cette histoire demeure une blessure ouverte, à en juger le ton dans la chanson :

« Je n'ai pas tourné cette page de l'histoire qui explique mon arrivée et ce qui s'est passé au départ en vain. J'ai plutôt cherché à réduire la distance qui me sépare de mes terres, de mes racines, de mes frères, de mon pays. Héritier d'une culture où le respect prime, où le partage, l'hospitalité et la

---

[216] "Fiers d'être Nèg' Marrons". Nèg' Marrons. *Le bilan.* Sony BMG Music Entertainment, 2000.
[217] Ibid., 2000.
[218] Nèg' Marrons, op. cit.

joie s'expriment. Afrique, Antilles, y'a pas de différence. Mêmes négros, mêmes attitudes, même éducation, on y retrouve ses habitudes »[219].

La chanson « Etre un homme » appelle à une prise de conscience de la part de la diaspora noire, à qui l'on prescrit de faire front commun contre l'Occident qui, chez plusieurs artistes, est appelé *Babylone*, rappelant en cela Bob Marley et le reggae. « Etre un homme » attaque directement les différentes initiatives prises par l'esclavagiste, le colonisateur et le néocolonisateur pour altérer l'identité des esclaves et des colonisés. Dans la plantation, l'aliénation commence dès le baptême et la division des familles qui sont sources de multiples ruptures. L'enseignement de la religion catholique et la politique délibérée d'élimination de la langue de l'esclave sont une tentative d'éradication identitaire totale. Ce projet continue pendant la colonisation où les missionnaires se lancent dans une campagne de conversion à grande échelle. De même, le modèle français de colonisation, l'*assimilation*, prescrit l'adoption inconditionnelle de la culture et de la civilisation françaises par le colonisé. Sa religion et ses langues sont proscrites dans la colonie. Toutefois, ce dernier les préservera dans la clandestinité. Dans la France postcoloniale, la politique d'aliénation de l'esclave et du colonisé ont des ramifications chez les descendants de ces derniers qui vivent une crise identitaire profonde. *Babylone* est perçue comme une assassine d'identités dans la chanson « Etre un homme ». Le pronom personnel « Tu » est utilisé comme une apostrophe, suggérant la familiarité avec le destinataire potentiel qui appartient à la diaspora africaine. Voici comment les artistes articulent leur diatribe contre l'Occident :

« Etre un homme, c'est savoir d'où l'on vient et forcément où l'on va. Babylone nous fait oublier lentement que nous sommes tous fils d'Afrika, que nous sommes tous frères, que Dieu créa Adam et Eve pour qu'ils peuplent cette terre. Dis-leur que nous sommes tous frères, fils d'un même père, tous originaires de la même mère. Il te faut comprendre ton identité peu importe ce qu'ils vont manigancer… Malgré nos différences, nos couleurs, faut qu'on se rapproche, faut qu'on s'aime… Chaque jour nous devons livrer bataille à nous-mêmes pour tuer la haine… Connais tes origines, sache d'où tu viens. Un arbre sans racine, c'est ce que tu deviens. Le système assassine ton identité et te baratine à longueur de

---

[219] Nèg' Marrons, op. cit.

journée. Nombreuses sont les victimes qui deviennent des clowns et des clones égarés dans Babylone »[220].

La référence à Adam et Eve suggère que les artistes ne s'adressent pas seulement à l'audience de la diaspora, mais aussi à tous les jeunes Français, toutes ethnies confondues. En ce sens, la chanson a une valeur pédagogique. Mettant en avant l'origine commune de l'humanité, elle s'inscrit dans la lignée du courant monogéniste du 18e siècle de l'Abbé Grégoire qui voulait la fin de l'esclavage sur la base que toutes les races ont un tronc commun. La seule différence est que le projet de Grégoire est une politique calculée qui cache une croisade pour christianiser les Africains une fois l'esclavage aboli. « Etre un homme » dénonce et déconstruit les théories de hiérarchisation des races, montées par des pseudo-scientifiques et cautionnées par les politiciens pendant l'esclavage, la colonisation et aujourd'hui, sous l'euphémisme de la dichotomie *pays développés* et *pays en voie de développement*. D'un autre côté, la chanson « The Roots » de l'album de Didier Awadi articule le point de vue africain-américain sur l'origine de la division qui frappe le peuple noir aujourd'hui. Awadi chante en duo avec l'artiste africain-américain Dead Prez. Originaire de Brooklyn, New York, Dead Prez réitère une vérité historique sur le peuple noir américain dont le rattachement à l'Afrique passa par plusieurs étapes psychologiques. De l'épithète « nègre », les Noirs américains s'identifient comme « Black », « Afro-Américains » et aujourd'hui « Africains-Américains ». L'artiste Dead Prez fait partie d'une génération d'Africains-Américains qui voit l'esprit de l'esclavage transplanté dans le présent. Pour eux, l'abolition de l'esclavage, l'abrogation des lois Jim Crow et l'octroi des droits civils aux Noirs n'ont pas mis fin au statut subalterne des Noirs. Autrement, comment expliquer que cette minorité soit la plus incarcérée aux Etats-Unis, la moins instruite, la plus pauvre ? Dead Prez refuse le label « Noir » qui représente une pesanteur pour l'affirmation de ses origines :

« Ecoutez, je ne suis pas un Noir, je suis africain. Vous ne pouvez séparer ma couleur de ma terre. Et si vous êtes blanc, vous descendez d'Européens. Je ne suis pas une plante, vous comprenez, je suis un être humain. Le dommage psychologique que nous devons surmonter... Ils

---

[220] Nèg' Marrons, op. cit.

veulent que nous nous haïssions, mais malgré les faits, ils [l'Occident] veulent nous exclure de l'Histoire et cacher les faits. Ils veulent que nous nous sentions inférieurs »[221].

A travers cette citation, Dead Prez donne au lecteur une idée de la complexité de l'expérience de l'Africain-Américain. Toutefois, si le transport de ses ancêtres d'Afrique vers l'Amérique lui impose aujourd'hui une existence hybride, scindée, l'artiste refuse l'hybridité qui a été imposée de l'extérieur, donc qui n'est pas naturelle. En identifiant l'Afrique comme sa seule origine, l'artiste prend le contrepied de quelques promoteurs de la négritude qui font l'apologie du métissage. Il refuse la notion que l'identité est en mutation constante. La sienne est fixe et est africaine. Il n'est pas le seul artiste africain-américain à *polariser* son identité. Les artistes Nasir Jones, Damian Marley, Bridge, JR. Gong et K'naan célèbrent leur retour en Afrique rappelant l'état de l'Afrique avant l'arrivée du Blanc. Leur chanson « Africa Wake Up » redonne à l'Afrique le rôle qui lui est nié dans l'Histoire de l'humanité. Sa contribution pour l'humanité demeure le fondement de leur optimisme quant à un futur meilleur pour le continent.

Comme le titre l'indique, « AFRICA MUST WAKE UP » sonne l'heure de la révolution dans le continent africain, événement que la diaspora africaine et la jeunesse africaine postcoloniale voient comme réalisable. Un contraste radical est à noter chez les artistes de rap et de hip hop noirs américains d'aujourd'hui par rapport à ceux d'hier. La critique de ceux d'avant était focalisée sur les réalités des minorités aux Etats-Unis. Cela ne veut pas dire que l'Afrique soit absente du discours des artistes. Ce qui est indéniable toutefois, c'est que l'Afrique occupe un espace beaucoup plus grand chez les artistes d'aujourd'hui qui mettent à leur profit les avancées dans les moyens de communication contemporains pour connaître l'Afrique. Cette nouvelle génération, qui est en fait celle de Mc Solaar et de Passi, s'identifie à l'Afrique dans toute sa beauté, sa laideur et son potentiel.

Dans « AFRICA MUST WAKE UP », la beauté est juxtaposée à la laideur dans l'optique de mieux renforcer l'imminence du changement. D'une part, la contribution de l'Afrique dans l'humanité est pleinement restituée :

---

[221] "The Roots". Awadi. *Présidents d'Afrique*. Sony/ ATV Music Publishing France, 2010. (Ma traduction).

« Hier, nous étions des rois. Pouvez-vous me dire vous les jeunes ? Qui sommes-nous aujourd'hui ? Oui, maintenant ? L'oasis noire. Ancienne Afrique la sacrée. Réveille-toi. Le géant qui dort. La science, l'art est ta création. J'ai rêvé que nous pouvions visiter l'ancienne Kemet. Ton histoire est trop complexe et rigide pour certains critiques occidentaux. Ils veulent que le sujet entier soit minimisé, mais l'Afrique est l'origine de toutes les religions du monde »[222].

Il y a un dénominateur commun entre ce tableau qui fait l'apologie de l'Afrique et celui produit par les promoteurs de la négritude dans les années 1930. Ce tribut à l'Afrique est critique dans la réhabilitation de la fierté des Noirs dont la contribution à l'histoire de l'humanité se trouve « blanchie ». Cette description est toutefois contrastée par un autre tableau dysphorique que la diaspora noire accepte comme tel, mais qu'elle veut aussi révolutionner. En effet, le « nous » de « Qui sommes-nous ? » efface la division jadis créée entre la diaspora noire et l'Afrique. A cette question existentielle, les artistes Nasir Jones, Bridge, JR. Gong et K'naan répondent dans la chanson :

« Qui sommes-nous ? Les taudis, les décès, le sida. Il faut effacer tout cela. Nous ne pouvons avoir peur. Donc qui sommes-nous aujourd'hui ? Nous sommes le jour après, la jeunesse qui assure le changement, le négrier capturé. Notre diaspora est le chapitre final. La lignée ancestrale a construit les pyramides, le premier immigrant d'Amérique, l'enfant et les filles du roi, des eaux du Nil, le premier architecte, les premiers philosophes, astronautes, les premiers prophètes et les docteurs, c'était nous. Maintenant pouvons-nous tous prier, chacun à sa façon, enseigner et apprendre. Et nous pouvons y arriver... Oh vous [Occidentaux], nerveux de voir la paix régner, et quand l'Homme choisit une religion, n'est-ce pas vous qui le tuez ? Et quand un pays est construit, n'est-ce pas vous qui le mettez à genoux ? Et quand quelqu'un essaye de dire la vérité, n'est-ce pas vous qui le supprimez... »[223].

Comme je l'ai souligné concernant l'exemple du groupe Nèg Marrons d'origine antillaise, les artistes de la diaspora noire américaine que je cite annulent aussi le fossé que l'histoire a creusé entre l'Afrique et eux. A partir du continent américain, comme les artistes français, les

---

[222] "AFRICA MUST WAKE UP". Damian Marley & Nasir Jones. *DISTANT RELATIVES*. Universal Republic & Def Jam Recordings, 2010. (Ma traduction).
[223] Ibid.

artistes de *Underground Hip Hop* de la diaspora noire américaine tracent une continuité entre le passé et le présent pour dénoncer la mainmise de l'ancien colonisateur sur l'Afrique. Dans la chanson, l'Occident est accusé d'être responsable du « sous-développement » de l'Afrique et de son manque de stabilité. Le ton cynique des artistes met en exergue un fait indéniable : qu'une paix durable en Afrique est une menace pour l'Occident car la stabilité de l'Afrique garantit les conditions du « développement » ; qu'avoir des dirigeants qui dénoncent l'impérialisme occidental en Afrique est une menace pour l'Occident ; que l'Occident tire un profit incommensurable d'avoir une Afrique majoritairement instable. Cet argument est largement partagé par les artistes français d'origine africaine ainsi que ceux du continent. Il est donc clair que le « développement » africain doit se faire par les Africains et sur la base d'un équilibre entre le spirituel et le matériel. L'équilibre spirituel se matérialise par la restoration des différentes formes par lesquelles l'Africain manifestait son harmonie avec son univers avant l'arrivée des Arabes et des Occidentaux. Si ces derniers circonscrivent ces formes à l'Islam et au Catholicisme, les artistes déconstruisent cette dichotomie rigide en instaurant toutes les formes par lesquelles l'Africain se reliait à son univers, donc l'animisme. Il est inscrit dans le tissu religieux et culturel que le colonisateur s'est efforcé d'éradiquer en vain. La manifestation du mélange de la culture et de la religion du colonisé avec celle du colonisateur est désignée sous le concept *syncrétisme*.

L'identification des artistes français d'origine africaine et africains-américains à toute la laideur de l'Afrique inventée et maintenue aujourd'hui par l'ancien colonisateur, via le discours politique et les médias, est une première étape dans leur redéfinition identitaire au sein de la nation française et américaine. Aux Etats-Unis, le terme « Africains-Américains » traduit la longueur d'avance que les descendants d'esclaves ont sur leur manière de se définir au sein de la nation américaine. Leur africanité figure dans leur façon de s'identifier. L'africanité a été arrachée de la bouche de l'ancien esclavagiste qui appelait le Noir « nigger » ou « nègre ». La France refuse que les minorités s'identifient par rapport au pays d'origine de leurs parents. On est simplement français. Les artistes contestent cette conception puriste et superficielle de l'identité qui n'est point représentative de la réalité démographique actuelle de la France. Les chansons des artistes montrent que les minorités noires et arabes ne se reconnaissent pas dans ce pseudo creuset qui cache des disparités visibles entre la majorité blanche et les minorités noires et arabes. Dans le sillage de la minorité africaine-américaine, il semble que les artistes français d'origine africaine se redéfinissent dans le creuset français en y singularisant la contribution de leurs ancêtres, de leurs grands-parents et de leurs parents. Dans l'histoire du rap et du hip hop français, la chanson « 11 : 30 contre le racisme » est une anthologie qui célèbre l'alliance de la diaspora africaine avec l'Afrique. Français d'origine antillaise, ouest africaine et nord africaine y parlent d'une même voix.

Des Africains-Français de plein droit

Il faut resituer le contexte dans lequel la chanson « 11 : 30 contre le racisme » a émergé. On est en 1997, trois ans après la mise en place des lois Pasqua qui mettent fin à la longue tradition républicaine du *jus soli*. Cet acquis juridique est en vigueur par la loi du 26 juin 1889 qui stipule que l'enfant né en France de parents étrangers acquiert de facto la citoyenneté française. Charles Pasqua, depuis son arrivée comme ministre de l'intérieur, fait de l'*immigration zéro* son cheval de bataille. Sur le plan domestique comme à l'étranger, des dispositions légales sont prises dont les retombées sur le statut des enfants d'étrangers nés en France, de leurs parents, des étrangers légalement installés en France portent atteinte à une longue tradition républicaine d'accueil. Le délit de faciès devient la base sur laquelle s'intensifie une chasse à l'étranger noir et arabe, ceci dans un contexte plus large de lutte contre le terrorisme[224]. « 11 : 30 contre le racisme », qui est une coalition de 19 artistes dont les parents sont originaires des Antilles françaises, d'Afrique du nord et de l'ouest, constitue une diatribe contre les dérives des lois Pasqua qui transforment les étrangers noirs et arabes en citoyens de seconde zone, à la merci des interpellations policières intempestives dans les banlieues ou ailleurs. Cette chanson s'adresse directement à tous les Français afin que ces derniers s'élèvent contre la répétition d'un passé indigne de la France. Ce passé, c'est une série de pratiques telles que la délation contre les Juifs pendant la 2e Guerre mondiale, les massacres d'Algériens du 17 Octobre 1961 à Paris, la montée de la xénophobie à Vitrolles où 52% de la population vote pour le Front National en 1997, bref contre la

---

[224] Nous sommes en effet deux ans après les attentats terroristes du métro Cité et de la Place de l'Etoile à Paris.

montée du fascisme que les grands-parents des artistes avaient aidé à combattre durant les deux guerres mondiales. C'est avec force détails que les artistes mettent en contraste la bravoure de leurs grands-parents et l'attitude générale de la population française à cette période-là. Comme le souligne Akhénaton du groupe I.A.M. dans la chanson, « tu [le Français] collaborais à l'époque, chien, un toutou docile, heureux de voir les Arabes débouler pour libérer ta ville »[225]. Fabe d'ajouter : « Donc, essaie de laisser la vérité passer au sujet des Français et de ce qu'ils ont fait dans le passé à nos pères et à nos mères. C'est que quand je pense à ce que la France a pris à l'Afrique noire et à l'Algérie. De quoi tu nous parles aujourd'hui, 9-7. De quelle date ? De quels droits ? De quels papiers ? De quelles lois ? De quels immigrés ? »[226]. Djoloff rappelle l'œuvre des tirailleurs dans la langue d'origine de ses grands-parents, le wolof, qui est la langue nationale majoritaire au Sénégal. Sa voix prend le relais :

« Les fils de Djoloff reviennent pour vous rappeler quelques faits de l'histoire car mon cœur est plein d'amertume à cause des propos blessants que j'entends sur les miens [les tirailleurs sénégalais], dans ce pays lointain que l'on appelle la France. Il fut des temps en 1945, nos grands-pères LES TIRAILLEURS SENEGALAIS avaient remporté des victoires multiples, et aujourd'hui, nous, leurs fils et leurs petits-fils sommes devenus de simples IMMIGRES. Ils [les Français] s'en sont retournés pour oublier le passé, pour oublier notre richesse, notre sueur, notre sang que nous leur avons versés, les victoires multiples que nous leur avons remportées »[227].

Par ces victoires, l'artiste fait allusion aux espaces africain, européen, asiatique et antillais où les tirailleurs sont au front pour combattre les troupes d'Hitler et de Mussolini. L'usage du wolof, outre le fait qu'il est un acte de rébellion car c'est utiliser une langue qui était proscrite

---

[225] "11 : 30 contre le racisme", Jean-Francois Richet, Maître Madj (Assassin), Rockin' Squat (Assassin), Akhenaton (IAM), Arco & Mystik, Soldatfadas et Menelik, Yazid, Fabe, Rootsneg, Djoloff, Sleo, Kabal, Aze, Radikalkicker, Freeman (IAM), Stomy Bugsy & Passi (Ministère Amer). Cercle Rouge Productions, Crépuscule, 1997.
[226] Ibid., 1997.
[227] Jean-Francois Richet, Maître Madj (Assassin), Rockin' Squat (Assassin), Akhenaton (IAM), Arco & Mystik, Soldatfadas et Menelik, Yazid, Fabe, Rootsneg, Djoloff, Sleo, Kabal, Aze, Radikalkicker, Freeman (IAM), Stomy Bugsy & Passi (Ministère Amer), op. cit.

dans l'espace colonial, est un tribut aux tirailleurs dont l'histoire est marginalement racontée dans les manuels scolaires français. Ce que les artistes combattent dans la France contemporaine, c'est la promotion d'un discours politique qui construit l'immigré ou le descendant du colonisé comme bouc-émissaire pour rationaliser les problèmes de la France. C'est ce que Yazid fustige quand elle insiste :

> « Celui que le facho appelle bicot prend le micro pour démentir les faux propos, stopper le complot. Je jette un œil sur le passé, vous pensiez l'effacer. Hélas l'histoire se répète, revient nous offenser, c'en est assez ! Ils jettent encore le discrédit sur mon ethnie, sur tout ce qui est différent... Encore une fois que nous sommes la cause de ce marasme, que c'est de notre faute si la France est prise de crises d'asthme, mais qu'ils sachent que je serai toujours sur la brèche. Je combats le facho et tous ceux qui sont de mèche »[228].

Le contenu des chansons reflète l'actualité politique. La citation fait allusion à la neutralité, voire l'hypocrisie de la Gauche française dans le débat sur l'immigration. La Gauche est connue pour sa *sympathie* à l'endroit des immigrés. C'est d'ailleurs ce que démontre François Mitterrand en régularisant la situation d'immigrés que la loi place dans l'irrégularité et que la Droite menace de déporter au début des années 1980. A partir du milieu des années 1980 toutefois, la Gauche commence à devenir visiblement absente du débat sur les immigrés, apportant, selon les artistes, son soutien tacite à la Droite modérée et à la Droite radicale dans leur croisade contre l'immigration. Ce sentiment est articulé sans ambiguïté chez Sleo qui résume : « DROITE-GAUCHE MEME SON DE CLAIRON QUI SONNE FAUX[229] ». Et Kabal de se lever contre la « chartérisation » ou déportation abusive d'étrangers souvent sans procédure légale normale. A ce rythme, « Force est de constater à travers nos yeux de banlieusards éclairés QUE LES AVIONS CHARTERS TENDENT A

---

[228] Jean-Francois Richet, Maître Madj (Assassin), Rockin' Squat (Assassin), Akhenaton (IAM), Arco & Mystik, Soldatfadas et Menelik, Yazid, Fabe, Rootsneg, Djoloff, Sleo, Kabal, Aze, Radikalkicker, Freeman (IAM), Stomy Bugsy & Passi (Ministère Amer), op. cit.
[229] Jean-Francois Richet, Maître Madj (Assassin), Rockin' Squat (Assassin), Akhenaton (IAM), Arco & Mystik, Soldatfadas et Menelik, Yazid, Fabe, Rootsneg, Djoloff, Sleo, Kabal, Aze, Radikalkicker, Freeman (IAM), Stomy Bugsy & Passi (Ministère Amer), op. cit.

REMPLACER LES BATEAUX NEGRIERS[230] ». Ce plaidoyer trouve un écho chez l'artiste de reggae ivoirien Fakoly.

Dans son album *L'Africain*, Tiken Jah Fakoly se pose aussi contre la déportation abusive des immigrés clandestins en plaidant plutôt pour l'ouverture des frontières. Son morceau « Ouvrez les frontières » soulève la question du déséquilibre qui existe entre la France et ses anciennes colonies du point de vue de la circulation des personnes. Si un Français n'a pas besoin de visa pour visiter presque tous les pays d'Afrique de l'ouest, le mouvement dans le sens inverse n'existe pas. C'est la raison pour laquelle certains pays africains comme le Mali, en réaction aux lois Pasqua, décident d'exiger un visa de la part de tout Français désireux de visiter le pays. Dans son texte, Fakoly va plus loin en mettant l'accent sur quelques aspects du néocolonialisme, notamment le pillage de la faune africaine pour satisfaire les fantasmes des touristes occidentaux. L'argument critique consiste à postuler que, comme pour la colonisation, l'Afrique postcoloniale se façonne à la toise de l'Occident. Il y aurait là un parallèle à faire entre l'Afrique de l'ouest et les Antilles. Ces deux espaces remplissent la fonction d'aires de retraite exotique pour les Occidentaux qui s'y rendent en masse pendant les vacances d'été et d'hiver. Fakoly articule cette critique postcoloniale en ces termes : « Ouvrez-les [les frontières] chaque année, l'été comme l'hiver. Et nous on vous reçoit les bras ouverts. Vous êtes ici chez vous... Vous avez pris nos plages et leurs sables dorés, pris l'animal en cage et battu nos forêts. Qu'est-ce qui nous reste quand on a les mains vides ? On se prépare au voyage et on se jette dans le vide »[231]. D'une part, l'artiste prescrit une égalité entre les lois africaines et les lois françaises en matière de séjour. Il appelle les dirigeants africains à une plus grande fermeté vis-à-vis du séjour des Français dans les pays africains. Que ces derniers vivent les mêmes difficultés que les Africains qui veulent aller en France. Fakoly est conscient de la carte politique que l'Afrique doit jouer. L'idée est assez répandue que l'Afrique ne peut se « développer » sans l'aide de l'Occident, la France pour ce qui concerne l'Afrique occidentale. La réalité est que c'est la France qui a

---

[230] Jean-Francois Richet, Maître Madj (Assassin), Rockin' Squat (Assassin), Akhenaton (IAM), Arco & Mystik, Soldatfadas et Menelik, Yazid, Fabe, Rootsneg, Djoloff, Sleo, Kabal, Aze, Radikalkicker, Freeman (IAM), Stomy Bugsy & Passi (Ministère Amer), op. cit.

[231] " Ouvrez les frontières ". Generas Tiken Jah Fakoly, *L'Africain*. Fakoly productions, 2007.

plutôt besoin d'elle pour ses matières premières, mais aussi pour son prestige dans le monde. Aujourd'hui, le destin de la France repose entre les mains de l'Afrique francophone. Il suffirait que l'Afrique francophone adopte une autre langue que le français comme langue officielle pour déclencher le déclin de la France. La majeure partie de la population francophone est en Afrique. D'autre part, l'artiste postule l'émigration massive d'Africains en France comme résultante du pillage dont le continent fait encore l'objet. Le vieux débat sur les responsabilités de la France, et par extension de l'Occident, pour l'état actuel de l'Afrique est réactualisé. Si pour le Président Sarkozy la France d'aujourd'hui n'a aucune responsabilité quant à la France du passé, pour Fakoly, l'esclavage et la colonisation française ont une corrélation avec l'état de l'Afrique actuelle.

Quel impact les lois Pasqua ont-elles sur le quotidien de la génération des artistes ? Un impact pernicieux : « Vigipirate, cartes de résident en danger, délation, téléphone sur écoute, procès, chasse à l'homme, l'immigré contre son frère immigré, prise d'empreintes digitales, fichiers, humiliations, futur effrité »[232]. Rootsneg, en créole, décrit la dichotomie socio-économique qui existe en France. Sa voix est symbolique de la place des siens, les Antillais, dans la pyramide économique française :

> « Les jeunes exècrent la politique de droite et NOB comme tout nèg qui porte des dreads frappe les abus… O désormais c'est du sérieux, mais ça veut dire quoi ? Cette histoire d'Etat qui ne fait rien pour personne. C'est toujours les mêmes qui profitent. Il y a ceux qui possèdent, il y a ceux qui possèdent pas. Je suis un nègre, je possède pas. Les fruits défendus, j'aimerais tellement, tellement, oh oui, y goûter. Goûter le luxe qui orne la vie paisible de ces enculés »[233].

Cette citation rejoint la description morose que maints critiques font des banlieues. L'artiste, antillais, amplifie l'existence de cette France à deux vitesses où les minorités noires et arabes sont en bas de l'échelle économique, dépourvues de capital économique. L'utilisation de l'épithète *nègre* semble souligner le caractère problématique de l'abolition de l'esclavage et de toutes les promesses faites par la République d'élever l'ancien esclave, le nouveau citoyen, au même

---

[232] Tiken Jah Fakoly, op. cit.
[233] Tiken Jah Fakoly, op. cit.

niveau que le métropolitain. Si un bon nombre d'écrivains fustigent l'échec de la politique française aux Antilles après 1848, les artistes en sont un écho. En gros, la situation des Antillais est loin d'avoir changé. Cette politique du maintien du statu quo fait la une des journaux locaux et internationaux lors des grèves des travailleurs en Guadeloupe, en Martinique et en Guyane française en 2009. La solution apportée par le gouvernement est loin d'être à la hauteur des attentes des grévistes. Comme à l'accoutumée, la solution est d'injecter des millions d'euros dans les îles pour mieux *assister*[234] les Antillais, au lieu de solutions structurelles qui soient susceptibles de mettre fin à différentes sortes d'injustice entre Blancs et Noirs qui remontent à l'abolition de 1848 : les terres appartiennent en majorité aux descendants des anciens maîtres et il y a une absence de vraies opportunités d'ascension dans l'échelle sociale. La façon dont l'Etat résout la crise laisse en augurer d'autres. D'après l'artiste Rootsneg, la situation des Antillais ne semble guère meilleure en France.

Dans « 11 : 30 contre le racisme » on construit un rapprochement entre la génération des artistes et celle de leurs parents qui vivent en France. La loi les perçoit de la même manière. J'ai souligné que cet amalgame engendre une sympathie grandissante pour le pays d'origine des parents et des grands-parents dont la contribution est écrite en lettres d'or dans les chansons. Ces artistes voient un lien direct entre leur situation et celle des pays d'origine de leurs parents appelés « le tiers-monde ». Si ceux-ci en France ont le sentiment de vivre dans un état de colonisation interne, ceux-là en Afrique vivent en situation de néocolonialisme. Pour les artistes tels Mc Solaar, Passi, effectuer des voyages dans le pays d'origine des parents permet de faire des parallèles entre la banlieue et l'Afrique. Prendre conscience de l'inégalité dans la distribution des richesses permet de construire un discours engagé contre le néocolonialisme qui se présente sous plusieurs facettes. Une solidarité horizontale contre le discours officiel du pouvoir, que Foucault nomme *conjonction horizontale*[235], naît dans le but de transcender la couleur de la peau pour une meilleure défense des opprimés sur terre. Cette solidarité se matérialise sous trois angles : d'abord par une critique des dirigeants africains qui dilapident

---

[234] Ici, le verbe "assister" a une connotation négative. Il conduit à une perception des Antillais comme un fardeau pour la République.

[235] Michel Foucault, *Surveiller et punir. Naissance de la prison.* Paris : Gallimard, 1975, p.256.

212

les richesses africaines et exercent leur dictature cautionnée par l'Occident ; à la place, les artistes plaident pour le panafricanisme dont l'un des plus grands avocats est l'artiste sénégalais Didier Awadi. Ensuite les artistes dénoncent ce que je nomme la *tiers-mondialisation* du globe en exposant les effets pernicieux du capitalisme et de la mondialisation dans le tiers-monde, mais aussi en Occident. Les artistes appellent à l'émergence d'une société civile mondiale au sein de laquelle les médias jouent un grand rôle. C'est dans ce sens que l'engagement de la néonégritude s'inscrit pleinement dans le discours altermondialiste.

Discours contre les fossoyeurs de l'Afrique

Si l'on prend le temps de réfléchir sur la musique d'artistes comme Didier Awadi du Sénégal, Passi et Mc Solaar de France et Tiken Jah Fakoly de Côte d'Ivoire, il semble que l'esclavage et la colonisation aient des traces visibles aujourd'hui en Afrique et en France. Ces deux systèmes d'oppression ont des ramifications contemporaines et sont les fondements même du néocolonialisme. Ces artistes ont une vision commune sur les problèmes structurels contemporains de l'Afrique et sur les solutions susceptibles de mettre fin au déséquilibre entre l'Afrique et les pays occidentaux. Je mets l'accent sur deux chansons de Didier Awadi, « Le patrimoine » et « Suñugaal » pour montrer comment le discours de cet artiste mérite sa place dans la critique universitaire postcoloniale.

En Afrique de l'ouest, le succès d'artistes comme Didier Awadi tient au fait qu'il est « non-aligné »[236]. Le refus d'être récupéré par le politicien le place dans une position où il joue le rôle de critique social crédible. Ce dernier se donne pour mission de lutter pour la libération de son peuple. A titre d'exemple, lors des élections présidentielles de l'année 2000, le rap joue un rôle incontestable dans la débâcle du parti socialiste (P.S.) qui était au pouvoir depuis 1960. Awadi, et bien d'autres artistes, instrumentalisent la langue wolof afin d'atteindre les masses non instruites que le parti socialiste, d'habitude, pouvait facilement corrompre par toutes sortes de dons et de promesses à la

---

[236] Je fais une analogie avec la guerre froide. A l'image des pays du "tiers-monde" qui, pendant la guerre froide, n'étaient ni capitalistes ni communistes, Didier Awadi n'est affilié ni au parti socialiste ni au parti démocratique qui sont les deux partis les plus puissants au Sénégal.

veille d'élections. Comme je l'ai souligné au tout début de ce chapitre consacré aux différences entre la négritude et la néonégritude, il s'agit pour les artistes d'accomplir un travail de terrain qui consiste à aller vers les masses et à communiquer avec elles dans une langue qu'elles comprennent. Cette démarche proactive porte ses fruits car cette *majorité silencieuse*, qui ne parle ni n'écrit le français, vote en masse pour le *sopi*, c'est-à-dire le changement, qui porte le Parti Démocratique Sénégalais au pouvoir. Dès que le PDS est au pouvoir, les rappeurs se distancient du régime en place pour légitimement exercer leur position de contre-pouvoir, donc garants d'un certain équilibre. Aujourd'hui, après dix ans au pouvoir, le parti démocratique fait l'objet de beaucoup de controverses dans sa gestion du pays. La déception des jeunes est réinscrite dans les textes des rappeurs qui militent pour le départ du parti démocratique[237]. Cette déception fait d'ailleurs l'objet de la chanson « Suñugaal » dans l'album d'Awadi, *Suñugaal*, où il fait le procès du régime en place. Il ne serait pas exagéré d'avancer que le rap joue un rôle significatif dans la défaite notoire du Parti Démocratique Sénégalais lors des élections locales de mars 2009. La critique d'Awadi est locale, régionale, continentale et mondiale. Sa voix est nationaliste et panafricaniste. En cela, il fait front commun avec Passi et MC Solaar en France. J'insisterai sur *Suñugaal* et « Le patrimoine » pour étayer ces différents aspects.

« Suñu gaal », en wolof « notre pirogue » est une critique directe contre le Parti Démocratique Sénégalais. Le recours à la langue wolof montre que son audience est locale et que la cible d'Awadi est le régime du président Abdoulaye Wade qui n'aurait pas tenu ses promesses de campagne électorale. En effet, il avait promis de faire embaucher la masse des jeunes diplômés sans emploi au Sénégal à condition que ces derniers votent pour lui. Ce pacte honoré par les jeunes ne l'est apparemment pas pour le parti démocratique qui, dans un sens, serait responsable non seulement de l'inflation de la fuite des cerveaux, mais aussi du fait que de nombreux jeunes embarquent dans des pirogues de fortune à destination de l'Europe via les îles Canaries. Un tel phénomène, dont la presse nationale et internationale parle régulièrement, s'effectue dans des conditions déplorables où nombre d'émigrés trouvent la mort en mer. Pour Awadi, le départ de ces jeunes est une résultante de leur déception politique. Il la reflète dans sa chanson qui est en fait une lettre qu'un jeune Sénégalais laisse à ses

---

[237] Voir le documentaire "Africa Underground" sur Youtube.com.

parents pour les avertir de son émigration vers l'Europe dans la clandestinité, via les pirogues de fortune : « Père, j'implore ton pardon, mais quand tu recevras cette note, je serai déjà en route pour l'Espagne en pirogue. Nous sommes fatigués d'attendre ce que vous nous aviez promis. Vous nous aviez promis du travail, de la nourriture. Franchement, je n'ai rien vu de tout cela. C'est la raison pour laquelle j'ai pris la tangente »[238]. Par extension, le père signifie le président, père de la nation, qui manquerait à ses responsabilités les plus élémentaires envers ses enfants, ici les citoyens. Il devient par conséquent illégitime aux yeux des citoyens. Mais le parti démocratique n'est pas seulement responsable de ce phénomène qui n'est que le facteur visible d'une réalité plus profonde : celle de la traitrise et de la corruption des chefs d'Etat africains en complicité avec l'Occident. Ce lien est bien mis en exergue dans le morceau d'Awadi intitulé « Le patrimoine ».

Au début de « Le Patrimoine », avant la voix de l'artiste, on entend l'extrait d'un discours de Léopold Sédar Senghor qui dit : « Après les comptoirs coloniaux de l'ère coloniale, les comptoirs idéologiques de l'ère atomique ». Senghor montre ici la linéarité entre le passé et le présent. L'après 2e Guerre mondiale se caractérise par une nouvelle forme de domination où le tiers-monde fait l'objet d'une pression pour s'aligner derrière les Etats-Unis ou l'Union soviétique. Cette prophétie de Senghor se vérifie encore aujourd'hui où, vingt ans après la chute du mur de Berlin, l'Occident s'ingère dans les affaires intérieures des pays africains, les déstabilisant par la vente d'armes ou le soutien de mouvements rebelles pour mettre en place des dirigeants qui servent ses intérêts. La mainmise de l'Occident est incontestable :

« Déjà ils nous imposent des systèmes politiques, forment les élites qu'ils rendent cyniques. On te donnera le pouvoir, on t'y maintient tu seras l'unique tant que tu nous vendras le pétrole, le café, le cacao, tu seras en haut, on va bosser sur ta dette. Toi y a très bon négro. On va donner toi jolie maison à Paris. La France la délivrance beaucoup de Wari Wari. Toi signer papier du chef Blanc. Toi très bon négro. Merci ma Commandant »[239].

---

[238] "Sunugaal". Didier Awadi. *Sunugaal.* Studio Sankara, 2008. (Ma traduction du wolof au français).
[239] "Patrimoine". Didier Awadi. *Un autre monde est possible*, 2005.

Ce dialogue est une simulation d'échange entre un chef d'Etat africain et un dirigeant français. Awadi met ici l'accent sur les contrats que les chefs d'Etat africains passeraient avec l'Occident, en l'occurrence la France. Le niveau de langue utilisé par le Français pour s'adresser à l'homme d'Etat africain est le français dit *petit nègre*. Dans un contexte postcolonial, cela cache toujours une supériorité supposée du Français dont la perception sur l'Africain n'aurait pas changé. L'usage du *petit nègre* véhicule le stéréotype colonial selon lequel l'Africain est incapable de communiquer au même niveau que le Français. Sa façon de communiquer équivaut à celle de l'enfant qui apprend à parler. Un autre stéréotype est que les hommes d'Etat africains sont capables de sacrifier leur peuple pour leurs intérêts personnels. Cela se vérifie pour les chefs d'Etat africains qui ont des comptes bancaires hors de leur pays, ainsi que des biens éparpillés dans plusieurs pays occidentaux. La citation montre aussi le chantage dont les dirigeants africains feraient l'objet une fois le pacte avec le pays occidental signé. Que résulte-t-il de l'alliance entre l'Occident et les dirigeants africains qui sont à leur solde ? Le tableau que communique Awadi est morose :

« Une fois encore mon stylo pleure, à l'instar de l'encre une industrie se meurt. Une mort violente, subite, gérée par nos dirigeants voleurs, vils, vilains voleurs voulant voler nos dernières gouttes de sueur. Voilà le visage sombre et lugubre de l'Afrique à cette heure, seconde après seconde, minute après minute, heure après heure. L'Afrique se meurt tuée, tuée, pillée par nos dirigeants collaborateurs. C'est le seul mot pour qualifier ces adorateurs de Satan. Pourquoi vider notre sang, se comporter si avidement, confondre intérêt personnel et national, c'est décevant, je suis déçu, dessous le seuil de la pauvreté. C'est indécent, ils vendent le pétrole du Congo aux néo-colons qui organisent nos guerres afin de mieux gérer le filon. »[240]

La situation sur le terrain semble donner raison à l'artiste. Que ce soit au Congo, en Côte d'Ivoire, au Soudan, et la liste pourrait s'allonger, la main occidentale, directement ou indirectement, s'y révèle. Ce n'est un secret pour personne que les compagnies occidentales assiègent depuis longtemps les pays africains dont le sol regorge de matières premières. On se retrouve dans le même cas de figure que pendant la colonisation, à une subtilité près. Si pendant la colonisation les

---

[240] Didier Awadi, op. cit.

compagnies d'exploitation occidentales investissent le sol africain sous le couvert du « droit » décidé par l'Etat français, aujourd'hui, cette forme de domination se fait sous le couvert d'accords passés entre un pays occidental donné et un dirigeant africain du moment. Il s'agit donc d'un accord bilatéral. L'on assiste donc à une sous-traitance de la domination occidentale par les dirigeants africains. Quelle solution pour remédier au problème ? Si Passi prône un mea culpa des élites pour un recommencement, Awadi voit la révolution comme un devoir qui mène au panafricanisme.

Selon Awadi, la dynamique de la violence pour le changement n'est pas à écarter. Elle semble d'ailleurs être la condition sine qua non pour d'abord assainir l'élite qui dirige l'Afrique depuis 1960 puis éradiquer l'iniquité existant entre l'Afrique et les anciens colonisateurs. Car étant donné que les élections sont truquées, le seul langage que les dirigeants comprennent est la force. La question est de savoir quelle marge de manœuvre ont réellement des dirigeants portés au pouvoir par une révolution légitime pour conduire leur pays à la libération. Depuis les indépendances des années 1960, l'Afrique n'a connu qu'une poignée de dirigeants dignes de ce nom. C'est le cas par exemple de Patrice Lumumba du Congo ou de Thomas Sankara du Burkina Faso. L'avertissement qu'Awadi lance aux chefs d'Etat africains est à la hauteur de l'urgence qu'éprouvent les jeunes générations :

« L'image est sale et puante, mais c'est la seule qui reflète le cas. Africa, on t'ausculte mais le diagnostic est délicat. La seule solution c'est la révolution dans tous les cas. J'aimerais que ce texte soit une lettre adressée à tous nos présidents, qu'ils comprennent que les jeunes paniquent et que le boum est imminent. Pensez à vous, pensez à nous, pensez à ceux qui viendront après nous. A la limite, l'argent volé, planqué dans vos comptes en Suisse, investissez-le et faites bosser vos fils. Méfiez-vous, méditez le phénomène MOBUTU. Personne n'est à l'abri… C'est tout »[241].

L'allusion au « phénomène MOBUTU » est un avertissement dont l'exécution peut être tragique. Mobutu, ancien président du Zaïre, fut déposé suite à un coup d'Etat par Kabila. Il finit sa vie en exil au Maroc où il meurt, abandonné par les mêmes qui l'avaient aidé à

---

[241] Didier Awadi, op. cit.

prendre le pouvoir après l'exécution de Patrice Lumumba, les Occidentaux. Le film *Lumumba* accuse ouvertement la Belgique et les Etats-Unis.

Le chanteur français Passi, dans « Annuler la Dette », articule un vœu panafricaniste : « Je rêve que tous les présidents africains se tiennent la main. J'aimerais tant qu'on reparte, qu'ils aient été bons ou mauvais. Effacer le passé, donner un lendemain, un nouveau départ à nos enfants, une nouvelle destinée. Faut plus se fâcher, éduquer et avancer, faire fructifier et pouvoir garder nos intérêts »[242].

La vision d'Awadi diffère de celle de Passi. Le premier prône la violence pour le changement alors que le deuxième prône le pardon et croit à la possibilité d'une rédemption des dirigeants africains qui ont pillé leur pays à long ou à court terme. Cette différence n'exclut guère un dénominateur commun entre les deux : ils accordent leur violon sur la nécessité de voir l'Afrique sortir du joug occidental, qu'elle puisse elle-même définir les termes de sa propre indépendance. Comme le dit la voix d'Houphouët Boigny à la fin de la chanson « Le Patrimoine » : « Si nous ne prenons pas garde, nous risquons de perdre et la liberté d'homme, et l'indépendance de notre continent »[243]. En 2010, 17 pays africains, anciennes colonies de la France, fêtent le cinquantenaire de leur indépendance. Selon le point de vue, cet événement a une connotation différente. L'élite africaine a célébré cet anniversaire à grandes pompes dans les pays africains, puis en France où elle était à l'honneur aux côtés du président Nicolas Sarkozy lors du défilé du 14 juillet 2010. Pour le président Abdoulaye Wade du Sénégal, la présence de chefs d'Etat africains sur le même podium que le président français est la preuve que les pays africains sont indépendants et qu'ils sont à égalité avec la France. Pour une grande majorité des populations africaines vivant dans les banlieues, ce cinquantenaire de l'indépendance n'est qu'une continuation de la colonisation sous-traitée par l'élite. Pour les artistes de la néonégritude qui traduisent les frustrations des banlieues, le moment est venu de mettre en place le panafricanisme. Didier Awadi et Tiken Jah Fakoly en sont les griots à travers leur album respectif *L'Africain* et *Présidents d'Afrique*.

---

[242] Didier Awadi, op. cit.
[243] Didier Awadi, op. cit.

Pourquoi le panafricanisme ?

Le discours panafricaniste de la néonégritude accorde une place privilégiée à la diaspora africaine. L'artiste de reggae Fakoly explique la division de la diaspora par une analogie à la situation de l'Afrique. Dans sa chanson « L'Africain » de l'album *L'Africain*, le pronom personnel « Ils » dans le refrain « Ils ont dit » a deux cibles : les propagateurs de l'Islam et du Christianisme. Dans un premier temps, le ton acerbe de l'artiste fustige la distorsion de l'histoire de l'Afrique par le colonisateur, son invasion du continent et les conséquences de sa politique sur l'Afrique d'aujourd'hui. D'où vient le morcellement de la diaspora africaine et de l'Afrique que l'on connaît aujourd'hui ? De l'esclavage et de la conférence de Berlin qui, en 1884-85, officialise la mainmise des pays européens sur l'Afrique. Désormais, les pays africains qui étaient composés d'empires puissants sont divisés en petites entités, minuscules Etats dont l'antagonisme des ethnies, instrumentalisé par l'ancien colonisateur, fait quotidiennement la une de la presse internationale. Tiken Jah Farkoly souligne l'origine de la division de l'Afrique au tout début de son morceau : « Ils m'ont dit que je suis Malinké, ils t'ont dit que tu es un bété. Mon papa était un Dioula, mais nous-là nous sommes tous ivoiriens »[244].

L'Islam et son mode de propagation en Afrique n'est pas épargné. L'artiste met l'esclavagiste occidental et arabe sur le même pied en ce sens qu'ils contribuent tous les deux à l'aliénation des Africains. Ce morceau est un tournant dans la critique postcoloniale en ce sens que lorsque l'on parle en général de la colonisation, l'Islam en est généralement écarté. Il est donc question pour l'artiste de rappeler que toute critique postcoloniale objective se doit de considérer l'Islam aussi comme un agent colonisateur. Car l'Islam et le Christianisme sont des religions importées en Afrique : « Ils ont dit que je suis musulman, ils ont dit que je suis un chrétien. Nos ancêtres étaient animistes, mais nous-là nous sommes africains. On n'oubliera pas l'empire du Ghana. Nos parents encore des cavaliers mossi, sans oublier le royaume ashanti. Les griots chanteront toujours l'épopée mandingue »[245]. Pour pallier à cette division organisée de l'extérieur, l'artiste reprend le flambeau panafricaniste en réintégrant la diaspora

---

[244] "L'Africain". Generas Tiken Jah Fakoly. *L'Africain*. Fakoly productions, 2007.
[245] Ibid.

noire. Il prône l'unité africaine dont la force repose sur les richesses de chaque pays. Cette union pour la force ne se fait pas sans la prise en considération de la diaspora africaine. Cela explique l'identification de l'artiste à tous les espaces géographiques où la diaspora noire est aujourd'hui installée : « Je suis Black américain, je suis brésilien, Guadeloupa, Havana, Colombia, Haïtia, Dominica, Trinidad, Guyana, Saint Lucia, Jamaica, Africans. We are Africans »[246]. Dans son tout dernier album *Présidents d'Afrique,* Awadi expose en termes plus concrets le sens du panafricanisme. Cette étape est importante pour éviter de réduire l'engagement des artistes de la néonégritude à une utopie. *Présidents d'Afrique* fait la promotion du panafricanisme. L'album mérite une place au panthéon de la critique postcoloniale et représente un manifeste du panafricanisme. Des artistes venant d'espaces anciennement colonisés par l'Angleterre, la France, le Portugal ont participé au succès de l'album. Chacun, dans sa langue nationale, apporte sa contribution au projet panafricaniste.

Awadi va à rebours du commerce triangulaire en déconstruisant le discours qui a servi à légitimer l'esclavage. Le panafricanisme est le dénominateur commun de toutes les chansons de l'album, seul moyen pour l'Afrique de démanteler l'emprise que l'Occident a sur elle. Awadi articule ici un projet politique qui intègre les discours de tous les leaders noirs qui ont dénoncé le colonialisme et le néocolonialisme. La liste des leaders est exhaustive : Martin Luther King, Nasser, Nelson Mandela, Thomas Sankara, Malcolm X, Aimé Césaire, Kwamé Nkrumah, Jomo Kenyatta, Modibo Keita, Cheikh Anta Diop, Julius Nyerere, Patrice Lumumba, Samora Machell, Sékou Touré, Frantz Fanon, Norbert Zongo et Léopold Sédar Senghor. Dans cette liste, il faut toutefois faire le distinguo entre les leaders qui, quoique critiques de l'ancien colonisateur, l'ont toutefois servi après la colonisation. Ce groupe inclut Senghor et Césaire par exemple, contrairement à d'autres leaders qui ont toujours pris une position radicale vis-à-vis de l'ancien colonisateur, tels Thomas Sankara au Burkina Faso, ancienne Haute-Volta, Sékou Touré en Guinée Conakry, Malcolm X aux Etats-Unis et Cheikh Anta Diop, pour ne citer que ceux-ci. Cette liste va des modérés aux radicaux, voire aux séparatistes. Plutôt que de céder à la politique du diviser pour mieux régner, Awadi cristallise la complexité de la critique coloniale et

---

[246] Tiken Jah Fakoly, op. cit.

postcoloniale tout en validant la polyphonie qui l'a marquée. C'est-à-dire que chaque leader, quelle que soit sa position, est à prendre en compte dans la totalité du discours pour la libération du peuple noir, ce qui n'exclut pas que le leadership de certains d'entre eux après la décolonisation soit passé au peigne fin. Que signifie le panafricanisme pour Awadi et le public qui est derrière lui ?

L'album d'Awadi rallume la flamme du panafricanisme en se basant sur un fait qui a pris de cours l'Histoire du monde : l'élection de Barak Obama comme premier président noir des Etats-Unis. Le slogan de campagne électorale d'Obama « Yes We Can » et le titre du célèbre poème de Martin Luther King « I Have A Dream » sont le leitmotiv de la première chanson qui ouvre l'album d'Awadi. Awadi représente une génération qui, du Sénégal jusqu'à l'Ethiopie, de l'Egypte jusqu'à l'Afrique du sud, croit au panafricanisme et le sait imminent et incontournable. Pour cette génération désillusionnée par l'indépendance, il est aujourd'hui clair que l'Occident ne veut pas le développement des pays pauvres, mais continuerait plutôt à les exploiter. L'extrait de discours de Norbert Zongo[247] qu'Awadi insère dans la chanson « Le silence des gens bien » est une leçon de politique vivante pour les leaders actuels :

« Ce n'est pas vrai que la France veut notre bien, ce n'est pas vrai ! Et elle a raison parce que notre situation actuelle profite à ses intérêts. C'est humain. Notre bonheur ne peut pas venir de ceux qui ont profité de notre esclavage, de ceux qui ont profité de notre état actuel de dépendance [vis-à-vis de l'Occident]... Dès que vous défendez les intérêts de la France, elle est en droit de faire de vous un académicien, pape, machin, tout ça, c'est son droit ! On dit qu'en politique, les amitiés, les relations les plus bonnes se perdent dans l'intérêt comme le fleuve se jette dans la mer... On n'aime personne. Nous sommes tous noirs. T'as beau te maquiller, ça ne change rien aux yeux des Français, ça ne change rien. Tu es un Noir. Tu es un colonisé... Aujourd'hui, elle est là pour dire la Francophonie, la colonie, la patrie, truc, c'est des histoires. Personne ne te donnera la liberté. Le voleur qui vous vole a raison. C'est vous qui avez tort de vous laisser voler... »[248].

---

[247] Norbert Zongo était un ancien journaliste et éditeur burkinabé. Il fut assassiné en 1998 lorsque son journal, *L'Indépendant*, a commencé à faire une enquête sur un chauffeur qui avait travaillé pour le frère du président Blaise Compaoré. Beaucoup d'Africains soupçonnent Compaoré d'avoir assassiné Sankara.

[248] "Le silence des gens bien". Awadi. *Présidents d'Afrique*. Sony/ ATV Music Publishing France, 2010.

Cette citation résume l'état cynique des relations historiques entre la France et ses anciennes colonies pour mieux insister aujourd'hui sur l'urgence d'une union forte entre pays africains. Avec un certain recul, Zongo fustige la mission civilisatrice qui était une vitrine pour mieux exploiter les colonies. L'allusion aux académiciens est une attaque directe contre Senghor et Césaire qui étaient perçus comme des alliés de la France. Le ton cynique inscrit dans cet extrait de discours sert à choquer et à réveiller les consciences quant au piège de la Francophonie qui serait une réinscription des anciennes colonies comme « basse-cour » de l'ancien colonisateur. Zongo ne fait que reprendre Albert Memmi qui, dans *Portraits du colonisé - Portrait du colonisateur*, souligne l'impossibilité pour le colonisé d'atteindre le même niveau que le colonisateur. Si la mission colonisatrice est un leurre et la Francophonie un piège, le réveil est plus qu'urgent. Le fait qu'Awadi reprenne cette citation vieille de quelques décennies informe le lecteur de l'état d'esprit qui anime les artistes de rap et de reggae africains et ceux de la diaspora. Derrière eux, suit une jeunesse consciente de l'état de l'injustice envers l'Afrique et le tiers-monde en général. Engagés, les artistes prennent le relais du combat du groupe radical au sein de la négritude, dont faisaient partie Frantz Fanon, Edouard Glissant, Cheikh Anta Diop. Pour une vraie libération africaine, il incombe aux Africains eux-mêmes de prendre des mesures radicales par rapport au présent. D'abord, éradiquer la culture de corruption au sein de l'élite africaine et installer des leaders du calibre de Nasser. Dans la chanson intitulée « Comme Nasser », Awadi prescrit la réappropriation ou la nationalisation des biens comme le pétrole, le diamant, l'or et l'uranium à l'image de Nasser qui avait nationalisé le canal de Suez en 1956. Si cette mesure doit conduire à la fin de l'impérialisme blanc, les dirigeants africains doivent éviter de tomber dans le schéma de « l'impérialisme noir »[249]. Ce terme décrit la dictature qu'exercent maints présidents africains sur leur peuple, mais aussi les prétentions territoriales qui empoisonnent les relations entre Etats africains. L'indépendance politique précède l'indépendance économique. Pour ce faire, Awadi ressuscite les idées de N'Nkrumah dans la chanson « We Must Unite » où ce dernier

---

[249] Ce terme est emprunté d'un discours de Modibo Keïta, ancien président du Mali. Awadi l'inscrit dans sa chanson "On a plus le choix" de l'album *Présidents d'Afrique*.

définit le panafricanisme économique et politique par la mise en place d'échanges sud-sud, la création d'une monnaie africaine et d'une banque centrale africaine. Dans le domaine politique, il défendait la coopération des pays africains sur le plan militaire et sur le plan diplomatique.

Par le hip hop, l'album de Didier Awadi est un tribut aux intellectuels et politiciens noirs qui se sont battus pour la décolonisation et le panafricanisme. Ce procédé est assez commun dans le monde de la politique. Pour circonscrire leur vision politique, les politiciens occidentaux font constamment l'éloge de références à Charles De Gaulle, Nelson Mandela, Martin Luther King, Abraham Lincoln, Thomas Jefferson. L'album d'Awadi, *Présidents d'Afrique,* suit cette tradition d'hommage envers des hommes et des femmes immortalisés par l'Histoire. L'album traduit aussi l'optimisme radical des artistes qui y participent pour voir naître les Etats-Unis d'Afrique. J'ai mentionné qu'au sein de la néonégritude, il y a unanimité sur l'urgence de la révolution en Afrique. Les artistes « africains-français » et africains-américains apportent leur soutien inconditionnel à l'Afrique. Ce gage de fidélité ne signifie pas que l'engagement de la néonégritude soit circoncis à l'Afrique. Cela réduirait l'engagement des artistes à une question de race. Au contraire, la vision des artistes embrasse le monde entier. Les problèmes que connaît l'Afrique sont partagés par d'autres régions dans le monde. Le combat de la néonégritude rejoint toutes les organisations qui dénoncent la tiers-mondialisation de l'humanité via le capitalisme à outrance. Les chansons « Annuler la dette » et « RMI », de Passi et de Mc Solaar, permettent d'étayer la transition de la notion de race à celle de classe au sein du mouvement de la néonégritude.

Discours contre la « tiers-mondialisation » de l'humanité

Les discours de Passi et Mc Solaar sont complémentaires en ce sens que leurs textes offrent une vision assez sophistiquée du néocolonialisme au niveau continental et mondial. L'un s'attaque aux structures sur lesquelles repose la dette africaine envers les pays occidentaux, l'autre, par un parallèle entre le Revenu Minimum d'Insertion français, le RMI, et le Fonds Monétaire International, le FMI, met à nu la machine financière qui tient l'Afrique, le « tiers-monde » et aujourd'hui la classe moyenne occidentale, en laisse.

Dans « Annuler la dette », Passi s'investit pour une annulation de la dette africaine envers les pays occidentaux. Il trace une linéarité entre le passé et le présent pour mieux rendre compte de l'état économique de l'Afrique contemporaine. Son argument central repose sur le sacrifice imposé à l'Afrique dans l'édification des pays les plus riches du monde, en Amérique et en Europe. Ce descendant de colonisés du Congo se désolidarise de la France et s'identifie à l'Afrique qu'il voit souffrir d'injustices, de l'esclavage au néocolonialisme, en passant par la colonisation. Son ton ne laisse aucune ambigüité :

> « Enchaînée à fond de cale, à même le sol. Pourquoi cette dette, ce poids sur nos têtes, le génocide passé, les échanges, la traite, notre sang. Nos ancêtres n'ont-ils pas trop servi ? Aujourd'hui leurs enfants payent un crédit à vie. Pourquoi cette redevance ? Nos pays n'ont-ils pas contribué au développement des USA, de l'Europe, donc de la France… ? Les fils d'Afrique en ont marre de trimer, marre de pleurer, de se faire rouler, souiller, exploiter, insulter. Mais, je sais qu'il faut un remboursement dans l'histoire. Pour le monde, deux sacrées questions. Que valent 20 millions de Noirs ? Et quel est le prix de ces matières premières dérobées, sans lesquelles ne peuvent tourner vos Bentley ? »[250].

L'artiste traduit la conscience anti néocolonialiste qui existe chez les artistes engagés descendants d'esclaves, de colonisés et d'immigrés. Leurs textes démarginalisent le débat politique en France non seulement concernant les banlieues, mais aussi les questions relatives à la situation de l'Afrique. Ils déconstruisent la pensée politique unique occidentale qui tient un langage double. D'un côté, que les pays développés veulent aider les pays en voie de développement à sortir de la pauvreté par l'assistance ; de l'autre côté, que les institutions financières internationales, de par leur politique, tiennent l'Afrique dans une situation éternelle de dépendance. Pour Passi, les Etats-Unis et l'Europe doivent énormément à l'Afrique qui a joué un rôle indéniable dans leur développement. Le changement de fond qu'il souhaite va de pair avec un changement de forme, c'est-à-dire l'image véhiculée sur le tiers-monde. Ainsi, demande-t-il à la presse de rompre avec une tradition séculaire qui transplante les stéréotypes coloniaux dans l'espace postcolonial français et francophone. En effet, les journaux écrits ou diffusés contribuent à l'édification de la conscience collective française sur l'Afrique. Dans le passé, la littérature, la

---

[250] "Annuler la dette". Passi. *Odyssée.* V2 France, 2004.

science et la religion œuvraient de concert pour légitimer la mission civilisatrice. Aujourd'hui, la presse semble avoir pris le relais d'une politique délibérée de désinformation du public : « Alors dis à la presse de parler de la pompe Afrique. Qu'ils disent vrai quand le continent lance un SOS »[251]. Il s'agit donc pour la presse de renouer avec sa fonction noble qui consiste à présenter les faits de façon objective. Ce comportement noble consiste pour celle-ci à dire la vérité aux jeunes générations quant aux mensonges du passé. Pour Passi, il faut informer le public que, avec ses matières premières, l'Afrique sert toujours de vache à lait pour l'Amérique et l'Europe et maintenant l'Asie, que les déstabilisations de l'Afrique via les guerres civiles sont commanditées par l'ancien colonisateur[252]. Bref, l'artiste appelle la presse à une vraie œuvre de rééducation du public qui ait pour objectif de déconstruire l'image lugubre de l'Afrique dans le psychisme occidental. Passi demande à la presse occidentale d'utiliser son influence pour contraindre les dirigeants occidentaux à intervenir dans des zones de détresse afin d'éviter de revivre l'épisode du Rwanda, et aujourd'hui celui du Soudan. Cela suppose que cette presse soit objective, qu'elle ne prenne pas parti pour le politicien, à l'image de la littérature et de la science dans un passé lointain et récent. Si Passi se cantonne à l'Afrique dans « Effacer la dette », Solaar porte la réflexion à un niveau mondial.

Dans son album *Cinquième As*, Solaar fait un parallèle intéressant entre le Revenu Minimum d'Insertion, le RMI, et la Banque Mondiale. Quel rapport existe-t-il entre les deux ? A priori aucun. Toutefois, à y regarder de plus près, les deux impliquent un système de dépendance et de contrôle. Le RMI est une subvention que l'Etat français verse à ses jeunes citoyens qui sont sans emploi. Comme tout le monde le sait, la Banque Mondiale est l'une des institutions financières internationales majeures qui a pour vocation de financer les projets de développement, en général dans le tiers-monde. Sa vocation est d'aider les pays pauvres à se développer, aide qui ne s'effectue guère sans conditions. La Banque Mondiale est sous le contrôle des pays les plus industrialisés qui ont aussi droit de véto au

---

[251] Ibid, 2004.
[252] A ce titre, rien de plus édifiant que le documentaire "La françafrique" sur YouTube.com. D'anciens politiciens français fournissent des témoignages pertinents sur l'implication de la France dans la déstabilisation politique de l'Afrique depuis 1960.

sein du Conseil de Sécurité de l'Organisation des Nations Unies, l'ONU. D'une part, l'Etat français dicte les conditions à remplir par le candidat potentiel au RMI, tout comme la Banque Mondiale dicte les conditions à remplir par les pays qui veulent recevoir l'aide de cette institution financière plénipotentiaire. En France, en raison du taux de chômage élevé au sein des minorités qui reçoivent le RMI, proportionnellement, les populations issues des banlieues sont majoritairement dépendantes du RMI qu'elles reçoivent à la fin du mois. D'autre part, Mc Solaar se permet un parallèle pertinent en mettant l'accent sur la dépendance dont souffrent les pays du tiers-monde et les populations des banlieues pauvres habitées par les minorités. Ce rapport permet de dépasser l'argument de la race pour analyser le problème en le situant au niveau de la classe. « Dans les bas-fonds on rêve des fonds du RMI, mais au fond on sait qu'les familles sont souvent proches du FMI »[253]. Ces familles sont les familles immigrées et *de souche* pauvres, de France, mais aussi du monde qui vivent sous la dictature d'une minorité qui contrôle le reste du monde et lui dicte ses lois. Cette dictature a pour épicentre New York, qui abrite Wall Street, l'institution financière la plus puissante du monde. Solaar en est bien conscient quand il avance que « Ce millénaire est monétaire. Le peuple est impopulaire. A croire que le Veau d'Or a une promo à l'échelle planétaire. Il justifie la traîtrise, la fourberie. L'économie, c'est toujours plus de loups dans la bergerie… L'époque est morne. Satan monte en bourse, je vois pointer ses cornes. Mais comme on est des milliers, combien seront humiliés ? L'histoire de l'art a comme la couleur du dollar »[254].

Cette citation invite à une désillusion quant à la possibilité de changer le monde par la politique. L'argument selon lequel la démocratie et le suffrage universel sont des moyens de bouleverser l'ordre mondial semble aujourd'hui avoir perdu de sa pertinence. La voix du citoyen est artificielle et fonctionne comme la vitrine du capitalisme qui n'est que la dictature des plus forts sur les plus faibles que Jean de La Fontaine illustre subtilement dans sa fable *Le loup et l'agneau*. Les « loups dans la bergerie » auxquels l'artiste fait allusion le suggèrent fort. La dictature de l'argent est plus visible dans cette récession que le monde, plutôt qu'une partie du monde, traverse. Car les actions des riches continuent de monter en bourse. L'« avantage »

---

[253] "RMI". Solaar. *Le cinquième As*. Elektra/ WEA, 2002.
[254] Ibid.

dans cette récession est qu'elle peut conduire à une prise de conscience des masses pour lutter contre le dictat du tandem corporations-politiciens. Ce dictat n'est pas une révélation. Il a toujours existé. La différence est qu'aujourd'hui les progrès de l'humanité dans le domaine de l'information le rendent plus visible. Pendant l'esclavage, les politiciens faisaient cause commune avec les corporations ; pendant la colonisation, même scénario que je développe amplement dans le deuxième chapitre. Aujourd'hui, la récession mondiale expose l'alliance sacrée entre les politiques et les corporations, pacte qui se fait au détriment du peuple. Aux Etats-Unis par exemple, dans une interview télévisée, l'ancien président Bill Clinton a admis que c'est la spéculation irresponsable des banques qui a plongé le monde entier dans la récession. Cette crise menace la stabilité de la classe moyenne américaine[255]. Privée de ses privilèges, elle peut mieux comprendre le sens des paroles de Rootsneg, d'origine antillaise qui, dans la chanson « 11 : 30 contre le racisme » que j'ai déjà citée, lance à l'élite française : « Ces fruits défendus [l'argent], on aimerait tellement, oh oui tellement y toucher ». La situation

---

[255] Les banques prêtent de l'argent qu'elles n'ont pas à des personnes qu'elles savent insolvables. Les conséquences sont ressenties différemment. D'une part, le gouvernement vient à la rescousse des banques en leur faisant des prêts colossaux pour éviter le dépôt de bilan et la banqueroute. En retour, les banques continuent les pratiques spéculatives, sont réticentes à accorder des prêts aux citoyens et à financer des projets de petites et moyennes entreprises susceptibles de relancer l'économie ; d'autre part, la classe moyenne américaine connaît une crise sans précédent : chômage galopant, pauvreté accrue, saisies de maisons, et Obama est obligé de faire pression sur le Sénat américain pour renouveler les allocations-chômage de plus de deux millions d'Américains. Au niveau des Etats, comme dans le tiers-monde durant les programmes d'ajustement structurels, les coupures de budget conduisent à un désengagement par rapport à des services que les citoyens prenaient pour acquis : réduction des effectifs au niveau des universités, de la police, des municipalités, des écoles qui ferment, des fonctionnaires qui subissent des ponctions de salaire. Comme dans le tiers-monde, le tissu social s'effrite. La classe moyenne américaine, qui se croyait intouchable, est en train d'avoir une idée sur l'expérience que les ghettos américains et le tiers-monde vivent depuis des décennies. Comme Césaire qui avance dans *Discours sur le colonialisme* que l'Occident n'a vraiment connu le sens de la colonisation que sous l'occupation, je pense que la récession actuelle devrait aussi avoir une valeur pédagogique pour la classe moyenne américaine. La récession fait vivre à la classe moyenne une expérience *africaine* dont une leçon à tirer est que tous sont victimes d'un capitalisme à outrance. La classe moyenne est en voie d'être « tiers-mondialisée », c'est-à-dire qu'elle est forcée par l'élite à connaître l'expérience des habitants des banlieues pauvres d'Europe, d'Asie, d'Amérique et d'Afrique.

économique du monde donne raison à Solaar qui, dans sa chanson « RMI », avertit que dans notre millénaire, les anciennes valeurs de respect, de compassion et de promotion de la dignité humaine sont remplacées par une « religion de supermarket ». Dans cette logique, le tiers-monde est insidieusement exporté en Occident. Une solution alternative ne peut venir que de la mobilisation d'une société civile mondiale qui transcende les divisions entre les races, artifices créés par l'élite mondiale pour dominer le monde. En Afrique, en France et aux Etats-Unis, les artistes font partie du bastion du mouvement altermondialiste.

Pour un autre monde dans la banlieue et au-delà

A sa sortie en France, le morceau « Qu'est-ce qu'on attend ? » du groupe NTM a fait l'objet de beaucoup de controverses. L'attaque la plus populaire étant celle qui y lit un appel à la violence et à la révolution. Il serait intéressant de voir le fondement de cette critique.

Il est indéniable que la rhétorique de la chanson est violente, mais je propose de dépasser le texte pour voir qu'il s'agit d'une violence contre une autre forme de violence sponsorisée par l'Etat, pouvoir qu'il exerce sur les citoyens. Pendant la colonisation, Fanon perçoit la violence comme acte incontournable dans l'optique d'ébranler les structures sur lesquelles reposait le colonialisme. Cette violence en vue de la libération devient donc nécessaire et est prescrite comme seul moyen de bouleverser l'ordre établi. Les paroles de « Qu'est-ce qu'on attend ? » sont pertinentes en ce sens que le morceau rend cette violence naturelle, au même titre que celle dont le peuple français est l'auteur en 1789 et pendant les contrecoups qui suivent la Révolution. Il s'agit pour les populations des banlieues enclavées, qui subissent l'empire de la bourgeoisie symbolisée par l'Elysée et Matignon, de manifester leur désapprobation quant à leur relégation au statut de citoyens de seconde zone. Le morceau « Qu'est-ce qu'on attend ? » articule les bases d'une violence ciblée. Il s'écrie d'abord contre l'enfermement panoptique des banlieues. Les artistes dénoncent l'emprisonnement des banlieues par la construction effrénée de bâtiments en hauteur, où les habitants vivent dans la promiscuité : « Les années passent, pourtant tout est toujours à sa place. Plus de bitume donc moins d'espace vital à l'équilibre de l'homme. Non, personne n'est séquestré, mais c'est tout comme... Je n'ai fait que vivre bâillonné, en effet, comme le veut la société »[256]. Les artistes fustigent le concept selon lequel, pour l'Etat, la répression policière est la solution pour mettre fin à la délinquance. Elle est superficielle : « C'est comme de nous dire que la France avance alors qu'elle pense par la répression stopper net la délinquance. S'il vous plaît un peu de bon sens. Les coups ne règleront pas l'état d'urgence … Mais il est temps que cela cesse, fasse place à l'allégresse pour que notre jeunesse, d'une main vengeresse, brûle l'Etat policier en premier et envoie la République brûler au même bûcher ». Cette mentalité populaire au sein de l'Etat justifie par exemple le déploiement de moyens de répression sans précédent par Sarkozy qui donne carte blanche à la police pour quadriller les banlieues au nom de la restoration de l'Etat de droit. Dans les banlieues, règne un Etat policier dont l'abus est loin d'être puni. Pierre Tévanian commente les leçons non apprises par l'Etat au lendemain des émeutes de novembre 2005 : « Sur la violence et l'impunité policières, aucun changement décisif n'est observable - si ce n'est, au niveau du débat public, une très légère levée du tabou, à mettre au crédit des révoltes de novembre 2005 »[257]. Les artistes mettent le blâme sur les gouvernements qui se sont succédé dont l'incompétence et la mauvaise foi dans la politique de gestion des villes, expliquent la situation des banlieues aujourd'hui. La Révolution de 1789, qui porte la bourgeoisie au pouvoir, réinscrit une nouvelle forme de domination qui se fait par la classe. La révolte des jeunes de banlieue est une expression radicale contre un système d'injustices systémiques hérité de la Révolution bourgeoise de 1789 et dirigé contre le tiers-Etat, contre les colonies, contre les banlieues et aujourd'hui contre les pauvres. Le témoignage d'un « jeune » banlieusard qui a participé aux émeutes l'articule bien. Né et ayant grandi en France, voici sa compréhension du système français :

« Le système est simple. Il y a ceux qui sont en bas comme nous [les Arabes], la merde, les sous-prolétaires comme on dit chez les sociologues. Ensuite, il y a les classes populaires devenues elles-mêmes inutiles qui jouent au loto, qui boivent leur apéro et qui votent Le Pen. Puis il y a les classes moyennes qui font tourner le pays, qui ont des formations universitaires comme ingénieurs ou techniciens et qui habitent

---

[256] "Qu'est-ce qu'on attend ?" Suprême NTM. *Paris sous les bombes*. Epic Records, 1995.

[257] Pierre Tévanian, *La République du mépris. Les métamorphoses du racisme dans la France des années Sarkozy*. Paris : La Découverte, 2007, p. 108.

les zones pavillonnaires. Après, l'élite qui représente à peine quelques pour cent de la population française où l'on retrouve les politiciens importants, les financiers et les sionistes proches des Etats-Unis et d'Israël. Cette élite se retrouve dans les loges maçonniques et nous maintient dans la pauvreté, l'obscurité et l'ignorance grâce à la consommation, la musique et la télévision »[258].

Cette citation rejoint l'aspiration des artistes qui prennent ainsi le contrepied des politiciens qui ont tendance à incriminer les banlieues quand ils interprètent les crises qui en émanent. La politique de l'incompétence a comme résultat la destruction de la nation comme unité familiale et crée un fossé entre les banlieues et le reste de la société : « C'est pourquoi j'en attente aux putains de politiques incompétentes. Ce qui a diminué la France ... Où sont nos repères ? Où sont nos modèles ? De toute une jeunesse vous [la bourgeoisie] avez brûlé les ailes, brisé les rêves, tari la sève de l'espérance »[259]. L'absence de modèles capables de veiller sur la jeunesse dans les familles des banlieues et de lui donner des repères est un facteur identifié comme cause de plusieurs désordres. Le désordre au sein de la famille, microsome de la nation, conduit à un désordre au niveau de la famille nationale et globale à long terme. L'absence d'aînés conduit à un dysfonctionnement de la génération suivante laissée en rade. Mais si les modèles sont absents, il incombe de se poser la question de savoir où ils se trouvent. *Quand les banlieues brûlent* suggère fortement que les grands-frères jadis optimistes, qui se sont battus dans les années 1980 pour la banlieue, ont perdu espoir vis-à-vis du rêve français ou sont simplement en prison. La désillusion quant à la possibilité de faire partie de la nation telle qu'elle est prescrite par l'élite, et la foi en la possibilité de rendre l'appartenance inclusive, alimentent l'espoir que les artistes mettent dans la révolution. C'est le seul moyen de changer le statu quo marqué par un déséquilibre immense entre majorité et minorités ethniques en France, entre la France qui possède et celle qui ne possède pas. Dans la chanson « Qu'est-ce qu'on attend ? », la rue est le vecteur du changement

---

[258] Eric Marlière. « Les habitants des quartiers : adversaires ou solidaires des émeutiers ? », in Sous la direction de Laurent Mucchielli et Véronique Le Goaziou. *Quand Les banlieues brûlent. Retour sur les émeutes de novembre 2005*. Paris : La découverte, 2006, p. 82.
[259] "Qu'est-ce qu'on attend ?" Suprême NTM. *Paris sous les bombes*. Epic Records, 1995.

radical : « Dorénavant la rue ne pardonne plus. Nous n'avons rien à perdre, car nous n'avons jamais rien eu. A votre [la bourgeoisie] place, je ne dormirais pas tranquille. La bourgeoisie peut trembler, les cailleras [verlan de racaille] sont dans ta ville, pas pour faire la fête. Qu'est-ce qu'on attend pour foutre le feu ? Allons à l'Elysée, brûler les vieux et les vieilles. Faut bien qu'un jour ils paient »[260]. Il est intéressant au passage de noter l'appropriation du substantif « racaille » par les artistes. Il s'agit d'un jargon recyclé par la classe politique, notamment Nicolas Sarkozy alors ministre de l'Intérieur, pendant les émeutes de novembre 2005 pour faire référence à la jeunesse de la banlieue, surtout quand celle-ci se livre à des actes violents dont l'analyse et l'interprétation par les politiciens dépassent rarement la condamnation et la répression. Il s'agit d'un pouvoir réactionnaire. Comme le mot « nègre », l'épithète « racaille » est recyclé par le banlieusard puis déployé contre le politicien. Seulement, dans le texte, il a une connotation positive car porteur de justice, donc d'un rééquilibre via la violence.

La violence du texte « Qu'est-ce qu'on attend ? » peut donc être un vecteur de justice. Elle est alors une violence *positive*. Le groupe NTM rejoint Didier Awadi dans sa théorisation de la violence pour remédier aux iniquités sociales en Afrique. Pour le commun des citoyens qui voit chez le rappeur un anti-establishment, il est facile de condamner et de cataloguer le groupe Suprême NTM comme ennemi de la nation par sa chanson « Qu'est-ce qu'on attend ? » Cela permet de discréditer son message par une analogie classique entre le rap et la violence. Une autre chanson permet toutefois de défaire ce stéréotype. Le groupe œuvre aussi pour la paix. C'est le propos de sa chanson « Pose ton gun ».

« Pose ton gun » peut être considérée comme une réaction contre la violence gratuite promue par certains artistes dans les banlieues françaises. La rhétorique violente de certaines chansons est caractéristique de ce que l'on appelle le *Gangsta Rap* aux Etats-Unis. Par la chanson « Pose ton gun », le groupe Suprême NTM tient à faire revenir le rap à sa tradition originelle de *Conscious Rap*, que l'on retrouve dans le *Underground Hip Hop*[261], qui est d'abord une forme d'engagement des artistes pour la cause des minorités, mais aussi

---

[260] Ibid., 1995.
[261] On peut traduire ces genres musicaux comme rap conscient et hip hop souterrain ou pédagogique.

contre toutes formes d'injustice en général. Le statut d'artiste vient avec son corollaire de responsabilités entre l'artiste et son audience, surtout celle qui est jeune et facilement suggestible. En outre, cette chanson est un témoignage du fait que les violences dans les banlieues ont fait et continuent de faire des victimes depuis beaucoup d'années. Le nombre croissant de ces victimes, les conséquences sur les familles et le nombre croissant d'incarcérations de jeunes de la banlieue nécessitent que les artistes prennent leurs responsabilités et qu'ils invitent leur audience à un autre comportement : prendre son destin en main. La violence est auto destructrice et conduit au phénomène du génocide à petit feu que certains analystes comme Angela Davis voient se dessiner dans les banlieues noires et latino aux Etats-Unis. Il se caractérise par l'incarcération significative des minorités, les gangs, le taux d'instruction faible au niveau du supérieur, la vente et consommation abusive d'alcool et de drogue, le chômage et le manque d'instruction. Avec « Pose ton gun », le message ne peut être plus clair. A la longue, l'emprisonnement massif des minorités, la consommation d'alcool, de drogues dures et douces, la mort de beaucoup de jeunes suite à leurs activités dans les gangs constituent un frein à l'élévation socio-économique des minorités dépourvues d'une ressource humaine essentielle : la jeunesse

Joey Starr, dans « Pose ton gun », voit aussi une corrélation entre l'immaturité des jeunes et l'absence des adultes. Le grand-frère moralisateur qu'il joue prédit un avenir sombre au petit-frère qui écoute : « Fixe, fixe l'avenir auquel tu te risques. Fixe tous les noms sur la liste de ceux qui sont tombés avant leur vingtième année, n'ayant su gérer ce que la vie leur a donné. Trop immature, ça, sound boy tu l'es »[262]. Un peu plus loin dans le texte, on comprend que la déviance des jeunes est plutôt imputable non pas à ce que la vie ne leur a pas donné, mais au désarroi dans lequel les habitants des banlieues, les jeunes en particulier, sont tombés, abandonnés par les gouvernements successifs. Le manque d'infrastructures économiques dans les banlieues n'est pas un mythe, le fonctionnement de la plupart des familles est tributaire des services d'assistance sociale. La formule magique des zones franches que la Droite avait suggérées dans les années 1990 est un échec :

---

[262] Suprême NTM, op. cit.

« Les promoteurs des politiques de zones franches mettent en avant un constat très simple : les quartiers les plus riches sont ceux où les entreprises - notamment du commerce et des services – s'installent préférentiellement et sont également les mieux desservis par les transports en commun... l'activité et l'emploi sont aimantés par les quartiers où résident les familles et les personnes les plus riches, ce qui renforce l'attrait de ces quartiers et entretient mécaniquement les processus de ségrégation »[263].

La pertinence de « Pose ton gun » repose sur la prise en compte des facteurs systémiques qui conduisent à la dépravation matérielle des banlieues et qui expliquent la déviance des jeunes. Dans un monde où l'identité sociale est fonction de la richesse que l'on possède, les jeunes de la banlieue ont les mêmes aspirations que les jeunes de la classe moyenne et de la bourgeoisie. Seulement, l'artiste Joey Starr désapprouve les moyens utilisés par les jeunes de la banlieue pour accéder au capital : « Les problèmes sont en effet de taille, mais est-ce qu'on peut les résoudre à coup de drive-by ? »[264]. Un tel comportement auto destructeur n'a pas bonne presse chez l'artiste qui en souligne le cercle vicieux et pervers.

Le départ massif des hommes et des femmes pendant l'esclavage a eu des conséquences sur l'état de développement de l'Afrique actuelle. Le deuxième chapitre de ce livre montre comment les conquêtes coloniales ont aussi eu leurs conséquences en pertes humaines. Il est évident aujourd'hui que pendant la colonisation, les différentes politiques menées par le colonisateur, par exemple l'effort humain demandé pour participer aux deux guerres mondiales, le code de l'indigénat en Algérie et dans les autres colonies, les travaux forcés qui étaient une provision du code de l'indigénat, ont eu un impact démographique considérable sur l'Afrique. La population a sensiblement diminué. Aujourd'hui dans la France postcoloniale, si l'on accepte la thèse de colonisation interne dénoncée par l'Appel des Indigènes de la République, il semble que l'incarcération des jeunes, la mort due à la fréquentation des gangs, la drogue, la prostitution, le chômage et le manque d'instruction peuvent conduire à une perte

---

[263] Eric Maurin, Le ghetto français. Enquête sur le séparatisme social. Paris : La république des idées, Seuil, 2004, p. 62, citation tirée de G. Martin et N. Tabard, « Les équipements publics mieux répartis sur le territoire que les services marchands », France Portrait social, INSEE, 2004.
[264] Suprême NTM, op. cit.

démographique à la longue. Pour le moment, la prescription que « Pose ton gun » donne au jeune de la banlieue est d'« arrêter de jouer avec la vie des familles entières fatiguées d'aller fleurir les tombes de nos frères tombés sous des rafales de balles »[265]. C'est un appel à une auto préservation du groupe minoritaire.

Après analyse des différentes chansons, il ressort deux tendances. D'une part, on retrouve chez la plupart des artistes une analyse des structures qui constituent un handicap pour la banlieue dévastée par plusieurs maux déjà endémiques. Cette prise de conscience est renforcée par le contact avec l'Afrique qui vient compenser le refus de paternité que le banlieusard se voit signifier en France. Ce que j'ai nommé néonégritude dans ce livre est en partie la reprise par les artistes de la trajectoire identitaire des leaders noirs du passé. Les acteurs de la néonégritude des années 1980, 1990 et 2000 sont nés en France, aux Etats-Unis et en Afrique. La seule différence est d'ordre temporel. Les promoteurs de la négritude sont nés dans l'empire français, durant la colonisation, alors que les autres sont nés dans la France postcoloniale, l'Afrique postcoloniale et l'Amérique post-droits civils. Il y a toutefois expérience commune entre les deux groupes : le contact avec l'ancien colonisateur se solde par une désillusion vis-à-vis de l'assimilation ou de l'intégration, due au racisme, à la ségrégation au logement, à l'emploi et au délit de faciès. De ce moment tragique, il résulte chez le colonisé une prise de conscience de sa propre différence et un amour pour ce que le colonisé a toujours détesté chez lui : la couleur de sa peau[266]. L'expression *Black is Beautiful* renaît dans la France et l'Afrique postcoloniales. L'annulation de la haine de soi est la première étape dans la reconquête de son identité. De là découle naturellement une solidarité qui part du constat des parallèles entre les banlieues françaises, américaines et le pays d'origine des parents. Cette solidarité suit son cours naturel et embrasse finalement toutes les victimes de la mondialisation. Le combat que mène la néonégritude fait la promotion de valeurs universelles. C'est un combat pour un monde où être différent, c'est-à-dire être non-blanc n'est pas perçu comme une déficience, mais respecté ; un monde où un toit, une éducation, une santé, manger et boire sont garantis pour toute l'Humanité ; une société de richesse cohérente, où le riche n'écrase pas le pauvre et

---

[265] Suprême NTM, op. cit.
[266] Voir l'ouvrage d'Albert Memmi, *Portrait du colonisateur. Portait du colonisé.*

prétend de temps en temps l'aider à sortir de son indigence. Bref, les valeurs de la néonégritude entrent en conflit avec les valeurs que le monde occidental a imposées aux 4/5e du globe qu'il a conquis. Patrick Braouezec résume la croisade de la néonégritude et du mouvement altermondialiste qui s'érigent contre une « société [mondiale] dont les principes fondamentaux paraissent s'effondrer ; où les valeurs du travail, de solidarité et de fraternité sont remplacées exclusivement par le profit, la compétition… »[267]. L'universalisme que promeut la néonégritude n'est pas de la même nature que celui dont l'Occident se fait l'apôtre depuis l'époque des Lumières. L'humanisme théorisé à la Conférence de Berlin entre 1884 et 1885 se matérialise par l'assujettissement d'une grande partie du monde par quelques pays occidentaux. Cet universalisme aux allures humanistes est axé sur la subjugation féroce et sauvage des autres races. En fin de compte, mon analyse montre que, en acte, l'universalisme européen pris en otage par le politicien n'est pas loin de pratiques qui rappellent l'esclavage. Ce type d'universalisme, vecteur de plusieurs types de violences, se distingue de celui que la néonégritude veut évidemment voir se matérialiser.

---

[267] Patrick Braouezec, « Un autre monde est nécessaire », in *Coordination with Chakri Belaïd. Banlieue, lendemains de révolte*. Paris : La dispute, 2006, p. 56.

Conclusion

Dans le sillage de maints critiques postcoloniaux, ce livre dénonce une mentalité et une littérature qui se sont propagées pendant l'esclavage, la colonisation et la période postcoloniale. Par ce livre, j'ai voulu défier une tradition politique et universitaire qui consiste à parler pour les "subalternes". Par le substantif « subalternes », j'entends finalement les laissés-pour-compte du capitalisme dans le monde dont les voix sont étouffées par les élites. Limiter cette définition à la race n'est que poser le problème partiellement. Les conditions de vie du subalterne transcendent la race qui est un construit stratégique pour diviser. Contrairement à l'idée élitiste que le subalterne ne sait pas parler, ce livre montre le contraire en lui donnant la parole. Ce que le "subalterne" a à dire ne peut plaire à l'élite française, africaine ou américaine qui, contrôlant tous les médias, mène une propagande pour diaboliser le subalterne et lui attirer les foudres de l'opinion publique. Ce livre donne pleinement la voix au "subalterne" qui, par son propre langage, par sa propre langue, raconte sa propre histoire et montre sa capacité d'imaginer un monde aux antipodes de celui que le monde se voit imposer depuis des siècles. Le monde imaginé par le "subalterne" a pour antithèse le capitalisme sauvage. Pour Didier Awadi et Mc Solaar, le capitalisme a échoué au vu de sa dépréciation de la vie humaine, de son viol de la planète, de sa perpétuation d'une violence sur la planète, de son accentuation des disparités entre les hommes et entre les peuples, de son incapacité à assurer un équilibre de l'Univers. Le mouvement de la néonégritude, suivant le mouvement altermondialiste, traduit le désir de la majorité des peuples du monde de changer de cap. Les artistes sont unanimes sur leur espoir qu'un autre monde est possible. Je propose de jeter un regard rapide sur les différentes étapes par lesquelles le "subalterne" prend la parole.

Le premier chapitre a permis de déconstruire le mythe que la monarchie française avait monté sur l'esclavage et dont la République perpétue encore aujourd'hui certaines structures. L'esclavage tel que le *Code noir* l'avait circonscrit n'est pas une pratique qui se limite aux Antilles françaises. L'incarcération de l'esclave ressuscite en métropole dès que le maître y met les pieds avec son « bien-meuble », ici l'esclave. Ce chapitre réitère comment l'arrivée progressive d'esclaves en métropole déclenche la mise en place d'un arsenal juridique dont l'objectif est de limiter la mobilité de l'esclave. La logique de la plantation est importée en métropole. Cette politique concerne non seulement l'esclave noir, mais aussi les métis et les Français qui se marient avec des femmes noires. Leur accès à certains postes de la fonction publique est verrouillé.

Ce chapitre lève aussi le voile sur le discours qui est véhiculé sur l'abolition de l'esclavage. Au discours officiel qui est validé en métropole et dans les anciennes colonies, selon lequel l'esclavage prend fin en 1848, se juxtapose un discours officieux que les politiques censurent. La Révolution française se solde par l'accès progressif à la citoyenneté du peuple français. Les hommes d'abord, les femmes après. Suite à l'abolition de l'esclavage, la citoyenneté française est octroyée aux esclaves. L'entrée dans la citoyenneté des deux groupes majeurs, le Tiers état en France et les esclaves dans les îles, ne se répercute guère pleinement en Afrique dans les possessions françaises. Seule une minorité a accès à la citoyenneté, avec tout ce qu'elle implique en droits et en devoirs. La majorité des personnes dans les colonies a un statut nommé *nationalité*. *Coloniser, Exterminer* d'Olivier Le Cour Grandmaison met l'accent sur le fait qu'avoir la *citoyenneté* a un sens qui est aux antipodes de la *nationalité*. Ce statut, tel le bétail marqué au fer pour signifier son appartenance à son propriétaire, est une manière pour la France de marquer les populations locales comme *sujets* appartenant à la République. L'argument peut donc être avancé que c'est l'ancien statut du Tiers état en France qui est transféré sur la majeure partie de la population dans les nouvelles colonies françaises dont la plupart se trouvent en Afrique du nord et de l'ouest. N'ayant aucun droit, les populations sont facilement recrutables pour exécuter des tâches indignes dans les colonies et hors d'elles. Par exemple, réprimer les résistances internes contre l'implantation française, veiller à l'exécution des travaux forcés. Ces mêmes populations sont aussi légalement facilement recrutables pour aller combattre les troupes de Mussolini en Afrique du nord ou d'Hitler en Europe. Cette politique s'effectue sous la supervision des gouverneurs français qui ferment les yeux sur la poursuite de la traite des Noirs dont l'Etat français n'arrête la pratique que très tard à la fin du 19e siècle.

C'est le deuxième chapitre qui donne plus de pesanteur aux insuffisances des Lumières sur le continent africain. L'oeuvre de civilisation de l'Afrique s'effectue sous l'influence philosophique de Montesquieu, selon laquelle l'utilisation de la force est nécessaire pour mettre fin à la « paresse » des Africains et les inciter à travailler pour se développer. L'école en faveur de cette approche gagne le soutien de la classe politique entière qui plébiscite le code de l'indigénat qui, sous plusieurs rapports, se rapproche du *Code noir*. Quelques romans et films coloniaux que j'ai cités permettent de constater la "chosification" du colonisé dont le traitement n'est pas loin de rappeler celui de l'esclave. Les rapports de ce dernier envers son maître suggèrent ceux du colonisé envers le colonisateur.

L'application du code de l'indigénat mène à des conséquences que la version officielle de l'Histoire de l'empire français oblitère sciemment. Le projet français de civilisation s'effectue sur la base d'une politique d'expropriation sponsorisée par l'Etat. Comme pour l'esclavage où il fait son entrée en régulant le commerce, l'Etat français exproprie de force les terres des Africains qu'il donne à des compagnies qui ont pour charge de "développer" les colonies. Aujourd'hui, il n'est un secret pour personne que l'implantation des compagnies françaises en Afrique sert plus à la France soucieuse d'extraire les matières premières destinées à alimenter la machine industrielle française, voire europénne, qu'à développer l'Afrique. Cette exploitation, faite par des Africains "recrutés" qui travaillent dans des conditions qui sont un écho de l'esclavage, mène à une disparition et à une dépopulation qui ne sont pas loin de suggérer un génocide. Le deuxième chapitre appuie aussi la thèse selon laquelle la situation de l'Afrique pendant l'esclavage et la colonisation française remplit tous les critères que les nations unies donnent du génocide. Un tel génocide trouve son application théorique à travers la représentation des Africains dans la littérature coloniale. L'enfermement d'un peuple dans une imagerie négative avant de l'asservir est, pour moi, un crime prémédité. Il est d'ailleurs discutable que cette image ait disparu aujourd'hui dans les médias occidentaux. De nos jours, il est possible de mesurer le rôle joué par les romans dans l'oeuvre coloniale. Ils permettent d'encrer dans la conscience collective européenne la légitimité et la nécessité de la mission civilisatrice.

Le troisième chapitre pousse plus loin la conjecture de Louis Sala Molins dans *Le code noir ou le calvaire de Canaan*. Selon lui, la fin du *Code noir*, l'abolition donc, donne naissance à un autre code dans les nouvelles colonies françaises. Les ouvrages que j'ai cités permettent de voir la résurgence du *Code noir* dans les colonies après 1848. Cette résurgence se fait sous la houlette d'une guerre de religion qui permet à l'Eglise de réclamer une place légitime dans l'exportation des Lumières. Le dessein de l'Abbé Grégoire, qui attaque le discours polygéniste, prépare l'articulation d'une politique expansionniste religieuse. Le succès d'une telle croisade se mesure aujourd'hui au nombre d'Africains qui sont catholiques. D'une part, les romans auxquels je fais référence montrent comment le colonisé, à l'image du *trickster*, joue la carte de la religion pour sauver sa peau. Cela souligne la dualité du colonisé qui porte un masque diurne et nocturne. Pendant la journée, il fait croire au colonisateur qu'il soutient sa politique. Le colonisé se convertit au catholicisme et prie devant le colonisateur pour échapper aux travaux forcés. Pendant la nuit, il retourne sa veste en pratiquant ses coutumes ancestrales, c'est-à-dire l'animisme, en ayant recours à la médecine traditionnelle et aux dieux africains pour sauvegarder sa cohésion avec son univers ; d'autre part, des romans vont plus loin pour souligner le statut subalterne qui attend le colonisé après la décolonisation. Les romans soulignent l'impérialisme politique, économique et culturel dont l'Afrique fait l'objet. La nouvelle donne postcoloniale transforme l'Africain en simple consommateur dans une économie capitaliste à outrance et mondialisée. En filigrane, certains romans laissent voir les politiques d'aide au développement à l'Afrique comme une grosse farce.

A en juger certains textes, la décolonisation de l'empire français est seulement superficielle. La relation entre la France et ses anciennes colonies ne prend pas fin en 1962, après la « perte » de l'Algérie, dernière colonie française. L'immigration d'Africains du nord et de l'ouest, sollicitée par la France pour reconstruire l'Hexagone après la 2e Guerre mondiale et faire fonctionner les industries dans les années soixante, change naturellement le paysage démographique de la France. La population française contemporaine n'est pas celle du 19e siècle. Celle d'aujourd'hui compte des minorités dont les plus visibles viennent d'Afrique du nord et de l'ouest. Ces minorités ont des descendants qui sont français à part entière, même si le traitement dont ils font l'objet est problématique. Le mois de novembre 2005 a connu beaucoup de manifestations et d'émeutes. Les acteurs sont les descendants d'esclaves et d'immigrés dont la majorité vit dans les banlieues. Ces manifestations remettent en question la notion de creuset français et la francité de ces minorités. Sont-elles françaises ? En ont-elles le sentiment ?

Les quatrième et cinquième chapitres répondent à cette question en proposant d'explorer le passé. En effet, les manifestations d'aujourd'hui, que je lis sur le même plan que différentes manifestations qui se sont produites en France contre la violence de la noblesse et de la bourgeoisie et l'imposition de leur manière de percevoir le monde, traduisent un ras-le-bol contre une politique d'enfermement dont les minorités font l'objet depuis les années 1970. Ce ne sont pas seulement les Africains du nord et de l'ouest qui sont en situation d'incarcération, mais aussi les Antillais dont les indicateurs économiques comparent le niveau de vie à celui des immigrés d'Afrique. La thèse de colonisation interne qu'avance l'association *Les Indigènes de la République* en dit plus sur le sentiment d'extranéité que les descendants d'esclaves, de colonisés et d'immigrés ont vis-à-vis de la nation française. Contrôles au faciès, conditions de vie déplorables dans certaines banlieues, taux de chômage élevé, discriminations à l'embauche et au logement, taux d'emprisonnement élevé sont le lot quotidien de beaucoup de familles des populations de certaines banlieues. Après une fermeture des frontières comme solution pour faire face au chômage dans les années 1970, l'histoire révèle une croisade du politicien qui, loi après loi, réduit l'espace des minorités à l'extérieur, mais aussi à l'intérieur des banlieues. Descentes intempestives de la police, relégation d'une certaine frange de la population au statut de citoyens de seconde zone. Cette incarcération se passe dans un contexte où l'entrée dans la citoyenneté des enfants d'étrangers nés en France ne se fait plus selon le droit du sol. Désormais, les enfants doivent attendre jusqu'à l'âge de 16 ans pour faire la demande de nationalité, et l'acquisition se fait selon une preuve de bonnes moeurs. Les lois Pasqua des années 1990 changent le fondement d'acquisition de la nationalité, et les ministres de l'Intérieur venus après lui durcissent le ton. Il est de plus en plus difficile pour les étrangers mariés à des Français d'acquérir la nationalité. Aujourd'hui, le politicien remet sur le tapis politique la question de savoir si les cultures des minorités " de couleur " sont compatibles avec la culture française. J'ai montré que cette question récurrente est soulevée à des moments critiques de l'Histoire de la France : avant l'abolition de l'esclavage, avant l'octroi de la citoyenneté aux musulmans algériens et aujourd'hui encore par Sarkozy. Les attentats du 11 septembre 2001 font malheureusement le jeu des politiciens de droite, et d'une Gauche complice, qui trouvent l'occasion idéale pour aliéner un peu plus certaines minorités. Dans un contexte de récession économique et de vieillissement de la population où l'amalgame se fait facilement entre l'immigration, la religion, les coutumes différentes et le terrorisme, le culte de la peur que nourrit le politicien se traduit politiquement par un virage des citoyens vers la droite. Cela se vérifie aux Etats-Unis et en France où le spectre du musulman est toujours cultivé par les politiciens soucieux d'augmenter leur électorat. Il semble que les démocraties occidentales accusent un recul alarmant dans le domaine des Droits de l'Homme. Aux Etats-Unis par exemple, un défi est lancé par certains Etats à l'endroit du gouvernement d'Obama quant à la question de l'immigration. Au pays de l'oncle Sam, l'orientation générale en matière d'immigration a de tout temps été articulée par le gouvernement fédéral. C'est dans ce sens que, sauf dans des cas particuliers, l'interpellation de toute personne par la police dans l'optique de vérification de pièces d'identité est anticonstitutionnelle. La constitution des Etats-Unis est très claire sur ce point. Toutefois, assez récemment, le gouverneur de l'Etat d'Arizona, Jan Brewer, a signé une loi qui requiert de la police locale de « demander des preuves de statut d'immigrant à toute personne si l'agent de police a un soupçon raisonnable que la personne interpellée est illégalement installée dans le pays »[268]. Cette mesure, que menacent de suivre au moins une quinzaine d'Etats du sud, vise directement la population Latino qui fait l'objet de délits de faciès quotidiens. Cette même mesure prévoit « une amende de 500 dollars et jusqu'à six mois de prison pour tout immigrant légal qui, une fois interpellé, ne serait pas en possession de ses pièces d'identité »[269]. L'indice le plus récent contre les Latinos prévoit l'envoi d'inspecteurs de l'éducation dans les écoles pour punir les maîtres qui ont un accent marqué ou qui font des fautes de grammaire. Clairement cette campagne d'épuration ethnique est en porte-à-faux avec la loi fédérale. Si seule une poignée de dirigeants républicains condamnent cette forme d'insurrection, d'autres comme Mc Cain et Sarah Palin la cautionnent pour des raisons purement populistes et électoralistes. De la côte ouest à la côte

---

[268] Ma traduction d'un article du Philadelphia Daily News du 28 avril 2010. Cette loi dite "la loi Russell Pearce" a été sponsorisée par le sénateur républicain de l'Etat de l'Arizona dont la loi porte le nom.
[269] Ibid.

est des Etats-Unis et au Mexique, cette mesure a provoqué une série de boycotts contre l'Arizona. D'autre part, l'insubordination de l'Arizona peut faire pression sur les Démocrates au sein du Sénat et du Congrès fédéraux pour que ces derniers matérialisent enfin la réforme de l'immigration qui traîne depuis la présidence de Bill Clinton. Entre autre, cette réforme prévoit la régularisation du statut de millions d'immigrants clandestins qui sont présents sur le sol américain depuis un certain nombre d'années.

En France, les discours de Nicolas Sarkozy durant la campagne électorale présidentielle mettent brillamment l'accent sur les différences foncières qui existeraient entre les Français "de souche" et les Français "de couleur". Dans un deuxième temps, au vu de son action sur le terrain après qu'il a été élu, on comprend que cette aliénation des Français "de couleur" cache un agenda répressif pour "civiliser" les Français "de couleur" aux coutumes apparemment déficientes. Sarkozy promet à son électorat de reconquérir les banlieues, ces espaces qui seraient perdus par la République. Comme je l'ai souligné, cette démarche cache celle de l'assimilateur qui ne conçoit pas l'existence de la différence dans sa relation avec l'Autre, donc une démarche qui caractérise la politique française dans les colonies entre 1885 et 1962. Cette politique est définie par la bourgeoisie et les manifestations de novembre 2005 peuvent et doivent se lire comme un refus de cette façon de concevoir l'Autre. Il ne s'agit point d'un désir de communautarisme, euphémisme pour signifier "séparatisme" de la part des populations de certaines banlieues. Les films et romans que j'analyse prennent le contrepied du politicien en révélant chez le Français "de couleur" une intention sans ambiguïté de faire partie de la nation, mais dans la différence.

Les sixième et septième chapitres sont un tribut à l'esclave, au colonisé et à leurs descendants en ce sens qu'ils montrent la possibilité pour le subalterne de s'exprimer. Reconnaissant la part que jouent les pionniers de la négritude, mon intention a été d'élargir le champ d'expression de la résistance des colonisés. Léopold Sédar Senghor, Aimé Césaire et Léon Gontran Damas ne sont pas les seuls résistants. La résistance s'étend à toutes les colonies où le colonisé affine ses moyens de résister au quotidien. Dans la même foulée que les marrons dans les plantations et au-delà, le commun des colonisés fait montre de créativité dans sa lutte pour déstabiliser le système colonial. Certaines de ses formes de résistance sont ouvertes, d'autres sont camouflées, échappant à la vigilance du colonisateur. La langue du colonisateur, celle du colonisé, l'école, la religion du colonisateur et du colonisé entrent dans le jeu de résistances du colonisé. Ce chapitre réhabilite surtout le colonisé et son histoire qui est enclavée dans les manuels scolaires. Les romans permettent à d'autres voix de l'époque coloniale de voir le jour en mettant la lumière sur des zones d'ombre de la colonisation, celles que le colonisateur a toujours tues. Les chercheurs que je cite dans l'introduction de ce livre établissent un rapport frappant entre la situation du colonisé et celle des Français "de couleur" dans la France postcoloniale. Angela Davis parle de colonisation interne en ce sens que l'esclavage et la colonisation ont des ramifications visibles et invisibles sur la vie des Français "de couleur". Interviewée sur la crise des banlieues, cette dernière, après avoir reconnu que les Etats-Unis et la France ont des histoires différentes, lit toutefois une analogie entre les manifestations de novembre 2005 et celles de Los Angeles dans les années 1990. Il s'agit d'un cri que les minorités françaises et américaines, vivant dans les quartiers pauvres, lancent pour mettre fin à la ghettoïsation et à différentes formes de discrimination envers les communautés issues de l'esclavage, de la colonisation et de l'immigration coloniale et postcoloniale. Des deux côtés de l'Atlantique, les crises nécessitent le même type de réponses. Toutefois Davis, ancienne membre des Black Panthers, offre une réponse qui trouve un écho chez les artistes de rap, de hip hop et de reggae français, africains et américains. Ceux-ci sont les porte-paroles du mouvement de la néonégritude. Bien que la néonégritude soit solidaire de la négritude, j'ai proposé des différences foncières entre les deux mouvements. La négritude prend naissance au sein d'une élite intellectuelle formée par l'ancien colonisateur. Selon les artistes, dans sa façon de gérer l'Afrique au lendemain des indépendances, cette élite a dirigé les masses sur un modèle hérité du colonisateur : arrogance, élitisme, centralisation du pouvoir et mépris des masses. La néonégritude traduit le désenchantement des masses qui se sentent trahies par l'élite africaine depuis 1960. A la place, elles souhaitent le panafricanisme comme moyen pour mettre fin au pillage de l'Afrique par l'Occident aidé de l'élite africaine. C'est la raison pour laquelle l'anniversaire du cinquantenaire des indépendances africaines a une signification autre pour les masses. Tandis que l'élite trône aux côtés de Sarkozy lors du défilé du 14 juillet 2010, les masses africaines vivent dans une déchéance alarmante. Les artistes de rap et de hip hop "africains-français" et africains-américains tendent la main aux artistes africains dans la description de leur expérience commune.

Des alliances tacites ou explicites se créent entre artistes *de couleur* français, artistes francophones et africains-américains. Il y a une linéarité indéniable entre Mc Solaar, Passi, artistes français, Didier Awadi et Tiken Jah Fakoly, africains, Dead Prez, JR. Gong, NAS, et K'NAAN d'origine nord-américaine, dans leur diatribe contre l'hypocrisie, le discours populiste et les abus des dirigeants politiques dans leurs pays respectifs, mais aussi contre un nouvel esclavage exercé par l'Occident sur le tiers-monde. La race comme argument de lutte est transcendée par les artistes qui créent une collaboration horizontale avec tous les groupes opprimés par la mondialisation. Ces artistes s'écrient contre les violences du Fonds Monétaire International et de la Banque Mondiale qui, contrôlés par l'Occident, maintiennent le tiers-monde dans un statut subalterne permanent sous un discours illusoire d'aide au développement. L'engagement des artistes passe par une dénonciation d'une vision du monde basée sur le matériel et qui se maintient par la ségrégation et le racisme. Le discours des artistes dépasse celui des élites du monde qui se résume à la préservation de leur espèce. La récession que le monde traverse dévoile l'allégeance séculaire de l'élite envers les corporations. J'ai aussi montré que le résultat de cette allégeance est la tiers-mondialisation des classes moyennes occidentales qui voient leur statut éffrité par la récession, surtout aux Etats-Unis. Elles commencent à vivre ce que le tiers-monde vit depuis des décennies. En France et aux Etats-Unis, les artistes de rap et de hip hop proposent la fin de l'embargo contre les minorités ethniques dont l'appartenance à la nation est impossible sans une vraie représentation de leur histoire dans le récit national. En France, des initiatives ont été prises pour mieux éduquer la jeunesse française quant à son Histoire, dont la loi Taubira du 10 mai 2001 qui prévoit l'enseignement de l'esclavage à l'école primaire. Le même mois cependant, le ministère de l'Education rétrograde la place primordiale de l'enseignement de l'esclavage au primaire pour n'y laisser que la Shoah. Par une loi en 2002, l'Histoire de l'esclavage n'est plus un point fort à enseigner au primaire. L'accent est toutefois mis sur les explorations et leurs héros dont l'action prépare l'esclavage. D'un autre côté, Sarkozy sponsorise une loi en 2005 qui fait l'apologie de la colonisation. Dans ce contexte, il est légitime de se demander si les politiciens ont compris le message que certaines banlieues continuent de leur lancer depuis la marche des Beurs de 1981. Il s'agit d'un cri qui émerge de la plantation. A en juger le discours que Sarkozy a prononcé à Dakar lors de sa tournée africaine, qui a offusqué tous les intellectuels africains, l'impression est qu'il n'entend point remettre en question la perception séculaire du Noir et de l'Arabe dans la conscience collective. Dans cette question spécifique où la Gauche politique rejoint la Droite, il semble que les portes de la communication entre la classe politique et les Français de couleur soit fermée. Ce dialogue de sourds laisse augurer des crises d'une plus grande ampleur. J'espère par ce livre avoir contribué à la démystification de l'idée selon laquelle le "subalterne" serait incapable de s'exprimer directement. Les "subalternes" du monde qui habitent les banlieues pauvres en Occident, et les banlieues pauvres des villes du tiers-monde, sont une majorité qui est longtemps restée silencieuse. Censurée par le colonisateur, son Histoire l'est aussi aujourd'hui par l'élite qui prend le pouvoir après le départ du colonisateur. Par le rap, le hip hop et le reggae, cette majorité silencieuse exprime son avidité pour un monde où le matériel ne prend pas le dessus sur l'humain. J'espère avoir aussi participé au désamorçage du blitz médiatique construit par le politicien, aidé par les médias, contre le rap, le hip hop et le reggae. L'audience grandissante de ces trois genres musicaux dans l'espace universitaire contredit l'argument selon lequel les artistes, et les banlieusards par extension, seraient de la « racaille ». Les universitaires qui prennent le temps de réfléchir sur les messages exprimés via les genres musicaux populaires sont à encourager. Ils combattent une espèce d'aristocratie universitaire qui a tendance à ne valider le sens d'une parole que si elle est générée par l'élite. Le rôle que le rap et le hip hop ont joué dans la débâcle des quarante années de socialisme au Sénégal en 2000 n'est pas à négliger, tout comme dans la mobilisation pour l'élection d'Obama en 2008. Il me semble que ces genres musicaux populaires représentent une force que les politiciens devront reconnaître à l'avenir. Pour ma part, je pense que la musique jouera un grand rôle dans le réveil des consciences des laissés-pour-compte de la société africaine.

Bibliographie

Abbé Grégoire. *De la littérature des Nègres*. Paris : Chez Maradan, 1808.

BARATIER, Albert. *Epopées africaines*. Paris : Librairies éditeurs, 1913.

BETI, Mongo. *Ville cruelle*. Paris : Présence africaine, 1954.

—. *Le pauvre Christ de Bomba*. Paris : Présence Africaine, 1956.

BEYALA, Calixthe. *Le petit prince de Belleville*. Paris : Albin Michel, 1992.

BILE, Serge. *Noirs dans les camps Nazis*. Monaco : Le serpent à plume, 2005.

BOUKMAN, Daniel. *Les négriers*. Paris : Pierre Jean Oswald, 1971.

BOURBOUNE, Mourad. Le mont des genets. Paris : Julliard, 1962.

BOURDIEU, Pierre. *Ce que parler veut dire. L'économie des échanges linguistiques*. Paris : Fayard, 1982.

BRIARD, Frédérique. *Tiken Jah Fakoly : L'Afrique ne pleure plus, elle parle*. Paris : Les Arènes, 2008.

CASTRO-HENRIQUES, Isabel et Louis Sala-Molins. *Déraison, esclavage et droit. Les fondements idéologiques et juridiques de la traite négrière et de l'esclavage*. Paris : Editions UNESCO, 2002.

CAUWELAERT, Didier Van. *Un aller simple*. Paris : Albin Michel, 1994.

CESAIRE, Aimé. *Discours sur le colonialisme*. Paris : Editions Réclame, 1955.

—. *Cahier d'un retour au pays natal*. Paris : Présence Africaine, 1983.

—. *La tragédie du roi Christophe*. Paris : Présence africaine, 1963.

CHALLAYE, Félicien. *Un livre noir du colonialisme. « Souvenirs sur la colonisation ».* Paris : Les nuits rouges, 2003

CONDE, Maryse. *La civilisation du bossale*. Réflexion sur la littérature orale de la Guadeloupe et de la Martinique. Paris : L'Harmattan, 1978.

CONFIANT, Raphael. *Le nègre et l'amiral*. Paris : Grasset, 1988.

DEBERTRY, Léon. *Kitawala*. Paris : Albin Michel, 1929.

DELAVIGNETTE, Robert. *Christianity and Colonialism*. New York : Hawthorne, 1964.

DELEUZE, Gilles, Guattari Félix. *Pour une littérature mineure*. Paris : Les éditions de Minuit, 1975.

DEWITTE, Jacques, " Appeler un chat un chat ", in *La République brûle-t-elle ? Essai sur les violences urbaines françaises*. Paris : Editions Michalon, 2006.

DIOME, Fatou. *La préférence nationale. Nouvelles*. Présence africaine, 2001.

DUCHENE, Ferdinand. *France nouvelle, roman des moeurs algériennes*. Paris : Calmann-Lévy, 1903.

DUCHET, Michèle. *Anthropologie et histoire au Siècle des Lumières : Buffon, Voltaire, Rousseau, Helvétius, Diderot*. Paris : F. Maspero, 1971.

DYSON, Michael Eric. *Know What I Mean? Reflections on Hip Hop*. New York: Basic Civitas Books, 2007.

FANON, Frantz. *Peau noire, masques blancs*. Paris : Seuil, 1971.

FERRO, Marc. *Le livre noir du colonialisme. XVIe-XXe siècle : de l'extermination à la repentance*. Paris : Laffont, 2003.

FOLSCHEID, Dominique, « Novembre bleu », in *La République brûle-t-elle ? Essais sur les violences urbaines françaises*. Paris : Editions Michalons, 2006.

GARNIER, Christine. *Va-t-en avec les tiens*. Paris : Grasset, 1951.

GIRARDET, Raoul. *L'idée coloniale en France : de 1871 à 1962*. Paris : La Table Ronde, 1972.

GLISSANT, Edouard. *Introduction à une poétique du divers*. Paris : Gallimard, 1996

—. *La lézarde*. Paris : Seuil, 1958.

—. *Poétique de la relation*. Paris : Gallimard, 1990.

GUEHENNO, Jean. *La France et les Noirs*. Paris : Gallimard, 1954.

HOPE, Donna P. *Inna Di Dancehall. Popular Culture and the Politics of identity in Jamaica*. University of the West Indies Press, 2006.

Intervention de Bernard Lavergne, professeur à la Faculté de Droit de Lille à la session du 2 Juin 1928 du Conseil Supérieur des Colonies, ANSOM, Conseil des Colonies, carton numéro 25, 1928HAJJAT, Abdellali. *Immigration postcoloniale et mémoire*. Paris : l'harmattan, 2005.

KANE, Cheikh Hamidou. *L'aventure ambiguë*. Paris : Julliard, 1961.

KLEIN, Martin A. *Slavery and Colonial Rule in French West Africa*. Cambridge: Cambridge University Press, 1998.

KRISTEVA, Julia. *Etrangers à nous-mêmes*. Paris : Gallimard, 1988.

LAFONTAINE, Jean de. *Fables*. Librairie générale française, 1972.

LAPEYRONNIE, Didier, « La banlieue comme théâtre colonial, ou la fracture coloniale dans les banlieues », in Pascal Blanchard, Nicolas Bancel et Sandrine Lemaire. *La fracture coloniale. La société française au prisme de l'héritage colonial*. Paris: La Découverte, 2005.

LE COUR GRANDMAISON, Olivier. *Coloniser. Exterminer. Sur la Guerre et l'Etat colonial*. Paris : Fayard, 2005.

LOTI, Pierre. *Roman d'un spahi*. Paris : Calmann-Levy, 1900.

MARAN, René. *Batouala*. Paris : Albin Michel, 1921

MARGUERITE, Paul et Victor. *L'eau souterraine*. Paris : Félix Jouven, 1903.

MAURIN, Eric. Le *ghetto français. Enquête sur le séparatisme social*. Paris : La découverte des idées, Seuil, 2004.

MERCIER, Roger. *L'Afrique noire dans la littérature française*. Dakar : Publication de la section des Langues et Littératures, n.11, 1962.

MUCCHIELLI, Laurent, LE GOAZIOU, Véronique. *Quand les banlieues brûlent. Retour sur les émeutes de novembre 2005*. Paris : La découverte, 2006

NAIR, Samir. *Contre les lois Pasqua*. Paris : Arléa, 1997.

NIGER, Paul. *Grenouilles du Mont Kimbo*. Paris : Présence Africaine, 1964.

NINI, Soraya. *Ils disent que je suis une beurette*. Paris : Fixot, 1993.

NORA, Pierre. *Les Français d'Algérie*. Paris : René Julliard, 1961.

OYONO, Ferdinand. *Le vieux nègre et la médaille*. Paris : Julliard, 1956.

—. *Une vie de boy*. Paris : Julliard, 1956.

PELIGRI, Jean. *Les oliviers de la justice*. Paris : Gallimard, 1959.

PINEAU, Gisèle. *L'exil selon Julia*. Paris : Stock, 1996.

ROBERT, Paul. *Le Petit Robert. Dictionnaire alphabétique et analogique de la langue française*. Paris : Le Robert, 1985.

ROYER, Louis Charles. *La maîtresse noire*. Paris : Les éditions de France, 1928.

ROSS, Kristin. *Clean Bodies, Fast Cars*. MIT Press, 1996.

ROYER, Louis-Charles. *Vodou. Roman des mœurs martiniquaises*. Paris : Les Editions de France, 1944.

RUSCIO, Alain. *Le credo de l'homme blanc. Regards coloniaux français : XIXe-XXe s*. Bruxelles : Ed. Complexes, 2002.

SAADA, Emmanuel. « Une nationalité par degré. Civilité et citoyenneté en situation coloniale » in Weil Patrick et Stéphane Dufoix. *L'esclavage, la colonisation, et après...* Paris : PUF, 2005.

SADJI, Abdoulaye. *Nini, mulâtresse de Saint-Louis.* Paris : Présence Africaine, 1954.

SAINTVILLE, Léonard. *Dominique Nègre esclave.* Editions Fasquelle, 1951.

SALA-MOLINS, Louis. *Le code noir ou le calvaire de Canaan.* Paris : PUF, 1987.

SANADON, Duval. *Discours sur l'Esclavage des Nègres.* Amsterdam, 1786.

SARTRE, Jean-Paul. *Qu'est-ce que la littérature ?* Paris : Gallimard, 1948.

TAMSIR NIANE, Djibril, « L'homme noir culpabilisé », in *L'Afrique répond à Sarkozy. Contre le discours de Dakar.* Paris : Philippe Rey, 2008.

TEVANIAN, Pierre. *La République du mépris. La métamorphose du racisme français dans la France des années Sarkozy.* Paris : La Découverte, 2007.

THARAUD, Jérôme et Jean. *La fête arabe.* Paris : Emile-Paul frères, 1912.

TOBNER, Odile. *Du racisme français. Quatre siècles de négrophobie.* Paris : Les arènes, 2007.

TZVETAN, Todorov. *Nous et les autres. La réflexion française sur la diversité humaine.* Paris : Seuil, 1989.

VERGES, Françoise, « L'Outre-Mer, une survivance de l'utopie coloniale républicaine », in Sous la direction de Pascal Blanchard, Nicolas Bancel et Sandrine Lemaire. *La fracture coloniale. La société francaise au prisme de l'héritage colonial.* Paris : La découverte, 2005.

VERNE, Jules. *Cinq semaines en ballon.* Paris : Booking International, 1995.

—. *L'étonnante aventure de la mission Barsac.* Paris : L.F Editions, 1919.

WEIL, Patrick. *La République et sa diversité. Immigration, intégration, discriminations.* Paris : La découverte des idées, Seuil, 2005.

—. *La France et ses étrangers.* Paris : Editions Calmaan- Lévy, 1991.

—. *Qu'est-ce qu'un Français ?* Paris : Grasset, 2004.

WEISSBRODT, David, FITZPATRICK, Joan, NEWMAN, Frank. *International Human Rights. Law, Policy and Process*. Cincinnati, Ohio: Anderson Publishing Co., 2001.

Filmographie

DENIS, Claire. *Chocolat*. Cameroun, 1988, 105 mns.
KASSOVITZ, Mathieu. *La haine*. Paris : Canal+, 1995, 98 mns.
PALCY, Euzhan. *Rue cases-nègres*. Martinique, 1983, 107 mns.
PECK, Raoul. *Lumumba*. France, Belgium, Germany, Haiti, 2000, 115 mns.
PONTEVORVO, Gillo. *La bataille d'Alger*. 1966, 1h 30 mns.
RUGGIA, Christophe. *Le gone du Chaâba*, France, 1998, 96 mns.
SEMBENE, Ousmane. *Le mandat*. New York : New Yorker films, 1999, 90 mns.

Discographie

AWADI. "Sunugaal". *Sunugaal.* Studio Sankara, 2008.
—. "Patrimoine". *Un autre monde est possible*, 2005.
—. "Le silence des gens bien". *Présidents d'Afrique*. Sony/ ATV Music Publishing France, 2010.
FAKOLY, Tiken Jah. "L'Africain". *L'Africain*. Fakoly productions, 2007
—. "Ouvrez les frontières". *L'Africain*. Fakoly productions, 2007
Jean-Francois Richet, Maître Madj (Assassin), Rockin' Squat (Assassin), Akhenaton (IAM), Arco & Mystik, Soldatfadas et Menelik, Yazid, Fabe, Rootsneg, Djoloff, Sleo, Kabal, Aze, Radikalkicker, Freeman (IAM), Stommy Bugsy & Passi (Ministère Amer). *11 : 30 contre le racisme*. Cercle Rouge Productions, Crépuscule, 1997.
JONES, Nasir & DAMIAN, Marley. "AFRICA MUST WAKE UP". *DISTANT RELATIVES*. Universal Republic & Def Jam Recordings, 2010.
NEG' MARRONS. "Fiers d'être nèg marrons". *Le bilan*. Sony BMG Music Entertainment, 2000
—. "The Roots". *Présidents d'Afrique*. Sony/ ATV Music Publishing France, 2010.
PASSI. "Annuler la dette". *Odyssée*. V2 France, 2004.
SOLAAR. "RMI". *Le cinquième As*. Elektra/ WEA, 2002.

SUPREME NTM. "Qu'est-ce qu'on attend ?" *Paris sous les bombes*. Epic records, 1995.

113. "Un jour de paix". *113 degrés*. BMG/ Jive, 2006.

L'HARMATTAN, ITALIA
Via Degli Artisti 15; 10124 Torino

L'HARMATTAN HONGRIE
Könyvesbolt ; Kossuth L. u. 14-16
1053 Budapest

L'HARMATTAN BURKINA FASO
Rue 15.167 Route du Pô Patte d'oie
12 BP 226 Ouagadougou 12
(00226) 76 59 79 86

ESPACE L'HARMATTAN KINSHASA
Faculté des Sciences sociales,
politiques et administratives
BP243, KIN XI
Université de Kinshasa

L'HARMATTAN CONGO
67, av. E. P. Lumumba
Bât. – Congo Pharmacie (Bib. Nat.)
BP2874 Brazzaville
harmattan.congo@yahoo.fr

L'HARMATTAN GUINEE
Almamya Rue KA 028, en face du restaurant Le Cèdre
OKB agency BP 3470 Conakry
(00224) 60 20 85 08
harmattanguinee@yahoo.fr

L'HARMATTAN CÔTE D'IVOIRE
M. Etien N'dah Ahmon
Résidence Karl / cité des arts
Abidjan-Cocody 03 BP 1588 Abidjan 03
(00225) 05 77 87 31

L'HARMATTAN MAURITANIE
Espace El Kettab du livre francophone
N° 472 avenue du Palais des Congrès
BP 316 Nouakchott
(00222) 63 25 980

L'HARMATTAN CAMEROUN
BP 11486
Face à la SNI, immeuble Don Bosco
Yaoundé
(00237) 99 76 61 66
harmattancam@yahoo.fr

L'HARMATTAN SENEGAL
« Villa Rose », rue de Diourbel X G, Point E
BP 45034 Dakar FANN
(00221) 33 825 98 58 / 77 242 25 08
senharmattan@gmail.com

Achevé d'imprimer par Corlet Numérique - 14110 Condé-sur-Noireau
N° d'Imprimeur: 85367 - Dépôt légal: février 2012 - *Imprimé en France*